KB174254

혐오
표현을
거절할
자유

혐오표현을 거절할 자유

ⓒ 이정희 2019

초판 1쇄	2019년 11월 25일			
초판 2쇄	2019년 12월 10일			

지은이　이정희

출판책임	박성규		펴낸이	이정원
편집주간	선우미정		펴낸곳	도서출판 들녘
디자인진행	김정호		등록일자	1987년 12월 12일
편집	박세중·이수연		등록번호	10-156
디자인	한채린		주소	경기도 파주시 회동길 198
마케팅	김신		전화	031-955-7374 (대표)
경영지원	김은주·장경선			031-955-7381 (편집)
제작관리	구법모		팩스	031-955-7393
물류관리	엄철용		이메일	dulnyouk@dulnyouk.co.kr
			홈페이지	www.dulnyouk.co.kr

ISBN	979-11-5925-483-3 (03300)		CIP	2019045266

이 도서의 국립중앙도서관 출판예정도서목록(CIP)은 서지정보유통지원시스템 홈페이지(http://seoji.nl.go.kr)와 국가자료공동목록시스템(http://www.nl.go.kr/kolisnet)에서 이용하실 수 있습니다.

혐오
표현을
거절할
자유

이정희 지음

들녘

차 례

:   서문

1. "폐가 되지 않을까요?"

어딘가에서 연락을 받으면 이 말을 건너뛰지 못했다. 함께하자고 요청한 사람들에게 도움이 되기보다 부담이 될 것 같았다. 종북 공격과 배제의 대상이었던 기억 때문이다.

2012년 5월, 통합진보당과 그 구성원들에 대해 국정원과 새누리당, 언론의 '종북' 공격이 쏟아지기 시작한 뒤로는 민주진보진영의 모임에서도 내가 달갑지 않은 존재가 되는 것이 느껴졌다. 내가 한자리에 있는 것 자체로 모임이 공격당하거나 폄하될 위험이 있다고 생각하는 것이 전해져 왔다. '종북'으로 지목된 너희들 때문에 진보진영이 피해를 입는다는 생각을 내비치는 사람들도 적지 않았다.

이런 일이 되풀이되자 나를 불편해하는 기색이 역력했던

모임이나 그와 비슷한 곳에는 가기 어려워졌다. 나서서 함께 돕겠다고 마음먹은 일들도 접어야 했다. 내가 도리어 방해가 될 것 같아서, 종북 공격을 받는 사람이 무슨 도움이 되겠다고 굳이 여기까지 왔느냐는 말이 나오지 않게 하려고. 내가 갈 수 있는 모임은 크게 줄었다. 할 수 있는 일의 범위도 점점 좁아졌다.

2. 〈남영동 1985〉

대통령 선거를 두 달 앞둔 2012년 10월, 〈남영동 1985〉 영화 시사회가 열렸다. 전두환 정권 시절, 김근태 민주화운동청년연합 의장이 남영동 경찰청 대공분실에서 고문당한 사건을 다룬 영화였다. 제작자 측에서는 선의를 가지고 모든 야당 대통령 후보들을 시사회에 초대했다. 종북 공격에 시달리던 당시로서는 드물게, 내게도 참석 요청이 왔다. 야당 후보들이 한데 모여 민주화운동에 헌신한 고인을 함께 기억하는 시간이 될 것 같았다. 영화가 시작되기 전 상영관 안에 카메라 기자들이 들어왔다. 내 옆 자리는 비어 있었다. 아차 싶었다. 하지만 잠깐 동안이니까, 그것 정도는 별일 아닌 척 흘려보낼 수 있었다.

다들 나와 사진 찍히는 것을 꺼려서였지만.

의미 있는 영화임이 분명했다. 그러나 나는 몹시 씁쓸했다. 영화 끝 부분에 여러 유명인사들의 인터뷰가 이어졌는데, 당시 새누리당 의원까지 "고문은 없어야 한다"고 입을 모았다. 인터뷰한 사람들 모두, 시사회에 참석한 정치인들 모두가, 김근태 의장이 독재정권으로부터 악랄한 고문을 당했고 이를 견뎌냈다는 것을 기억하고 고인을 기렸다. 하지만 그들 가운데 누구도, 경찰이 김근태 의장을 남영동에 가둔 채 고문한 명분이 '국가보안법'이었음을 기억해내지 않았다. 전두환 정권이 고문으로 김근태 의장에게 뒤집어씌우려던 것이 '북의 지령을 받는 빨갱이' 낙인이었음은 어느 누구도 말하지 않았다. 국가보안법이 그로부터 40여 년이 다 되도록 살아남아 '빨갱이' 단어만 '종북'으로 바뀌었을 뿐 여전히 배제와 축출이 일상인 현실은 아무도 아는 체하지 않았다.

3. '종북'이라 불러도 된다는 판결들

나는 2012년 이후 여러 차례 국정원과 극우매체들의 '종북' 공격의 대상이 되었다. 정치인이 '종북'이라고 몰리면 반론이고 뭐고 할 수 있는 것이 없는 사회적·정치적 조건에서는 소송이 유일한 대처 방법이었다. 하지만 국정원장에 대한 고소 외에, 극우매체들에 대해 낸 형사고소는 단 한 건도 검찰의 기소로 이어지지 않았다. 박근혜 정부의 검찰이 이 문제를 해결할 의지를 가졌을 리 없으니 기대도 하지 않았다. 대신 민사소송은 대부분 승소하고 있었는데, 문제는 소송에서 이긴다고 해도 현실에서 바뀌는 것이 거의 없다는 것이었다. 그나마 소송에서 이기지 못하면 앞으로도 계속될 수 있는 종북몰이를 감내해야 한다는 결론이 되어버리니, 승소는 계속되는 가해나 더 나쁜 결과를 피하기 위한 최소한의 조치이자 하나뿐인 방법이었다.

승소 판결에도 불구하고 종북몰이의 결과는 사라지지 않았다. 극우세력은 나를 계속 '종북'으로 불렀다. 그들은 이제 나를 '종북'이라 부를 근거를 일일이 대지 않아도 된다고 여기는 듯하다. 오랜 기간 나를 '종북'으로 되풀이해 공격한 결과 그러한 내용을 옮겨 담은 표현들이 인터넷에 쌓이고 나니, 이제 그들은 나에 대해서는 "종북이니까 종북이라고 불렀는데 그게 왜 문제냐"는 차원의 대응으로 충분하다고 생각하는 것 같다.

그런데 2018년 10월, 극우매체의 '종북' 표현이 허위사실을 적시해 명예를 훼손한 것이니 손해배상해야 한다는 나의 청구에 대해, 표현의 자유를 보장해야 하니 명예훼손이라 할 수 없다는 대법원 판결이 나왔다. 소수의견은 '종북', '주사파', '경기동부연합' 표현은 그러한 입장으로 규정된 사람들을 민주적 토론의 대상에서 배제하기 위한 공격의 수단으로 사용되어온 측면이 있다고 지적하면서, 상대방의 존재를 부정하고 토론 자체를 봉쇄하는 표현에 대해서는 일정한 제한이 필요하다고 보았다. 그러나 다수의견은 내가 정치인이니 '종북'이라고 불려도 참아야 한다고 했다. 내가 국회의원이었고 정당 대표였으니 공격을 충분히 방어할 수 있었을 것이라고 했다. 한국 사회의 민주주의가 발전하고 있으니 언론의 표현의 자유가 보장되어야 한다고 했다. 그 뒤로 법원은 비슷한 사건에서 별다른 고민 없이 대법원 다수의견을 따르는 것으로 보인다.

정치인이면 '종북', '빨갱이'로 불려도 그저 참아야 할까? 내가 극우매체로부터 '종북'이라고 불리기 시작한 때는, 2012

년 4월 총선을 앞두고 통합진보당이 이전보다 제법 많은 국회의원 당선자를 낼 것으로 예상되던 때였다. 내가 '종북'으로 불린 배경은, 극우세력이 보기에 "아직도 신념을 바꾸지 않은 국가보안법 전력자들"이 민주노동당에서 활동하더니 급기야 통합진보당을 만들어 이명박 정부에 대항하는 야권 연대를 이뤄 국회를 '점령'할 것처럼 보였기 때문이다. 내가 '종북'으로 불린 이유는 결국, 민주노동당과 통합진보당의 대표였기 때문이다. 그 밖에 극우매체가 내놓은 근거란 앞뒤를 잘라 본뜻과 달리 해석한 나의 말 몇 마디뿐이다. 정치인으로서 내가 내놓았던 어떤 법안도, 어떤 정책도, '종북' 표현의 근거가 된 것이 없다. 극우세력의 종북 공세는 나에 대한 국가보안법 고발과 통합진보당 강제해산으로 이어졌다.

내가 '종북'이라고 불려도 제대로 방어할 수 없었던 이유는 이명박, 박근혜 정부에 걸쳐 집권 세력이 '종북' 공격이야말로 지지율을 높이는 주요 수단이라고 생각하고 진보세력에게 '종북' 공격을 쏟아부었기 때문이다. 더 근본적인 이유는 우리가 살고 있는 이 사회가 '빨갱이', '종북'이라고 불리기만 하면 배제와 축출의 대상이 되는 곳이었기 때문이다. 해방 이후 수십 년 동안 줄곧 한국 사회에서 '빨갱이', '종북'은 가까이하지 말아야 할 혐오의 대상이었기 때문이다. 특히 정치인에게 '종북' 낙인은 한번 찍어놓으면 지워지지 않는, 가장 효과적인 제거와 축출의 수단이었기 때문이다.

명예훼손 소송에서 이기면 나에 대한 배제는 사라지고 '종북' 공격이 있기 전의 교분과 관계들이 회복되는 것일까? 아니다. 그렇지 않았다. 피해 입은 시간들은 이미 존재했고 그 결과 또한 현실에 남아 있다. 정부와 집권여당, 사정기관, 극우매체가 나서서 통합진보당과 그 구성원들을 '종북'이라며 집중 공격하자 종북세력을 정치권에서 몰아내야 한다는 혐오표현이 극우매체와 인터넷에 들끓었다. 이 여론을 바탕으로 박근혜 정부는 통합진보당에 대해 강제해산을 청구함으로써 배제와 축출을 실행했다. 국민 다수의 생각 속에 '종북' 세력으로 낙인찍힌 통합진보당은 박근혜 정부 하의 헌법재판소에 의하여 강제해산되었다. 집권세력과 다른 정치적 견해를 가진 진보정당과 그 구성원을 향해 쏟아진 혐오표현은 오래지 않아 현실이 되었다.

이미 만들어진 결과가 하루아침에 사라지기를 기대하고 소송을 이어온 것이 아니다. 그러나 정치인이었다는 이유로 혐오표현의 대상이 되어도 참아야 한다는 판결이 나오자, 나에게 혐오표현을 퍼부었던 극우세력은 다시 이를 "종북이라고 불러도 된다"는 결론으로 받아들인다. 패소는 또 한 차례의 가해로 변한다.

법원의 다수의견이 언제까지나 다수를 차지하는 것은 아니다. 소수의견도 언젠가는 다수의견이 될 수 있다. 구제되지 못한 피해도 새로운 권리 개념이 만들어지면서 보호 대상이 되기도 한다. 그 과정에 시간이 걸릴 수밖에 없다는 것을 모르지 않는다. 그러나 피해가 현실에서 되풀이되는 것을 더 겪고 싶지는 않다. 새로운 논의가 더 빨리 이루어지기를 바라는 마음은 피해 당사자로서는 당연한 것일 터다.

이 글의 일부 내용은 '종북' 혐오표현의 피해자로서 법원에 보내는 반론이기도 하다. 법원이 대법원 다수의견을 비판 없이 그대로 따르기보다 소수의견에도 귀를 기울이기를 바란다. 사법부가 익숙한 권리의 목록과 이미 나온 판례와 학설에 머물 것이 아니라, 제대로 포착되지 못했던 피해를 드러내는 새로운 권리 개념을 고안하는 시도에도 열려 있기를 바란다.

4. 혐오표현: '공존할 권리' 침해

'혐오표현'이란 무엇인지, 합의된 정의가 분명하게 내려져 있지는 않다. 차별표현과 섞여 쓰이기도 한다. 소수집단 또는 다수집단 어디를 향한 것이든 인종이나 종교 등을 이유로 한 것이면 혐오표현으로 금지하는 나라도 있다. 국제규범상 혐오에 근거한 생각의 유포 자체를 규제 대상에 포함하는 경우가 있는가 하면, 단순유포만으로는 부족하고 최소한 그 표현이 혐오, 경멸, 차별, 폭력을 선동하는 데 이르러야 규제할 수 있다는 입장도 있다. 혐오표현 규제가 필요한 이유에 대해서도 의견이 나뉘는데, 혐오표현은 곧 혐오폭력으로 이어지므로 규제해야 한다는 주장도 있고, 혐오표현이 소수집단이 공존할 수 있게 하는 환경이라는 공공재를 손상시키므로 규제해야 한다는 견해도 있다.

'혐오표현'에 대해 최근 나오는 다양한 논의들을 살피다 보면, 이들을 비교 분석하여 정확한 정의를 내리려는 시도는 뚜렷한 성과를 내기 어려울 듯싶다. 우선 '혐오표현' 자체가 정립 과정에 있는 개념으로 보인다. '혐오표현'의 정의가 명확히 내려져 있지 않다는 점 때문에 몇 차례 제기된 규제 입법

논의가 지체되고 있기도 하다.

하지만 한국 사회에서 최근 난민, 성소수자 등을 비하하고 주류 사회로부터 배제하는 표현을 '혐오표현'이라고 부르는 것에는 큰 이의가 제기되지 않는다. '혐오표현'의 개념을 정확하게 정의하는 것도 필요하다. 그러나 더 중요한 것은, 한국 사회에서 나타나는 문제를 해결하려면 어떤 요소를 갖춘 것을 규제 대상으로 삼을지 판단이다. 개념 논쟁에 머무르기보다, 구체적인 입법 논의로 나아가 규제가 필요한 범위를 정하고 규제 대상들을 '혐오표현'으로 확정해나가는 접근이 필요하다. 입법까지 가지 않아도 바로 피해를 구제할 수 있도록 새로운 법리 개발을 시도하고 소송 실무에 적용하는 것도 이루어져야 한다.

이 글은 현행법의 명예훼손이나 모욕의 범주를 넘어 '혐오표현'의 이름으로 규제 대상으로 할 필요가 있는 표현은 어떤 것일지 국제규범 등을 참조하여 기준을 제시한다. 결론을 요약하면, '역사적·구조적 연원'에 의해 형성된 다수집단이 "소수집단과 그 구성원"에 대한 "배제 또는 축출"을 주장하거나 정당화하며 "차별하거나 적대"하는 표현만을 '혐오표

현'으로 정의하여 규제 대상으로 할 것을 제안한다. 이 표현
을 규제하는 이유는, 이렇게 정의된 '혐오표현'이 헌법상 모
든 기본권의 전제인 '인간의 존엄'으로부터 나오는 소수집단
과 그 구성원의 '공존할 권리'를 침해한다는 데 있다.

사람을 화나게 하거나 모멸감을 갖게 하는 표현 모두가
이 '혐오표현'에 포함되지는 않는다. 친구나 이웃에게 입에
담지 못할 욕설을 한다고 모두 규제되어야 하는 것은 아니다.
모멸적인 표현이어서 현행법상 모욕으로 규제되는 것이어도
따로이 '혐오표현'으로 규제 대상이 된다고 하려면, 그 사회
의 소수집단에 대한 역사적·구조적 차별을 현실로 재생하고
미래에도 이어가게 하는 표현이어야 한다.

혐오표현은 다수집단이 소수집단에게 가해온 역사적·사
회적 배제의 논리와 배타적 감정을 다시 불러일으킨다. 이 사
회는 다수집단의 노력으로 발전시킨 것이니 소수집단과 그
구성원에 대한 차별이 온당하다고 주장한다. 소수집단이 다
수집단의 몫을 공정하지 못한 방법으로 점점 더 많이 차지
하고 있다며 반감을 퍼뜨린다. 주류 사회로부터 소수집단 구
성원을 몰아낸다. 주류 사회에서 그가 '정상적'인 구성원으

로서 공존할 공간 자체를 없앤다. 그리하여 혐오표현은 과거 그와 그의 동료들이 겪었던 차별과 배제의 경험이 다시 현실의 것이 될 위험을 높인다. 그가 하루빨리 벗어나기를 갈망하는 차별과 배제가 앞으로도 계속될지 모른다는 절망을 무기한 연장시킨다.

인간은 사회적 동물이다. 사회를 떠나서는 인간으로서 살아갈 수 없다. 헌법과 법률, 각종 제도는 각각의 사람이 존엄한 인간으로 살아갈 수 있는 사회를 만들기 위한 수단이다. 우리 헌법의 출발점인 '인간의 존엄'은 사람이 사회에서 그 존재를 인정받으며 살아갈 수 있을 때라야 온전히 보장된다. 사람은 자신이 민족, 인종, 성, 사상 등으로 나누어진 어떤 집단에 속하든 그 집단의 속성 때문에 일률적으로 배제당하지 않고 사회에서 함께 살아갈 권리를 가진다. '인간의 존엄'을 보장해야 한다는 헌법의 근본정신에 근거하여 각 사람이 갖는 이 권리를 '공존할 권리'로 불러보면 어떨까.

역사적·구조적 연원에 의해 소수집단과 그 구성원들에 대한 배제 또는 축출을 주장하거나 정당화하며 차별하거나 적대하는 표현을 '혐오표현'으로 정의하면, '혐오표현'의 핵심 문제는 소수집단과 그 구성원들의 '공존할 권리'를 부정하는 것으로 집약할 수 있다. 한 사람의 평판이나 평가를 떨어뜨리는 데 그치는 것이 아니라, 한 공동체에서 그와 그가 속한 집단의 존재 자체를 부정하고 배제함으로써 그가 그곳에서 타인과 공존할 수 없게 하고, 이로써 그의 '인간의 존엄'을 침해하는 것이다.

5. '혐오표현을 거절할 자유' 없는 한국 사회

한국 사회에서는 '빨갱이', '종북'이라는 정치적 의견을 이유로 한 혐오표현과 출신지역, 성을 이유로 한 혐오표현이 오랫동안 지속되어왔다. 서구와 같이 민족적·인종적 차별로 인한 심각한 사회문제를 경험하지 않았으나, 정치적 의견을 이유로 한 혐오표현으로 민간인까지 대상으로 한 대대적인 학살이 벌어진 나라가 한국이다. 민주화의 진전과 함께 지역차별과 빨갱이 혐오증을 극복하기 위한 노력으로 이 혐오표현이 일부 줄어든다고 여겨졌다.

그러나 이명박, 박근혜 정부에서 '종북' 혐오표현을 적극 활용했던 극우정치세력이 최근 다시 정치적 영향력 확보와 집권을 목적으로 '종북' 혐오표현을 쏟아내고 있다. 인터넷을 중심으로, 지역을 이유로 한 혐오표현까지 다시 퍼지고 있다. 광주민중항쟁의 역사적 진실을 부정하는 정치인이나 유명인들의 발언 역시 학살 범죄를 부인하여 극우수구세력의 정치적 정당성을 확보하려는 시도다. 여기에 보수 성향 종교단체를 중심으로 인종, 성적 지향 등을 사유로 한 혐오표현도 심각해지고 있다.

혐오표현을 쏟아내는 세력들의 위세는 매우 강력하다. 보수 기독교 단체들은 선거에 입후보하는 정치인들에게 "동성애를 지지하느냐"는 질문을 던지고, 답변을 거부하면 동성애를 지지하는 사람으로 낙인찍는다. 그 질문이 혐오를 조장하는 것이라고 거절하고 비판할 수 있는 정치인은 아직도 드물다. '종북' 감별사를 자처하며 북한 고위인사에 대한 비난에 동참하라고 요구하는 극우인물에 대해 "사상의 자유 침해"라고 항의하는 정치인에게는 "종북 아니면 왜 그걸 못 하냐, 그러니까 종북"이라는 인터넷 댓글들이 쏟아진다. 여성에 대한 혐오표현에 맞서는 연예인은 삶을 이어가기조차 어렵다.

한국 사회에서 혐오표현의 자유는 넘쳐난다. 수많은 사람들이 인터넷에서 손쉽게 혐오표현을 쏟아낸다. 그 가운데 극소수만 가벼운 형사처벌을 받거나 소액의 손해배상책임을 지거나 단기간 게시물 작성을 정지당할 뿐, 절대 다수는 어떤 제재도 없이 혐오표현을 되풀이한다. 그러나 혐오표현을 거절하고 비판할 자유를 외친 몇몇은, 거절의 결과 더욱 심해진 혐오표현의 공격에 처한다. 이들은 혐오표현을 거절하는 한마디에 자신의 꿈을 접어야 하고 인생을 걸어야 한다. 한국 사회는 혐오표현의 피해자들에게 혐오표현을 거절할 자유를 보장해주지 않는다.

혐오표현도 표현의 자유로 보장해야 한다는 주장의 주된 근거 가운데 하나는, 어떤 사상이나 의견도 제한 없이 표출될 수 있는 '사상의 자유시장'이 보장되어야 하고, 혐오표현도 제외되어서는 안 된다는 것이다. 그러나 지금 한국 사회에 사상의 자유시장이 필요하다면, 그곳에서 보호되어야 할 것은 '혐오표현의 자유'가 아니라 '혐오표현을 거절하고 비판하는 표현의 자유'다.

6. 혐오표현은 표현의 자유로 보호될 수 없다

최근 혐오표현에 대한 우리 사회 논의의 초점은 혐오표현도 표현의 자유로 보장되어야 하는지다. 결론부터 밝히면, 혐오표현은 표현의 자유로 보호될 수 없다. 표현의 자유는 각 사람의 자율적 결정권을 인정하여 그 존재마다 개성을 신장시켜 궁극적으로 '인간의 존엄'을 향상시키기 위한 것이다. 하지만 혐오표현은 헌법의 기본 가치이자 모든 기본권의 전제인 '인간의 존엄'에 근거하여 각 개인에게 보장되는 '공존할 권리'를 침해한다. 인간은 사회에서 공존을 거절당하고 사회로부터 배제되면, 사회적 존재로서 자신의 존재 자체를 위협당한다. 헌법상 보장된 자신의 기본적 권리들을 실현할 가능성이 있는지 논할 여유도 없다. 존재 자체가 흔들리기 때문이다. 혐오표현은 사회적 존재인 인간의 '공존할 권리'를 침해함으로써 표현의 자유 보장의 궁극적 목적인 '인간의 존엄' 자체를 중대하게 훼손하는 것이어서, 표현의 자유라는 이름으로 보장될 수 없다.

이 글은 혐오표현에 대해 민형사상 대응을 달리할 것을 제안한다. 혐오표현에 대한 형사처벌 범위는 좁게, 처벌 대상은 명확하게 해야 한다. 대신 민사상 구제 가능성은 넓게, 구제조치는 다양하게 인정되어야 한다. 행동이 아닌 말과 표시를 규제하는 것이고, 형사처벌은 최후적으로 또 보충적으로만 가해져야 하므로, 형사처벌은 최소화해야 한다. '공존할 권리'를 침해한 혐오표현 가운데 국제규범에서 가벌성을 인정하고 체약국에게 형사처벌규정 입법의무를 부과한 인종을 이유로 한 혐오표현에 대해서는 우리나라는 체약국으로서 형사처벌규정을 두어야 한다. 다만 일반적으로는 '선동'에 이르는 혐오표현만을 처벌 대상으로 삼되, 일반인의 말보다 훨씬 큰 영향력을 갖는 "위로부터 혐오 조장"을 막기 위해, 공직자, 정당의 등록된 간부, 등록된 언론사 임직원의 혐오표현은 단순유포도 처벌 대상으로 하는 방안을 제안한다.

제노사이드 및 인도에 반하는 범죄의 역사적 사실을 부정하는 표현 역시 그 피해자였던 소수집단 및 그 구성원들의 '공존할 권리'를 중대하게 침해하는 것으로 형사처벌규정이 필요하다. 다만 적용 가능성과 규제 효과를 고려하여 특정한 지위에 있는 두 부류 사람들의 표현만을 처벌 대상으로 한다. 첫째, 여론에 큰 영향력을 가진 공직자·정당 간부·언론사 임직원, 둘째, 인도에 반하는 범죄의 가해자다.

혐오표현에 대한 처벌규정 신설은 형법상 명예에 관한 죄 전체의 변화와 함께 이루어지는 것이 바람직하다. 현행법상 말에 대해 책임을 지우는 형사처벌의 범위가 너무 넓다. 진실을 말한 경우는 명예훼손죄 처벌 대상에서 제외해야 한다. 진실을 말하는 것은 원칙적으로 잘못이 아니다. 사생활 사항을 본인 의사에 어긋나게 공표한 경우가 아니라면, 진실을 말했다고 하여 처벌해서는 안 된다. 모욕죄도 없애는 것이 맞다. 상대방을 공동체로부터 배제 또는 축출하는 것을 주장하거나 정당화하여 차별 또는 적대하는 혐오표현이 아닌 이상, 허위 사실을 말하거나 전제하지 않고 단순 의견만을 말한 경우 그 내용이 거칠거나 지나치다는 것만으로 그 말을 형사처벌하는 것은 과도하다. 민사상 충분한 손해배상이 이루어지게 하면 족하다.

이처럼 명예에 관한 죄 전체를 정비하면, 말에 대해 형사상 책임을 지는 경우는 허위사실을 말해 명예를 훼손한 경우, 사생활 사항을 본인 의사에 어긋나게 공표한 경우, 우리나라가 국제규범상 형사처벌규정 입법의무를 지는 인종을 이유로 한 혐오표현을 한 경우, 제노사이드 및 인도에 반하는 범죄의 역사적 사실을 부정한 경우로 좁혀진다.

혐오표현에 대해 민사상 책임을 지는 경우는 이보다 훨씬 넓게 인정되어야 한다. 사실을 말한 경우에는 민사상 책임도 물어서는 안 되지만, 사생활 사항을 본인 의사에 어긋나게 공표한 경우, 허위사실을 말한 경우뿐만 아니라 모욕적 표현을 한 때에도 민사상 책임은 져야 한다.

인종을 사유로 한 혐오표현은 물론이고, 그 이외의 사유로 인한 혐오표현에 대해서도 민사상 적극적인 구제수단을 강구해야 한다. 허위사실을 적시해 명예를 훼손했을 때나 모욕적 표현일 때도 혐오표현에 해당하는지를 살펴 그 '공존할 권리' 침해를 인정하고 이를 손해배상액 결정 및 권리 회복에 필요한 조치 이행의무를 부과하는 데 반영해야 한다. 집단에 대한 혐오표현에 대해서도 삭제 또는 재발방지를 위한 조치가 이루어져야 한다.

혐오표현에 대해 학교나 직장 등 기관 내의 자율규제나 국가인권기구의 구제조치 등을 적극 활용하자는 견해도 있다. 구제조치의 근거로서 차별금지법 제정이 필요하다는 의견도 이와 같은 맥락이다. 자율규제나 구제조치가 필요한 것은 물론이다. 차별금지법 제정은 꼭 이루어져야 한다. 그러나 이는 어디까지나 민형사상 수단이 충분히 작동하는 것을 전제로 한다. 자율규제나 구제조치는 강제성을 갖지 않기 때문이다.

혐오표현은 그 표현을 쓰지 말아야 한다는 여론의 변화가 있어야만 줄어든다. 자율규제나 구제조치가 사회 전체의 인식 변화를 꾸준히 촉진할 것은 분명하다. 그러나 자율규제나 구제조치만으로, 차별금지법 제정만으로 여론을 결정적으로 바꿀 수는 없다. 사회 여론의 변화에 결정적 영향을 미치는 것은 바로 정치다. 정치인들이 혐오표현으로 이익을 꾀하며 종교 또는 사회운동 세력의 혐오표현을 부추기는 것을 막고, 정치인들 스스로 혐오표현을 하지 못하게 하고, 혐오표현에 대해 멈추라고 말하게 하는 것이 혐오표현에 관한 여론을 바꾸는 가장 직접적인 방법이다. 불안과 결핍을 키우는 사회에서 안정과 공존을 촉진하는 사회로 나아가기 위한 사회경제적 개혁 조치가 정치 영역에서 함께 실행되어야 혐오표현이 퍼져나가지 않을 환경이 만들어진다.

정말 혐오표현이 없어질 수 있을까? 그렇다. 도축업자나 한센병 환자를 격리하며 낮춰 부르던 단어를 더 이상 일상에서 쓰지 않는 것처럼, 쓸 이유가 없어지면 말은 일상에서 사라져 사전에만 남는다. 혐오표현으로 이익을 취했던 주동세력이 그것으로 더 이상 이득을 취할 수 없게 되면, 더는 그 말을 동원하지 않게 될 것이다. 이를 위해 가장 중요한 것은 정치 언어의 변화다. 두 번째는 사회경제적 개혁 진전이고, 그다음이 민형사상 입법과 법리 개발이며, 자율규제와 구제 조치, 차별금지법 제정이 그 뒤를 잇는다.

7. 공존의 책임, 피해자의 책임

이 글에서 나는 명확히 피해자의 입장에 섰다. 혐오표현 전반을 다루었지만, 내가 주로 겪어야 했던 '종북' 혐오표현 문제에 집중했다. '빨갱이', '종북'과 같이 한국 사회에서 가장 오래, 가장 극단적으로 계속되어온 정치적 의견을 이유로 한 혐오표현을 제외하고서는 한국 사회 혐오표현 문제를 제대로 다룰 수 없다고 생각했기 때문이다. 정치적 의견을 이유로 한 것을 혐오표현에서 제외하는 것은 또 한 번의 배제이기 때문이다. 나아가 '종북' 혐오표현의 연원과 최근의 현상을 분명히 하는 것이 혐오표현을 이용하는 세력의 정치적 이익 추구 실상을 잘 드러낸다고 보았기 때문이기도 하다.

법률실무가의 입장에서 혐오표현 규제를 위해 시급히 필요하다고 생각한 것은 논리의 일관성이다. 혐오표현을 일삼는 사람들이 '혐오표현을 할 자유'를 주장한다. 혐오표현이 규제되면 자신들이 표현의 자유를 제한당해 인간의 존엄을 침해당한다는 이유다. 독재정권 아래에서 표현의 자유를 얻기 위해 분투해온 민주화운동의 역사를 기억하는 사람들로서는, '혐오표현을 할 자유' 주장에 어떻게 대응해야 할지 난처해지기 쉽다. 더구나 오늘 혐오표현 규제를 주장하는 사람들 중의 상당수는 어제까지 표현의 자유를 주장하던 사람들이 아니던가. 자신에게 유리한 대로 이중 기준을 내세우는 것으로 보이면 설득력을 갖기 어렵다.

일관된 논리를 갖추기 위한 방법 가운데 하나는, 그 권리를 인정한 근본 목적으로 돌아가는 것이다. 이 글은 표현의 자유의 근본 목적인 '인간의 존엄'으로 돌아가 혐오표현 규제 문제를 검토했다. 표현의 자유 보장 근거로 제시되었던 '인간의 존엄론', '국민자치론', '사상의 자유시장론' 차원에서도 혐오표현의 규제 필요성을 살펴보았다. 이를 통해 혐오표현을 '표현의 자유'라는 이름으로 보호하지 않는 것이 왜 옳은지를 일관되게 설명하려고 노력했다. 하지만 철학적, 정치학적 논점들이 매우 많은 주제인 데다, 실무가일 뿐인 필자로서는 이 논점들을 깊게 탐구할 능력을 갖추지 못해, 이 글에서는 정교한 학문적 접근은 부족하다는 점을 미리 밝혀두지 않을 수 없다.

이 글을 쓰기 시작한 첫 번째 이유는 내가 겪은 '종북' 혐오표현에 대한 소송에서 이기고 싶기 때문이었다. 그러나 글을 쓰면서 확인한 것은, 내가 혐오표현의 대상이 되었던 것에서 법률적으로뿐만 아니라 사회적으로도 제대로 벗어나고 싶어 한다는 것이었다. 하지만 자신에게 일어난 일의 해결책을 말하는 것은 자신이 도우려는 사람의 일을 논하는 것보다 어렵다. 제3자가 아닌 당사자로 사는 것, 쉽지 않다. 자신에게 벌어진 사회적 현상을 감정의 거리를 두지 않고 파헤치고 해결 방법을 찾는 것, 무거운 일이다. 꽤 자주, 쓰던 글을 접고 숨을 돌리고 싶었다. 다만 법적 조치로 나 스스로가 완전히 구제되지 못한다는 것을 알고 있는 당사자로서, 실제로 혐오표현을 줄이기 위해 시민들은 무엇을 해야 할지, 피해자는 또 어떠해야 하는지 말하고 싶었다.

소수자가 '공존할 권리'를 갖는다면, 시민은 '공존의 책임'을 진다. 공직자에게 지워지는 법적 책임, 정치인에게 요구되는 정치적 책임과는 다른, 자각한 시민이 스스로 부담하는 책임이다. 혐오표현에 부딪힐 때 침묵하지 않고 멈추라고 말하는 것이 '공존의 책임'을 진 시민이 해야 할 첫 번째 일이다. 일상에 스며든 혐오표현에 휩쓸리지 않는 것 또한 필요하다. '공존의 책임'을 자각한 시민들이 소수자를 '동료'로 받아들일 때 비로소 소수자들은 배제되지 않는 공동체를 경험하게 될 것이다.

이 글의 마무리는 '피해자의 책임'이다. '피해자의 책임'이라니, 피해자는 가해자로부터 사과를 받아야 할 사람인데, 어떻게 피해자에게 책임을 말할 수 있나. 나도 한동안 그리 여겼다. 그래서 이 글은 피해자의 책임을 말하는 것으로 끝맺어야 했다. 혐오표현이 줄어드는 새로운 세상으로 갈 수 있는지 아닌지, 실제의 변화 가능성은 다른 누구보다 피해자의 마음과 태도에 달려 있기 때문이다. 소수의 적극적 행위자에게 법적·정치적 책임을 지도록 요구하는 것 외에, 다수의 경미한 가담자나 방관자들과 함께 새로운 사회로 가야 한다. 어제 쏟아지는 혐오를 방관했던 사람들과도 오늘은 옆에서서 손을 잡아야 한다. 혐오표현이 퍼져나가지 않는 내일을 만들기 위해 함께 나아가야 한다. 이것을 해내기 위한 피해자들의 노력이 충분히 쌓인 뒤에야, 비로소 세상은 바뀌고 피해는 되풀이되지 않을 것이다.

1장

혐오표현이란 무엇인가

형체가 없는 사람과
악수를 한 적이 있다, 나는 비명을 지르며
손을 데었고
낙인이 남았다
형체가 있는 사람들과
악수를 했다, 그들은 비명을 지르며
손을 데었고
낙인이 남았다
나는 더 이상 남들과 악수를 할 수 없어
늘 손을 등 뒤로 감추었다
그런데 기도를 하려고
하늘 향해 두 손 모았더니
비명과 함께
내 마음 깊은 곳에
낙인이 남아버렸다

_베이다오(北島), 「감전」[1]

---

1 린망 외 지음, 김소현·김자은 옮김, 『한밤 낮은 울음소리 ─ 중국 현대대표시선』, 창비, 2013.

1. 거칠고 불편한 표현이
   모두 혐오표현인 것은 아니다

이 글은, '혐오표현(hate speech)'을 "한 사회에서 민족, 인종, 종교, 성, 장애, 정치적 의견, 계급 등 구조적인 이유로 역사적으로 만들어진 소수집단 또는 그 구성원에 대한 배제 또는 축출을 주장하거나 정당화하며 소수집단 또는 그 구성원을 차별하거나 적대하는 표현"으로 정의한다.

논의에 들어가기 전에 먼저 확인해야 할 것이 있다. 혐오표현에 관련한 논의에서 '혐오'란, '아주 싫다'는 감정을 넘어서는, 그 사회의 역사적·구조적 차별과 배제를 반영하는 말이라는 점이다. 이 글이 주목하는 혐오표현의 가장 중요한 징표는, 역사적·구조적으로 만들어진 소수집단을 향한 적대와 배제의 표현이라는 것이다. 이 징표를 가지고 있어야 이글에서 규제 대상으로 삼자고 주장하는 '혐오표현'이다.

상대방에 대한 증오나 적의가 담긴 표현이라고 하여 모두 혐오표현이라 하지 않는다. 아주 싫다는 감정에서 나오는 거칠고 불편한 표현이 모두 혐오표현이라 불릴 것은 아니다. 표현 상대를 무시하거나 그에게 모멸감을 주는 말 전부가 혐오표현이 되는 것도 아니다. 역사적 연원과 사회구조의 배경 없이 상대방에 대해 극단적으로 싫은 감정을 거칠게 표현하는 것은 현행법상 모욕죄가 될 가능성은 있으나 이 글에서 논하는 혐오표현에 포함되지는 않는다. 사회적·역사적으로 열위에 놓인 소수집단에 대한 사회적 차별과 배제의 역사를 반영하는 표현만이 혐오표현이다. 동남아 이주노동자에게 "너희 나라로 가"라고 하는 것[2]같이 사회적으로 형성된 소수집단에 대해 공존을 거절하는 말이 대표적이다.

'불쾌한 표현'이라고 하여 모두 혐오표현이 되는 것도 아니다. 혐오표현은 그 표현 대상이 된 사람에게 불쾌한 감정을 느끼게 한다. 이 때문에 자칫 '불쾌한 표현'은 혐오표현과 혼동될 수 있다. 하지만 표현 대상을 사회로부터 배제하고 축출하는 내용이 아니라면 혐오표현이 아니다. 월드론은 혐오표현금지법은 피해자를 불쾌감으로부터 보호하려는 것이 아니라고 하면서, 그 이유를 "얼마나 심한 것이든 불쾌감

---

2 한겨레, 2013. 4. 14., 「이주민에 "너희 나라로 가" "냄새나" 모욕」. http://www.hani.co.kr/arti/society/society_general/582791.html#csidx3fcf066f60eaaa185abc64ce56b21ad

은 엄밀한 의미에서 법 규제의 대상이 되기 어렵기 때문"이라고 설명한다.[3] 우리 현행법으로도 개인이 느끼는 주관적 명예 감정이 손상된 것을 넘어 객관적으로 사회 일반인의 기준에서 볼 때 사회적 평가가 떨어진 때만 민형사상 규제의 대상이 된다. 표현 대상자의 사회적 평가를 떨어뜨리는 데까지 가지 않고 단순히 표현 대상자를 불쾌하게 하는 표현만으로는 아예 법이 개입할 단계에 이르지 않는다.

어떤 표현이 '불쾌한 표현'을 넘어 표현 대상의 품행이나 능력 또는 직무수행자격에 대한 객관적인 사회적 가치평가를 떨어뜨린다고 해서 모두 이 글의 '혐오표현'이 되는 것도 아니다. 명예훼손이나 모욕은 표현 대상이 그 사회의 구성원으로 존재하는 것 자체를 부인하고 거부하려는 데까지는 나아가지 않는다. 어떤 국회의원에 대해 "뇌물을 받았다"는 내용의 표현이 가해졌다고 해보자. 그 내용이 사실과 달라 명예를 훼손하는 것이거나, 표현 방식이 격렬하고 매우 자극적이어서 모욕적이라고 해보자. 그렇다고 해도 이 표현의 결론은 그 국회의원이 해당 직무를 수행할 자격이 없다는 것이

---

3 제러미 월드론 지음, 홍성수·이소영 옮김, 『혐오표현, 자유는 어떻게 해악이 되는가?』, 이후, 2017, 134~137쪽.

될 뿐이지, 그가 인간 이하의 존재로 취급되어 접촉을 거절당하거나 시민권을 박탈당하여 사회공동체로부터 배제되어 마땅하다는 데까지 격화되지는 않는다.

이에 비하여 이 글에서 규제 대상으로 하자고 주장하는 '혐오표현'은 소수집단 또는 그 구성원인 표현 대상의 능력이나 업무수행자격에 대한 사회적 평가를 떨어뜨리는 데 그치지 않는다. '혐오표현'은 다수집단이 표현 대상에 대해 오랫동안 가해온 차별과 적대, 배제와 축출의 기억을 다시 끌어낸다. 이주여성 출신 국회의원에 대해 가해진 "불법체류자가 판을 치게 됐다", "대한민국의 등골을 빼먹는 다문화"[4] 표현은, 그가 국회의원 직무수행에 적절하지 않은 사람이라고 주장하는 것을 훨씬 넘어선다. 이 표현은 그와, 그가 속한 집단 전체를 한국의 주류 사회에 등장해서는 안 되는 존재, 대한민국의 존재와 발전에 저해되므로 배제되어야 할 집단으로 본다.

---

4 연합뉴스, 2012. 4. 16., 「'이자스민에 '외국인 혐오' 공격 논란(종합) ― 새누리 "허위사실 유포·SNS 공격에 심각한 우려"」.
   https://www.yna.co.kr/view/AKR20120416018751001

혐오표현은 취약한 집단의 구성원들도 다른 사람들과 함께 사회에서 정상적인 지위를 가진 구성원으로 인정된다는 점을 부정[5]함으로써, 표현 대상이 주류 공동체로부터 배제되는 것이 당연하다는 결론으로 이어지는 것을 말한다. 혐오표현은 표현 대상의 시민권을 훼손하여 다수집단이 주도하는 사회에서 구성원으로 존재하고 활동하지 못하도록 한다.

혐오표현은 혐오범죄(hate crime)와 구별된다. 혐오범죄는 혐오감정에 근거한 표현 외에도 물리적 폭력행위가 수반되는 것을 말한다.[6] 혐오표현은 물리적 폭력행위가 없는 발언이나 표현만을 가리킨다.

2. 혐오감정: 사라져버려!

이 글에서 규제를 주장하는 '혐오표현'의 바탕에는 혐오감정이 있다. 혐오감정의 특징은 어떤 집단이나 구성원으로

---

5   제러미 월드론, 위의 책, 115쪽.
6   정다영, 「혐오표현과 민주주의」, 『법학논총』 제31권 제2호, 국민대학교 법학연구소, 2018, 128쪽.

부터 자신이나 제3자가 피해를 입은 것이 없는데도 생겨나고 퍼져나간다는 데 있다. 누군가의 특정한 가해행위에 대해 분노하거나 위험을 느끼는 것과 다르다.

가해자가 나에게 또는 내가 소중하게 여기는 사람이나 사람들에게 어떤 해를 끼쳤다면, 피해자가 위험을 느끼거나 분노하는 것은 당연하다. 가해행위가 실제로 발생했고 의도적으로 일어났으며 심각한 피해를 입힌 경우, 분노에는 "상당한 근거가 있다."[7] 분노는 가해자를 향한 것이기는 하지만, 그 초점은 가해행위에 있다.[8] 분노는 가해자가 일으킨 위해 또는 잘못에 주목[9]하고 잘못을 시정하려는 것이지, 가해자의 존재 자체가 사회로부터 영구히 거부되거나 부인되어야 한다고 단정하는 것은 아니기 때문이다.

물론 피해자는 가해자를 인간으로도 취급하지 않으려 할 수 있다. 평생 마주치지 않기를 바라기도 한다. 사회구성

---

7 마사 누스바움 지음, 강동혁 옮김, 『분노와 용서 — 적개심, 아량, 정의』, 뿌리와 이파리, 2018, 90쪽.

8 마사 누스바움, 『분노와 용서』, 116쪽.

9 마사 누스바움 지음, 조계원 옮김, 『혐오와 수치심 — 인간다움을 파괴하는 감정들』, 민음사, 2015, 312쪽.

원 다수도 피해자의 분노에 공감하고 그가 겪은 위협이 덜어지기를 바란다. 분노의 초점이 행위로부터 사람으로 옮겨가서, '범죄자들'이 혐오의 표적이 되기도 한다.[10]

하지만 특정한 가해행위에 대해 사회는 이미 만들어진 형사법에 따라 대처한다. '죄형법정주의'다. 근대 형사법은, 범죄를 저지른 사람은 처벌을 받아야 하지만 그 정도는 다시 범죄를 저지르지 못하게 할 만큼이어야 하고, 범죄자도 사회에 복귀하여 살아가야 한다는 '교정형주의'에 입각해 있다. 사람들은 흔히 가해자에게 "눈에는 눈, 이에는 이"라며 남을 해한 것만큼 벌을 받아야 한다는 '응보형주의'를 말하지만, 사법부가 가해자의 재범을 막을 만한 형벌을 내린다면 그로써 가해행위에 대한 처벌이 이뤄진다고 받아들이고, 가해자를 영구히 사회로부터 배제하는 데까지 나가지는 않는다. 피해자도 자신의 분노가 여전하더라도, 대부분의 경우, 사회 다수의 대처를 넘어 사적 보복으로 나아가지는 않는다. '죄형법정주의'와 '교정형주의'가 이미 확립된 원칙이기 때문이다.

---

10 마사 누스바움, 『분노와 용서』, 118–119쪽.

가해자의 특정한 행위 때문에 생겨나는 분개나 위험인식과 달리, 혐오감정은 어떤 집단이나 그 구성원이 자신에게 어떠한 위해를 가하지 않는데도 생겨난다. 어떤 집단으로 인한 특정한 위해나 피해가 생기지 않는데도, 혐오감정은 소수집단의 존재 자체에 대해 사회 다수집단 차원에서 만들어지고 유지된다. 왜일까?

누스바움은 "혐오는 처음부터 공상에 연관된 감정"이라고 말한다. 혐오는 "냄새 나는 동물적 육체를 가진 건 저 사람들뿐이야" 같은, 거짓된 믿음과 핵심적 연관을 맺고 있다[11]는 것이다. 자신을 오염시킬 수 있다고 여기는 것에 대한 거부가 혐오감정이라는 설명이다.[12] 역겨운 대상이 자신의 몸에 닿으면 자신이 오염될 것이라는 생각으로, 오염의 원천이 자신의 눈앞에서, 자신의 생활 공간에서 사라져버리기를 원한다는 것이다. 불가촉천민이나 유색인종과는 직접 또는 간접으로도 몸이 닿아서는 안 된다는 이유로 화장실이나 교통수단 등을 철저히 분리하는 제도가 바로 혐오감정의 단적인 표현이다. 소수집단 구성원과 접촉하면 그로부터 오염될 수 있

---

11 마사 누스바움, 『분노와 용서』, 117쪽.
12 마사 누스바움, 『혐오와 수치심』, 186쪽.

다는 생각이 혐오감정의 중심을 이룬다.

영화 〈히든 피겨스(Hidden Figures)〉는 1960년대 미국 남부의 유색인종 분리정책의 단면을 보여준다. 버지니아주에 있는 미 항공우주국에 근무하는 뛰어난 수학자인 주인공은 아프리카계 미국인 여성이다. 뛰어난 능력으로 백인들만 근무하는 건물로 옮겨온 최초의 아프리카계 미국인이 되지만, 용변을 보려면 800미터나 떨어진 유색인종 화장실까지 가야만 한다. 문제는 화장실만이 아니다. 주인공이 백인 사무실에 놓인 커피포트에서 커피를 따라 마시자, 백인들은 커피포트 만지기를 꺼려한다. 다음 날, 작은 커피포트가 하나 더 놓인다. "colored only"라는 딱지가 붙어서.

한국 사회에서 소수자들에 가해지는 혐오도 이와 다르지 않다. 2009년 인도 사람인 보노짓 후세인 성공회대 연구교수는 30대 회사원으로부터 "더러워, 이 냄새나는 ××야"라는 혐오표현을 들어야 했다. 이 가해자는 벌금 100만 원의 약식명령을 받았다.[13] 그러나 다수의 동남아 또는 아프리카 출

---

[13]   한겨레, 2013. 4. 14., 「이주민에 "너희 나라로 가" "냄새나" 모욕」.
http://www.hani.co.kr/arti/society/society_general/582791.html#csidx7ba

신 이주민들은 아무런 대처를 하지 못한 채 배제의 혐오표현에 시달려야 했다.

"버스나 지하철 타면 한국 사람들이 피해요. 옆에 자리가 있어도 한국 사람들 안 앉아요. 오산 가는 1번 버스 탔을 때 버스 기사가 "내려" 그랬어요. 못 타게 해요. 냄새난다고 못 타게 해요. 어떤 버스는 기사 뒷자리에 앉으면 다른 자리로 가래요. 냄새난다고. 어떤 버스 기사는 향수 같은 거 나한테 뿌렸어요."

2002년 국가인권위원회 인권상황실태조사로 드러난 아프리카 출신 노동자의 경험이다.[14] 아프리카 출신 이주민들과 가까이하면 오염될 수 있다는 생각이 이들을 일상생활 공간에서조차 배제하는 이유다.

혐오감정은 그 대상자와 그들의 집단이 사라져버리기를 원한다.[15] 다수집단 구성원들의 눈앞에서 보이지 않는 주변으

14 국가인권위원회, 『국내 거주 외국인 노동자 인권실태조사』, 2002년도 인권상황실태조사, 181쪽.
15 마사 누스바움, 『혐오와 수치심』, 199쪽.

로, 주류 사회의 공간으로부터 소수집단만의 거주구역, 게토로. 혐오감정은 혐오표현으로 분출한다. 여기는 당신이 있을 곳이 아니고 당신은 나와 멀리 떨어져 있어야 하는데 왜 여기 있느냐고 반문한다. 주류 사회는 당신이 발 들여놓을 수 없는 곳인데 왜 주류의 공간에 들어오려 하고 왜 주류의 지위를 넘보느냐고 캐묻는다.

"내 눈앞에서 사라져."

혐오표현에 담긴 이 뜻은, 그 대상자에게는 즉시 전해진다. 직접 밀쳐내지 않더라도, 아무 소리 내지 않더라도.

3. 다수집단이 소수집단에게

이 글에서 규제의 대상으로 삼자고 주장하는 '혐오표현'은 여성, 특정 지역 출신자, 소수민족, 동성애자를 비롯한 성소수자, 급진적 성향의 조직이나 정당원 등 해당 사회의 역사적·사회적 맥락에서 저평가, 경멸, 조롱, 배제의 대상이 되어 온 특정 집단에 대해, 또는 특정 집단에 속해 있다는 이유로 그 구성원에 대해 행해지는 것을 말한다.

　한 사회의 역사적 경험과 관계없이 어떤 집단에도 속하지 않는 개인이란 있을 수 없다. 사람은 고립된 개인으로서가 아니라 어떤 집단의 구성원으로서 존재한다. 사회에는 문화적 형식과 관행, 또는 삶의 방식 때문에 적어도 하나의 다른 집단과는 구별되는 사람 무리로서 '사회집단'이 만들어진다.[16]

　민족, 인종, 종교, 국적, 지역, 성, 정치적 의견, 계급 등에 따라 여러 사회집단들이 나누어진다. 이 과정에서 다수집단과 소수집단이 생겨난다. 한 사회의 정치권력과 부를 보유하고 문화적 주류를 이루는 집단이 다수집단이다. 다수집단은 소수집단을 다수집단과 동등한 사회구성원이 아닌 열등한 존재로 평가하면서 소수집단을 권력과 부로부터 배제하고 그들의 문화를 질 낮은 것으로 치부한다. 물론 사회가 바뀌면 다수집단도 변화하지만, 미국 대통령에 아프리카계 미국인이 당선되었다고 하여도 아직도 백인이 미국 주류를 이루는 것처럼, 다수집단의 지위는 사회의 변화에도 불구하고 비교적

16　아이리스 매리언 영 지음, 김도균·조국 옮김, 『차이의 정의와 정치』, 모티브북, 2017, 111–117쪽.

오랫동안 유지된다. 소수집단에 대한 배제 역시 쉽게 사라지지 않고 이어진다.

　자유권규약 제20조 제2항은 "민족, 인종, 종교"를 금지되는 혐오표현의 사유로 규정하고 있는데, 다른 나라의 사례에서는 다수집단에 대한 표현 가운데 인종을 이유로 한 것도 규제 대상으로 삼기도 한다.[17] 그러나 소수집단이 다수집단

17　1967년 영국에서 흑인해방운동 지도자 마이클 압둘 마릭이 "백인 남자가 흑인 여자를 덮치는 것을 목격하면 바로 사살해야 한다"는 발언을 했다가 영국 인종관계법상 "피부색, 인종, 민족, 출신 국적을 이유로 증오를 일으킬 의도를 가지고 공공장소나 공식적인 자리에서 협박적이고 천박하거나 모욕적인 문서를 공개 배포하거나 그러한 용어를 사용해 증오를 발생시킬 우려가 있는 경우" 조항을 위반했다는 이유로 12개월의 자유형을 받은 것 등이 그 사례다. 그러나 인종을 이유로 한 혐오표현이 큰 문제가 되는 이유는 인종 간에 서로 갈등하는 것 자체가 절대악이어서라기보다는, 인종혐오표현이 소수인종의 주류 사회 참여를 배제하는 구조적 억압으로 작동한다는 데 있다. 역사적 억압 구조에 주목하지 않고 표현의 격렬함에 집중해 처벌 대상을 정하면, 혐오표현 규제의 원래 목적과 정반대로 소수집단이 겪는 억압을 강화시키는 결과를 낳을 수 있다. 실제로 영국에서 1968년 인종보호협회 백인 회원 4명은 영국의 한 지방신문에 "흑인은 유전적으로 백인보다 열등하다", "인종 간의 결혼은 위험" 등 글을 기고해 기소되었지만 무죄 판결을 받았다. '협박적이고 천박하거나 모욕적인' 표현이 아니고 '증오를 불러일으키려는 의도'가 아니라 이민 문제에 주의를 끌고자 했다는 피고인 측 주장이 받아들여진 결과였다. (각 사례에 대한 설명은 모로오카 야스코 지음, 조승미·이혜진 옮김, 『증오하는 입』, 오월의봄, 2015, 130~131쪽을 인용하였다.)
억압 구조로부터 갈등이 생겨난다. 이 갈등 격화를 억제하려는 것이 잘못은 아닐 터이다. 그러나 억압 구조를 강화시키는 표현을 규제하는 데는 실패하면서, 억압에 항의하는 표현의 격렬함을 막으려 형사처벌을 동원하는 것은 합리적이지 못하다. 혐오표현 규제의 정당성의 핵심은 억압 구조 강화를 막음으로써 사회로부터 배제되었던 사람이 그 사회에서 공존할 권리를 회복하도록 돕는 데 있지, 표현을 순화시키는 데 있지 않다.

을 상대로 혐오를 표시한 것은 실제로 배제의 효과를 가져올 가능성이 없다.[18] 배제와 축출이란 사회에서 우월한 지위를 차지해온 다수집단이 열위에 있어온 소수집단을 향해서만 만들어낼 수 있는 결과다. 배제당하거나 축출당한 역사적 경험을 갖고 있으며 앞으로도 배제될 위험에서 채 놓여나지 못한 소수자들에 대한 표현만이 혐오표현이다. 홍성수는 자유권규약의 위 규정은 중립적인 표현을 사용하고 있지만 그 취지는 소수민족, 소수인종, 소수종교를 혐오표현으로부터 보호하는 것이라고 설명한다.[19]

이 글에서 혐오표현은 역사에서 실재했던 차별과 적대, 배제와 관련된 표현을 말하기 때문에, 다수집단, 곧 그 사회에서 정치적·경제적·문화적 우위를 점한 집단이나 구성원을 상대로 한 표현은 '혐오표현'에 포함하지 않는다. 1985년, 전두환의 광주학살과 이를 지원한 미국에 항의하는 대학생들

---

18 데버러 헬먼은 동료나 상사에게 침을 뱉는다면 무례한 행동이고 상대는 모욕당한 것이지만 비하, 곧 부당하게 차별한 것은 아니라고 설명한다. 행위자의 지위가 상대의 지위보다 높지 않아 비하할 힘이 없기 때문이다. 이에 비해 노숙자에게 침을 뱉는다면 그를 비하한 것이 된다고 한다. 일정한 주거가 있는 행위자는 노숙자에 비해 사회적으로 우월한 지위에 있기 때문이라는 것이다. 데버러 헬먼, 김대근 옮김, 『차별이란 무엇인가』, 서해문집, 2016, 71쪽.

19 홍성수, 『말이 칼이 될 때』, 어크로스, 2018, 27–28쪽.

이 민정당 연수원을 점거 농성하면서 "독재 타도"와 함께 "양키 고 홈"을 외쳤다.[20] 문자 그대로는, 외국인들에 대해 그들의 나라로 돌아가라고 한 것은 동남아 이주노동자에 대한 것이나 미국 당국에 대한 것이나 다르지 않다. 한국 사회에서 명백한 소수집단으로 배제의 대상이 되는 이주노동자에 대한 이 말은 혐오표현임이 분명하다. 하지만 이 사건에서 미국에 대해 한 말은 혐오표현이라 할 수 없다. 당시 이 대학생들은 실제 한국 사회에서 미국 당국을 배제하거나 축출시킬 수 있는 지위에 있지 않았던 반면, 미국은 전두환 정권의 집권을 가능하게 했던 강력한 존재였기 때문이다.

4. '낙인찍기': '사회적 불안의 초점'이자 '편향된 집단'으로 보이게 하기

소수집단을 열등한 존재로 취급하기 위한 수단이 바로 '낙인찍기'다. 낙인찍기란 마치 농장에서 키우는 가축에게 하는 것처럼, 어느 농장의 노예인지 알파벳이 새겨진 쇠를 불

---

20 한종수, 「11월의 함성 — 민정당 연수원 점거농성」, 민주화운동기념사업회.
http://www.kdemo.or.kr/blog/location/post/1182

에 달궈 피부에 자국이 남게 하는 것이다.

낙인찍기는 그 사람으로부터 인간으로서 지니는 개별성을 없애고[21] 집단의 속성으로만 평가되는 존재로 만든다. 가축에게는 이름이 필요 없다. 어느 농장에 속했는지만 확인되면 될 뿐이다. 다수집단은 소수집단 구성원들을 개별적이고 특성을 가진 각각의 존재가 아닌 수치스러운 집단의 구성원으로 분류함으로써 낙인찍는다. 낙인찍히는 과정을 거치면서, 소수집단 구성원들은 개별적인 주체로서 인간성을 부인당한다. 민족, 인종, 성, 계급과 같이 외모나 말투, 차림새를 통해 확인할 수 있는 소수집단에 대해서는 혐오의 대상으로 취급해도 될지 별도의 확인도 필요 없다. 외모, 말투 그 자체가 그의 소속 집단을 드러내기 때문이다.

종교나 정치적 의견처럼 겉으로 드러나지 않는 사유로 낙인찍는 행위는 어떻게 이루어질까? 다수집단은 소수집단으로 추측되는 사람들에게 종교를 확인하기 위한 특정한 행위를 강요하거나 정치적 의견을 가려내기 위한 질문에 답할 것을 강제한다. 이른바 십자가 밟기다. 누구든지 자신이 선호

---

21   마사 누스바움, 『혐오와 수치심』, 402-403쪽.

하는 정치체제나 종교 등을 외부에 표명할 것을 강요받지 말아야 한다. 그것이 헌법이 보장하는 양심과 사상, 종교의 자유의 기본 내용이다. 그러나 혐오표현이 넘쳐나는 사회에서는 이 답변을 거부하는 것 자체로 혐오의 대상인 종교나 사상을 가진 것으로 간주된다.

사람마다 일일이 판별 작업이 진행되기 전이라면 어떨까? 이미 특정 종교나 정치적 의견을 가진 것으로 사회적으로 널리 알려진 그 소수집단의 대표 또는 정치인이나 연예인 등에게 혐오표현이 집중된다. 대표적 인물에게 가해진 낙인찍기의 효과는 그 집단과 구성원 전체에게 바로 전해진다. 이렇게 낙인찍히고 혐오표현으로 공격받지 않으려면 그 의견을 버려야 한다는 것이다. 또는 적어도 들키지 않게 감추어야 한다는 것이다. 대표적 인물에 대한 낙인찍기가 집단 전체에 미치는 영향이다.

사상 또는 정치적 의견을 이유로 한 혐오표현의 이러한 특징 때문에, 사상 또는 정치적 의견으로 구분되는 소수집단의 대표적 인물에게 가해지는 혐오표현은 그 집단 전체에 대한 혐오표현의 시작 신호이거나 일시적 대체물일 가능성이 높다. 집단에 대한 혐오표현으로 번질 우려 없는 정치적 토론일 뿐이라고 치부하기 어렵다. 따라서 어떤 정치적 의견을 대표하는 공적 지위에 있는 인물에 대한 표현이라면 혐오표현이어도 정치적 토론 과정의 일부분이니 허용되어야 한다고 쉽게 단정해서는 안 된다.

낙인이 전하는 뜻은 무엇일까? 엠케는 "집단적인 증오와 멸시 성향이 생겨나려면 사회적으로 증오와 멸시를 당하는 이들이 오히려 사회에 피해나 위험이나 위협을 가한다고 주장하는 이데올로기가 있어야 한다"고 지적한다.[22] 누스바움 역시 낙인찍힌 집단은 무질서와 혼란, 범죄를 일으키는 '사회적 불안의 초점'으로 지목된다고 설명한다. 반면 다수집단은 가까이해서는 안 될 집단인 소수집단에 낙인을 찍어 배제함으로써 사회 전체를 안정적으로 통제하고 있다는 겉모습을 얻게 된다는 것이다.[23]

2018년 7월, 내전과 폭력을 피해 제주에 들어온 예멘 난

---

22 카롤린 엠케 지음, 정지인 옮김, 『혐오사회: 증오는 어떻게 전염되고 확산되는가』, 다산초당, 2017, 76쪽.

23 마사 누스바움, 『혐오와 수치심』, 603쪽.

민들의 난민신청을 거부하라는 청와대 청원이 여러 건 이어졌다. 다수의 청원에, 예멘 난민들이 성범죄 등 사회문제를 일으킬 것이라는 내용이 있었다. 문경란은 이 청원들에서 나타나는 "제주 예멘 난민에 대해 한국 사회가 분출하는 혐오와 불안감 그리고 공포"를 지적하면서, 이를 "우리 내면의 투사"로 평가한다. 일자리를 찾아 헤매는 젊은이, 성폭력과 몰카의 불안감을 일상적으로 감내하고 살아가는 여성들의 공포, 희망을 찾기 어렵다는 절망감이 분노와 적개심으로까지 번져 가장 힘없는 약자에게 쏟아지고 있다는 것이다.[24]

낙인찍기의 또 하나의 의미는 소수자들을 '비정상', '편향된 집단'으로 인식되게 하는 것이다. 월드론은, 다수집단 구성원이 소수집단에 대해 사회공동체에 참여할 자격을 부정하면서 소수집단을 '정상적인 인간'이 아니라고 평가한다고 지적한다. 다수집단은 소수집단과 떨어져서 더 높은 위치에 존재하는 한 자신들은 공동체 생활에 참여하는 데 결격사유가 없는 '정상'이라는 편안함을 누린다는 것이다.[25] 영화

24 여성신문, 2018. 8. 8., 문경란, 「예멘난민 혐오는 우리를 비추는 거울」.
http://www.womennews.co.kr/news/articleView.html?idxno=143826
25 제레미 월드론, 위의 책, 115쪽.

〈히든 피겨스〉가 묘사하는 1960년대 미국 남부에서는 아프리카계 미국인들이 사용하는 화장실에만 'colored only'라고 표시되어 있을 뿐, 백인 화장실에는 'white only'라는 푯말이 달려 있지 않았다. 다수집단인 백인들은 아프리카계 미국인들을 주류 공동체에 들어올 자격이 없는데도 예외적으로 부분적으로 허용된 자들로 여긴 반면, 백인 자신들은 사회의 정상적 구성원이므로 피부색을 따로 언급할 필요 없는 존재라고 자처한 것이다.

'정상'이라는 관념은 '중립'적이고 예의와 교양을 갖춘 존재라는 자긍심으로 이어진다. 다수집단 구성원은 스스로를 '어떤 집단에도 속하지 않은 중립적인 사람'으로 평가한다. 어떤 집단에 속해 있거나 특정한 편향을 가진 사람으로 인식할 필요가 없는 것이다. 또한 다수집단은 중립성을 견지할 만한 품격 있는 문화를 유지하는 사람으로 자신들을 평가한다. 반면 소수자들은 자신들만의 집단으로 뭉친 사람들, 교양이나 예의를 중시하지 않는 질 낮은 문화적 소양만을 가진 사람들, 의견에서 편향을 가진 사람들이라고 여긴다. 소수자들이 서로 밀접한 관계를 갖거나 자신들의 집단경험에 기초한 정치적·사회적 의견을 공유하는 것은 주류 사회에서 배제되어 그들에게 국한된 공간으로 밀려나 생존하는 과정에서 생겨난 현상이고, 소수집단의 문화는 주류 문화로부터 '일탈한 것'이 아니라 '다른 것'일 뿐인데도 말이다.

소수자들을 편향된 사람들, 일탈한 집단으로 보는 현상은 한국 사회에서도 다르지 않다. 대표적인 극우인물인 지만원은 근래까지도 노골적으로 호남 지역 출신자들에 대해 혐오표현을 서슴지 않았는데, 그 기본 틀이 바로 자신들은 중립적이고 교양 있는 사람들인 반면, 자신들과 정치적 의견을 달리하여 민주진보세력을 지지해온 호남 사람들은 예의 없고 편향된 사람들이라는 것이다. "전라도 사람들은 자기들끼리 똘똘 뭉쳐 외부를 배우려 하지 않는다.…… 그래서인지 전라도 사람들에서 많이 나타나는 특징은 공공장소에서의 기본적 에티켓이 없다. 창피함도 모르고 품위의 개념이 상실된 이방인 같다.", "전라도는 정신적 사상적으로 대한민국과 타도들에 대해 원한을 품은 반골의 뿌리를 가지고 있다.", "전라도 특히 전남이 빨갱이 고장"[26]과 같은 혐오표현은 지역차별이 다소 줄어들기 전까지 오랫동안 한국 사회에 널리 퍼져 되풀이되어왔다.

[26] 지만원의 시스템클럽, 2011. 6. 3., 「기가 센 나쁜 천재들의 고장 전라도를 어이하나!」.

낙인찍힌 사람들은 '정상'으로 자처하는 다수집단 구성원이 주도하는 사회에서 그들과 공존할 권리를 갖지 못한다. 낙인 대상 집단에 속한 구성원은 거의 항상 조롱이나 비아냥거림으로 고통을 겪고,[27] 사회적 공격의 대상이 되는 위험에 처한다.

5. 배제와 축출, 위축과 주변화

혐오표현은 다수집단 구성원들과 영향력 있는 언론 또는 정치인을 비롯한 유명인사들에 의하여 사회 곳곳에서 여러 수단으로 끊임없이 되풀이되어 낙인찍힌 대상에게 쏟아진다. 그들을 배제 축출하려는 혐오표현의 결과 가운데 가장 심각한 것은 위축과 주변화다.

배제와 축출은 한때 일어나고 그치는 것이 아니다. 표현 대상의 생활 영역 가운데 부차적이거나 미미한 일부 영역에서 벌어지는 데 머물지도 않는다. 혐오표현이 불러오는 배제

---

http://systemclub.co.kr/bbs/board.php?bo_table=12&wr_id=2906
27 마사 누스바움, 『혐오와 수치심』, 411쪽.

와 축출은 피해자의 눈으로 보면 영구적이라 할 만큼 이미 오랜 시간 지속되었고, 앞으로도 계속될 것으로 여겨진다. 이 때문에 피해자로서는 자신이 개인적으로라도 배제로부터 벗어날 수 있다고 기대하는 것조차 어렵다. 배제는 해당 사회공동체의 중심이 되는 영역은 물론 표현 대상이 다수집단 구성원과 같은 지위를 누리며 참여하고자 했던 바로 그 영역에서도 동시에 벌어진다. 다수집단 구성원들은 표현 대상과 대화하거나 접촉하거나 옆에 서려 하지 않는다.

집단이 배제에서 탈출하지 못하는 한, 자신이 개인적으로 벗어날 수 있는 길은 오직, 자신은 그 집단의 속성을 가지고 있지 않다고 부인하고 다수집단과 같은 속성을 취득하였다고 선언하는 것뿐이다. 위축의 한 형태다. 여성들이 "어디여자가"라는 배제를 뚫고 남성 중심 직종에 들어가기 시작한 초기, 여성들이 기존 집단에 적응하고 받아들여지기 위해 써야 했던 가장 흔한 방법은 남성들처럼 업무의 연장으로 술을 잘 마시거나, 돌보아야 할 아이가 있더라도 마치 육아의 부담이 없는 것처럼 행동하는 것이었다. 적응에 성공한 결과는 "여기 어디 여자가 있어?"라는 말을 듣는 것으로 나타났다. 여성이라는 소수집단 자체는 여전히 남성 직종에 참여할 자격이 없는 사람들로 남았다. 집단이 배제에서 벗어나야만 비로소 그 구성원은 자신의 모습 그대로 주류 공동체에 참여할 수 있게 된다.

캐나다 대법원장 브라이던 딕슨은 1990년, 유대인이 홀로코스트를 만들어냈다는 발언으로 기소된 키그스트라 R. v. Keegstra 사건[28]에서 혐오의 공적 표현이 사람들의 삶에 미치는 영향에 대해 다음과 같이 썼다.

"혐오 선전에 의한 조롱, 적대, 욕설은 (……) 개인의 자기 가치와 승인이라는 심정에 심각하게 부정적인 영향을 미친다. 이러한 영향은 표적 집단 구성원들이 극단적인 반응을 취하게 할 수 있다. 아마도 그들은 다른 집단 구성원들과 접촉하는 활동을 회피하거나 다수자들과 조화를 이루려는 태도나 자세를 회피하게 된다."[29]

---

28 R. v. Keegstra, [1990] 3 S.C.R. 697. 제러미 월드론, 위의 책, 78쪽, 193쪽에서 재인용.

29 키그스트라 사건은 1984년 캐나다 앨버타주 에크빌의 공립고등학교 교사인 제임스 키그스트라의 발언에서 시작되었다. 키그스트라는 수업 시간에 유대인이 그리스도교 신앙의 파괴를 시도하고 동정심을 얻기 위해 홀로코스트를 만들어냈다는 발언을 해 당시 형법 281.2.(2)항에 입각해 기소되었다. 캐나다 대법원은 혐오 조장을 처벌하는

혐오표현의 피해자에게는 해당 공동체의 주류 사회나 자신이 원하던 활동 영역이 아닌 가족 또는 특정 집단 내의 좁은 소수자 공동체만이 '정상적' 구성원으로 대우받을 수 있는 유일한 생활 영역으로 남겨진다. 혐오표현 피해자의 세계는 주류 사회 다수집단 구성원의 세계와 분리되어 섞이지 않는 하위의 좁은 공간으로 축소된다. 영화 〈히든 피겨스〉에서 미국 남부의 아프리카계 미국인들이 자신을 온전히 드러낼 수 있는 공간은 흑인영가를 함께 부를 수 있는 교회뿐이다.

민주당 소속이었던 임수경 국회의원조차 보수언론으로부터 종북 공격을 받은 뒤로는 "나 스스로도 자기검열에 시달렸던 것 같다. 사진 찍을 때도 주변 의원들을 살펴보게 된다. 혹시 이 의원 지역구에서 '왜 임수경하고 사진 찍었냐'고 항의가 들어오지 않을까'라는 생각 때문"이라며 "행사에 참석해 축사를 하거나 꽃을 보낼 때도 '임수경이라는 사람이 축하하는 걸 좋아할까'라는 생각에 불필요한 자기검열을 한

위 형법 조항이 캐나다 권리자유헌장(Canadian Charter of Rights and Freedom) 2(b)항 상의 표현의 자유에 위배되지 않는다고 판단했다. 제러미 월드론, 위의 책, 110-111쪽에서 재인용.

다"고 호소한 바 있다.[30] 그만큼의 사회적 지위를 갖지 못한 소수자들이 겪는 위축은 더욱 심할 수밖에 없다.

낙인찍기는 결국 그 대상인 소수집단을 주변화[31]로 내몬다. 주변화란 특정 대상이 사회의 중심으로부터 밀려나 권력을 함께 갖고 행사할 가능성을 박탈당하는 과정을 말한다. 다수집단 구성원이라면 아무런 제약과 위축 없이 참여할 수 있는 공동체와 관련해서도, 낙인찍힌 대상은 특정 집단 구성원이라는 이유로 공동체에 들어오거나 머물 자격을 부인당한다. 주변화되는 집단은 그 사회를 바꿀 힘을 박탈당한 채 무력하게 자신에게 주어진 상황을 받아들이는 것밖에 다른 선택을 할 수 없는 처지에 놓인다.

---

30 미디어오늘, 2015. 11. 5., 「임수경 "종북 색깔론, 의원인 나도 자기검열 하게돼" ─
    [토론회] "정치적 배제, 명예훼손으로 못 막아"… "혐오 발언으로 다뤄져야" 주장도」.
    http://www.mediatoday.co.kr/news/articleView.html?idxno=125923
31 마사 누스바움, 『혐오와 수치심』, 37쪽.

6. 혐오표현의 범위: 역사적·사회적 맥락 고려해야

역사적·구조적으로 우위에 있는 다수집단이 열위에 있는 소수집단에게, 낙인을 찍어 배제 또는 축출을 주장하거나 정당화하며 차별하거나 적대하는 표현, 여기까지가 지금까지 정리한 '혐오표현'의 기준이다.

남은 문제는, 어떤 이유에 따른 것을 혐오표현이라고 할 수 있느냐다. 이 문제에 대한 대표적인 국제규범으로 「시민적 및 정치적 권리에 관한 국제규약」(아래에서는 '자유권규약'이라고 한다)이 있다. 자유권규약 제20조 제2항은 "차별, 적의 또는 폭력의 선동이 될 민족적, 인종적 또는 종교적 증오의 고취는 법률에 의하여 금지된다."[32][33]고 한다. 규제해야 할 혐오표현의 사유를 '민족, 인종, 종교적 증오'로 한정한 것이다.

그런데 자유권규약은 국제사회에서 인권 증진과 보호를 위한 운동이 광범위하게 일어나기 전인 1966년에 작성된 문

---

[32] 번역문은 국가법령정보센터 www.law.go.kr에 게재된 것.

[33] International Covenant on Civil and Political Rights, Article 20 ② Any advocacy of national, racial or religious hatred that constitutes incitement to discrimination, hostility or violence shall be prohibited by law.

서다. 자유권규약이 규제 대상 혐오표현의 사유를 위 세 가지에 한정한 것은 당시의 시대 상황을 반영한 것이다. 가령 성소수자에 대한 혐오표현이 심각한 문제라는 점은 위 조항에 써 있지 않다. 하지만 지금 성을 이유로 한 혐오표현이 위 조항에 들어 있지 않아 규제 대상이 아니라는 견해는 찾을 수 없다.

따라서 규제해야 할 혐오표현에는 자유권규약 제20조 제2항의 사유—민족, 인종, 종교—가 반드시 포함되어야 하지만, 여기에만 머무르면 현실을 쫓아가지 못하는 결과가 될 수 있다. 혐오표현은 위의 세 가지 이외의 어떤 이유로 가해질 수 있을까? 자유권규약 제2조 제1항은 규제해야 할 혐오표현의 사유를 논하는 데서 방향을 잡아준다.

"이 규약의 각 당사국은 자국의 영토 내에 있으며, 그 관할권 하에 있는 모든 개인에 대하여 인종, 피부색, 성, 언어, 종교, 정치적 또는 기타의 의견, 민족적 또는 사회적 출신, 재산, 출생 또는 기타의 신분 등에 의한 어떠한 종류의 차별도 없이 이 규약에서 인정되는 권리들을 존중하고 확보할 것을 약속한다."[34]

위 조항은 차별, 적의, 폭력을 만들어내는 사유가 어떤 것이 될 수 있는지를 예를 들어, 또 포괄적으로 정한다. 민족, 인종, 종교 외에도 성, 언어, 정치적 또는 기타의 의견, 재산을 비롯한 기타의 신분이 차별을 만들어낼 수 있음을 말하고 있다. 각 나라의 역사적 배경과 구성의 특성에 따라 이 조항에 열거되지 않은 사유로도 차별이 가해질 수 있기 때문에, 자유권규약상 가입국이 없애야 할 차별의 사유는 넓게 인정되어야 한다.[35]

주목할 것은, 자유권규약 당사국이 없애야 할 의무를 지는 차별에는 '정치적 의견'에 따른 차별도 포함된다는 점이다. 유럽연합, 호주, 영국, 스웨덴 등 여러 나라의 차별금지법 제도 견해나 정치적 신조를 사유로 한 차별을 금지 대상으로

---

[34] "Each State Party to the present Covenant undertakes to respect and to ensure to all individuals within its territory and subject to its jurisdiction the rights recognized in the present Covenant, without distinction of any kind, such as race, colour, sex, language, religion, political or other opinion, national or social origin, property, birth or other status."

[35] Article 19, 『Prohibiting incitement to discrimination, hostility or violence』, 2012. 12., 19–21쪽.
https://www.article19.org/

삼고 있다.[36]

흔히 정치적 토론은 가장 자유로워야 한다고들 한다. 정
치적 토론이 자유롭다면 정치적 의견에 따른 차별도 없어야
맞다. 그러나 현실에서는 집권세력이 정치적 의견이 다른 집

---

[36] 호주 인권과평등위원회법(Human Rights and Equal Opportunity Commission Act)은 정치적 견해도 차별금지 사유로 포함한다. 뉴질랜드 인권법(Human Rights Act) 제21조 제1항도 차별금지 사유로 정치적 견해를 열거하는데, 특정한 정치적 견해를 갖지 않거나 전혀 정치적 견해를 갖지 않은 것도 포함한다. 이준일, 『차별금지법』, 고려대학교 출판부, 2007, 155–157쪽.
영국 평등법(Equality Act 2010)은 차별금지 사유로 연령, 장애, 성전환(gender reassignment), 혼인/시민결합(marriage/civil partnership), 임신/모성, 인종, 종교 또는 신념, 성별, 성적 지향을 명시한다.
스웨덴 차별금지법(Discrimination Act 2008)은 괴롭힘을 "어떤 개인의 존엄성을 침해하는 행위로 차별금지 사유의 하나인 성별, 성전환자의 정체성 또는 표현, 민족성, 종교 또는 그 밖의 신념, 장애, 성적 지향 또는 연령과 관련된 경우"로 정의한다(제4조 제4호).
유럽연합기본권헌장(Charter of Fundamental Rights of the European Union)은 차별금지 사유로 성별, 인종, 피부색, 출신민족 또는 출신사회, 유전적 특성, 언어, 종교 또는 신념, 정치적 견해 또는 그 밖의 견해, 소수민족 구성원, 재산, 출생, 장애, 연령 또는 성적 지향 등 14가지를 열거한다.
유럽인권협약(European Convention of Human Rights) 제14조는 평등권 혹은 차별받지 않을 권리에 대하여 "이 협약에 명시된 권리와 자유의 향유에서 성별, 인종, 피부색, 언어, 종교, 정치적 견해 또는 그 밖의 견해, 출신국가 또는 출신사회, 재산 또는 그 밖의 지위와 같은 어떠한 사유로도 차별받지 않은 채 보장된다."고 명시한다. 원문은 다음과 같다. "The enjoyment of the rights and freedoms set forth in this Convention shall be secured without discrimination on any ground such as sex, race, colour, language, religion, political or other opinion, national or social origin, association with a national minority, property, birth or other status." 이준일, 「혐오표현의 판단기준 ─ 차별금지사유로서 성적 지향을 중심으로」, 『헌법재판연구』 제4권 제2호, 2017. 12., 101–107쪽.

단이나 구성원들에 대해 매우 심각한 차별과 배제를 가하는 일이 자주 일어났다. 정치적 의견에 의한 차별이 민족, 인종, 종교, 지역 등 사유와 결합하여 집단학살이나 인도에 반하는 범죄 또는 기본권의 중대한 침해로 이어지는 경우도 드물지 않았다.

히틀러가 유대인을 절멸시키려는 집단학살, 곧 제노사이드 범죄를 저지른 것은 인종적 편견에만 기초한 것이 아니었다. 히틀러는 스스로 10대 후반 비엔나에 머무를 당시 "유대인이 이교도라는 이유로 박해받고 있다고 생각했"으나,[37] 시위와 파업을 주도하던 비엔나의 사회민주주의자들이 주로 유대인이라는 사실을 알게 되고 "유대인 칼 마르크스"와 마르크스주의자인 유대인을 혐오하게 되었다고 회고했다.[38] 히틀러는 1933년 바이마르공화국 수상이 된 뒤 유대인들이 중심이 되어 러시아혁명을 일으켰고 그들이 독일을 위협하고 있다며 '공산주의자들에 의한 정부 전복' 위험을 강조하면서 '빨갱이 척결'을 선언했는데, 1933년 2월 27일 의사당 방화사건

---

[37] 아돌프 히틀러 지음, 이명성 옮김, 『나의 투쟁』, 홍신문화사, 1993, 31쪽. (박건영, 『국제관계사 — 사라예보에서 몰타까지』, 사회평론아카데미, 2018, 158쪽에서 재인용.)
[38] 아돌프 히틀러, 위의 책, 98쪽. (박건영, 위의 책, 158쪽에서 재인용.)

을 이유로 하룻밤 사이에 1,500여 명의 공산당원을 체포해 다차우 수용소로 보냈다. 6월에는 사회민주당을 불법화했다.[39] 뉘른베르크 인종법을 선포해 유대인의 시민권과 참정권을 박탈하고 유대인과 아리아인 사이의 성관계와 결혼을 금지한 조치가 그해 9월에 이어졌다.[40] 이처럼 나치가 휘두른 국가폭력의 첫 희생자는 독일공산당과 사회당이었다. 히틀러가 저지른 유대인에 대한 제노사이드 범죄는 사회주의와 공산주의에 대한 혐오, 유대인에 대한 인종적 차별이 결합된 것이다.

냉전체제가 시작된 직후 1950년 2월부터 1954년 12월까지 미국에서 벌어진 매카시 선풍으로 1,456명의 공직자가 '보안상의 이유'로 공직에서 추방당한 것,[41] 1956년 독일연방헌법재판소의 독일공산당 해산결정과 관련하여 해산심판이 청구되고 독일공산당이 재건되기까지 12만5천여 명에 이르는 공산당 관련자가 수사를 받고 그중 6천~7천 명이 형사처벌을 받았으며 그 과정에서 직장에서 해고되는 등 사회활동에 제약

---

39 박건영, 위의 책, 175–177쪽.
40 박건영, 위의 책, 201쪽.
41 리영희, 「자유와 민주주의의 적 — '매카시즘'」, 리영희 저작집 12권 『21세기 아침의 사색』, 한길사, 2006, 328–340쪽.

을 받는 문제가 발생[42]한 것과 같이 냉전시대에 정치적 의견을 이유로 한 차별과 배제는 세계 곳곳에서 엄연한 역사적 사실이었다.

냉전이 끝나고 난 이후 이른바 서구 선진국에서는 정치적 의견에 대한 억압과 배제는 줄어든 것처럼 보인다. 그러나 정치적 의견의 차이가 혐오표현의 사유가 될 가능성이 모든 나라에서 사라진 것은 아니다. 특히 한국전쟁 이후 분단체제가 극복되지 못했고 사상이나 정치적 의견이 북한의 주장과 유사하다고 보이기만 하면 북을 이롭게 한다며 처벌하는 국가보안법이 남아 있는 한국에서는 정치적 의견의 차이를 이유로 한 혐오표현 문제가 아직도 심각하다.

혐오표현의 범주를 구체적으로 확정하는 것은 현실에서 다양하게 나타나는 차별의 모습에 따라 달라질 수 있고,[43] 이는 해당 사회가 처한 역사적, 정치·문화적 경험[44]과 연관되어

---

42 헌법재판소 2014. 12. 29. 선고 2013헌다1 결정(통합진보당 해산) 중 소수의견.

43 이광진, 「혐오표현과 표현의 자유」, 『법과 정책연구』 제17집 제1호, 한국법정책학회, 2017. 3. 342쪽; 이주영, 「혐오표현에 대한 국제인권법적 고찰 —증오선동을 중심으로—」, 『국제법학회 논총』 제60권 제3호, 2015. 9. 215쪽.

44 이승선, 「공적 인물이 발화하거나 방송에서 발생한 혐오표현의 특성에 관한 탐색적 연구」, 『언론과학연구』 제18권 2호, 2018. 6., 115쪽.

있다.[45] 예를 들어 일본에서는 조선학교가 '반일', '간첩교육'을 한다고 지목[46]되어 조선학교 학생들이 혐오폭력의 대상이 되었는데, 이는 반북 혐오감정이 민족차별의식과 결합하여 혐오표현으로 나타나고 혐오폭력으로까지 이어진 것이다.[47] 일본 내에서는 이 문제를 주로 인종차별 문제로 다루고 있다. 최근 일본 극우정치인들이 혐한 발언을 내놓고 혐한 출판물

45 헬먼은 비하, 곧 부당한 차별이 성립하려면 상대의 인간성에 대한 불평등의 표시가 있어야 하는데, 특정 행위가 이런 불평등의 표시를 담은 것인지 여부는 결정적으로 맥락과 관행에 달려 있어서, 특정 사회의 고유한 역사와 전통이 핵심 역할을 한다고 설명한다. 데버러 헬먼, 위의 책, 75쪽.

46 량영성 지음, 김선미 옮김, 『혐오표현은 왜 재일조선인을 겨냥하는가』, 산처럼, 2018, 178쪽.

47 량영성은 1923년 간토대지진 시 재일조선인에 대한 대량학살부터 최근 북핵 문제와 북한의 일본인 납치 인정 이후 조선학교 여학생들이 치마저고리를 찢긴 사건 등 재일조선인에게 가해진 폭력을 연대순으로 기술하면서, 그 근저에 일본 정부와 언론의 혐오표현이 있음을 지적하고 있다. 곧, 간토대지진 시에는 일본 내무성 경보국장이 각 지방장관에게 "도쿄 부근의 지진을 이용하여, 조선인은 각지에 방화하면서 불령의 목적을 달성하려고 하며, 실제로 도쿄 시내에서 폭탄을 소지하고 석유를 뿌려 방화하는 자도 있다. 이미 도쿄부에는 일부 계엄령을 시행했으므로 각지에서 면밀하게 시찰하여 센진의 행동에 대해서는 엄밀한 단속을 해야 한다."는 전문을 보내 혐오표현을 유포했다는 것이다. 량영성, 위의 책, 119쪽; 량영성은 1990년대 이후 급증한 조선학교 학생들에 대한 폭력의 이유에 대해서는 '조선인 학생에 대한 인권침해조사위원회'의 조사결과를 인용하여, 냉전 붕괴 후 일본이 북한을 새롭게 가상적국으로 상정하고 전후 보상과 국교정상화가 아니라 미국의 아시아 전략에 따르는 형태로 북한을 군사적으로 압박하는 쪽으로 돌아서서 주변사태법과 유사 법제를 비롯한 전쟁국가화에 북한의 핵개발 상황을 최대한 이용하는 상황에서, 일본 정부의 '즉각 대응 태세' 조성 시도, 일본 정부와 언론의 북한 맹비난, 조총련에 대한 일본 경찰의 대규모 수사로 조선인에 대한 차별의식이 폭력으로 촉발되었다고 기술한다. 량영성, 위의 책, 204쪽.

들이 다수 나오는 등[48] 한국도 혐오의 대상이 되고 있는 점으로 보면, 조선학교 학생들에 대한 혐오폭력에 민족을 이유로 한 차별이 이유가 된 것은 분명하다.

하지만 한국에 대한 혐오표현이 최근 급증한 것과 달리 조선학교와 그 학생에 대한 혐오표현은 오랫동안 매우 심각한 형태로 집중되고 혐오폭력으로까지 나아갔다는 점에서, 이 문제는 인종차별에만 그치는 것은 아니다. 일본 내 공산주의 정당이나 사회주의 국가 전체가 혐오표현의 대상이 되는 것도 아니니, 반공 매카시즘으로만 평가될 것도 아니다. 한국전쟁 직후는 물론 1990년대 초반 냉전체제가 무너진 뒤에도 줄곧 일본이 북한과 대립 관계를 명분 삼아 미국과 군사동맹체제를 구축하며 군사력을 키워오면서 가상적국으로 설정된 북한에 대한 혐오감정이 민족차별과 결합되었다고 보는 것이 타당할 것이다.

이처럼 혐오표현의 양상과 이유는 각 사회의 역사적 맥락에 따라 다르게 나타난다. 자유권규약 제2조 제1항이 차별사유를 "인종, 피부색, 성, 언어, 종교, 정치적 또는 기타의 의

---

48 CBS노컷뉴스, 2019. 7. 25., 「문재인도 건드는 일본, '혐한'은 흥행보증수표」.

견, 민족적 또는 사회적 출신, 재산, 출생 또는 기타의 신분"
으로 넓게 정하고 있는 것이 이 논의의 참고가 될 수 있다.
이 가운데 어떤 것도 혐오표현의 사유에서 미리 제외하지 않
되, 어떤 이유에 근거한 것을 혐오표현으로 볼지 기준은 해
당 사회의 역사적 경험과 사회구조 및 문화적 특성을 반영
하여 각 사회마다 별도로 세워야 한다.

2장

혐오표현은 왜 나쁜가

1. '공존할 권리' 침해

혐오표현이 왜 문제인지에 대해, 월드론은 아이들과 함께 걷던 한 사람이 뉴저지에 있는 도시에서 어떤 표지판과 마주친 경우를 예로 든다. 표지판에는 이렇게 적혀 있다. "무슬림과 9·11! 그들을 섬기지 말고 그들에게 말하지 말고 그들을 들이지 말라." 아이가 묻는다. "아빠, 이게 무슨 뜻이에요?" 자신을 포함한 가족 전체가 무슬림인 아버지는 무슨 말을 해야 할지 알 수 없었다. 그가 할 수 있는 유일한 대처는, 혐오표현과 함께 살아가는 법을 배우는 것이다.[1]

혐오표현은 특정 소수집단을 지목해 그 집단과 구성원에 대한 부정적 예단과 편견에 기초한 혐오를 드러낸다. 그들과 공존하기를 거부하고, 그들을 주류 사회의 공간에서 주변으로 내몬다. 피해자를 위축시켜 공존을 시도하지 못하게 한다.

사람이 개인으로 존재할 뿐 아니라 집단 구성원으로서 사회 속에서 존재하는 것은 분명하다. 그렇다면 헌법상 '인간의 존엄'은 개인의 존재로서 보장받아야 할 내용과 집단의 구성원인

---

[1] 제러미 월드론, 위의 책, 11–15쪽.

존재로서 보장받아야 할 내용을 모두 포함한다고 보아야 한다.

하지만 종래의 이론은 사람을 집단 구성원으로 보기보다 정치권력의 힘과 종교의 지배적 영향력으로부터 독립한 개인으로 파악하는 데 주목했다. 그러다 보니 헌법상 '인간의 존엄'에서 흘러나오는 권리도 개별적 존재로서 인간의 모습에 초점을 두고 이해하였다. '인간의 존엄'에서 나오는 권리로 가장 먼저 꼽히는 것은 '인격권'이다. 사람이 자기 자신에 대해 갖는 권리로서, 또 자신과 분리할 수 없는 권리로서, 자유, 명예, 신체, 생명 등의 권리가 인격권에 속한다.[2/3] 그 밖의 '인간의 존엄'의 내용으로는 인격을 형성하기 위한 권리로서 알 권리, 정보공개청구권, 일반적 행동의 자유[4] 등이 논의된다.[5]

---

[2] 김재형, 『언론과 인격권』, 박영사, 2012, 177쪽.

[3] 헌법재판소도 "인간존엄은 헌법이념의 핵심으로 국가는 헌법에 규정된 개별적 기본권을 비롯하여 헌법에 열거되지 아니한 자유와 권리까지도 이를 보장하여야 하고, 이를 통하여 개별 국민이 가지는 인간으로서의 존엄과 가치를 존중하고 확보하여야 한다는 헌법의 최고원리"라고 한 바 있다. (헌법재판소 2010. 2. 25. 선고 2008헌가23 결정; 2004. 10. 28. 선고 2002헌마328 결정 등.) 또한 다수의 결정(헌법재판소 2014. 3. 27. 선고 2012헌마652결정; 2012. 8. 23. 선고 2009헌가27 결정; 2001. 7. 19. 선고 2000헌마546 결정; 1999. 5. 27. 선고 97헌마137결정 등)에서 인격권을 헌법 제10조의 인간의 존엄과 가치에서 유래하는 기본권이라고 확인한 바 있다.

[4] 헌법재판소는 헌법 제10조를 근거로 "모든 국민은 그의 존엄한 인격권을 바탕으로 하여 자율적으로 자신의 생활영역을 형성해 나갈 수 있는 권리를 가지는 것이다."고 한 바 있다. (헌법재판소 1997. 3. 27. 선고 95헌가14 결정.)

[5] 민주주의와 인권 보장이 진전되면서 헌법 조문에 명시되지 않은 새로운 기본권들이

그러나 일반적 행동의 자유 등은 여전히 개인으로서 인간을 초점에 둔 기본권이다. '인간의 존엄'의 내용이 여기에 머무른다면, 사람을 어떤 집단에 속한 존재로서가 아니라 아무 집단에도 속하지 않은 채 균일하고 독립적인 지위를 누리는 개인으로 전제하고, 개인으로 살아가는 데 필요한 권리를 나열하는 데 그치는 것이 되고 만다. 개인을 초점에 두는 '인격권'만으로는 집단 구성원으로서 배제 축출되어 침해되는 권리의 전체적인 모습을 그려내기 어렵다. 헌법학계와 실무에서는 아직 집단 구성원으로서 사람의 존재에 주목하는 권리 내용을 기본권 목록의 하나로 정립해두지 않았다.

판례에 의하여 인정되고 있다. 이럴 때 판례와 학설은 그 새로운 기본권의 인정 근거로 '인간의 존엄'을 든다. 인간의 존엄이 헌법의 근본원리이고 기본권의 기초라는 점에서 이 접근은 유용하고 또 필요하다. 그러나 이것이 '인간의 존엄'을 일반적 행동의 자유의 대체물로 보거나 보호 범위가 확정되지 않은 포괄적 기본권 차원으로 평가하는 것으로 이어져서는 안 된다. 인간의 존엄은 기본권 가운데도 최고의 순위를 가진 주요한 기본권이지, 보호 범위가 확정되지 않아 불명확하거나 다른 규정상 명시되지 않은 기본권의 단순한 집합에 그치는 것이 아니다.

박진완은 이와 관련하여 다음과 같이 설명한다. "인간의 존엄은 포괄적 기본권으로서 규정된 것이 아니라 최고의 순위를 가진 주기본권(Hauptgrundrechte)으로서 규정된 것이다. 이런 점에서 인간의 존엄은 기본권 제정회의에 의하여 권한적인 문제 때문에 명백히 기본권 헌장에 규정되지 않은 독일기본법 제2조 제1항의 일반적 행동의 자유(allgemeine Handlungsfreiheit)의 대체물이 아니다. 이런 점에서 인간의 존엄은 보호 범위가 확정되지 않은 포괄적 기본권(unspezifisches Auffanggrundrechte)은 아니다." 박진완, 「유럽연합의 기본권으로서 인간의 존엄의 보장에 대한 검토」, 사단법인 한국공법학회, 『공법연구』 제35집 제3호, 2007. 2., 90쪽.

아이리스 매리언 영은, 현대의 많은 정의론의 밑바탕을 이루는 사회존재론이 방법론상 개인주의적이거나 원자론적이라고 지적한다. 개인이 사회적인 것에 앞서서 먼저 존재한다고 보는 문제를 안고 있다는 것이다. 이들 이론에서 '개인'이라는 주체는 독립성을 유지하며 역사와 소속 집단에 매이지 않으면서 오로지 자신을 위해서만 삶의 계획을 선택하는 자율적이고 통일성이 있으며 자유롭고 자주적인 존재로 전제된다.[6] 하지만 사람은 이 이상적 인간관을 만족시키는 존재가 아니다. 사회에서는 문화적 형식과 관행, 또는 삶의 방식 때문에 적어도 하나의 다른 집단과는 구별되는 사람 무리로서 '사회집단'[7]이 만들어지고, 사람은 그 집단의 구성원으로 존재한다.

개인으로서 존재에 초점을 맞춘 기본권 유형을 넘어서서, 변화하는 사회 속에서 인간이 부딪히는 새로운 문제를 해결하기 위하여 이전에 인정되지 않았던 기본권을 새롭게 유형화하는 것이 필요할 경우, 그 근거로 삼을 것이 바로 '인간의 존엄'이다. '인간의 존엄'은 모든 기본권의 출발점이자 헌

---

6 아이리스 매리언 영, 위의 책, 115쪽.
7 아이리스 매리언 영, 위의 책, 111쪽.

법적 논의의 기준자이면서, 시대와 사회 환경에 따라 끊임없이 새로운 과제에 맞닥뜨리는 '인간'의 존재 자체를 '존엄'의 주체로 선언하고 있기 때문이다.

인간 존엄의 내용에 대해 비교적 근래에 제기된 '관계이론(의사소통이론)'은 개인을 더불어 살아가는 인간으로 파악해야 한다는 데서 출발한다. 이 이론에 따르면 인간 존엄은 구체적인 승인공동체와 떼어놓고 생각할 수 없게 된다. 연대공동체 안에서 인간 존엄은 단순히 타인으로부터 생명이나 안전을 침해당하지 않는다는 소극적 의미의 자유를 넘어 정치적 공동생활 목적을 위한 상호 간의 승인을 뜻한다.[8] 곧, 인간의 존엄은 인간 상호 간의 사회적 평가와 존중에 의해 인정되고, 인간의 존엄은 구체적인 사회적 관계의 전제 조건이자 결과물이며, 인간의 존엄에 대한 인정은 함께 살아가는 동료 인간들 간의 연대를 확정하는 과정이라는 것이다. 이 입장은 인간의 존엄은 인간이 자연 상태에서 선천적으로 누리는 것이 아닌, 인간 상호 간의 평등한 접촉을 통한 상호 인정의 관계 속에서 도출될 수 있는 개념이라는 하버마스

8　한국헌법학회, 『헌법주석서 Ⅰ』, 법제처, 2010, 288쪽

(J. Habermas)의 견해를 전제로 한다.[9] 노이만(Ulfrid Neumann)이 "관계로 이해하는 존엄 개념은 구체적 인간의 실제적 필요와 이익의 침해 시 나타나고 그 침해의 척도는 사회적 경시(무시)"라고 한 것[10]도 같은 취지다. 박진완은 이를 두고, 인간의 존엄 개념에 대한 모든 자연법적 선이해(先理解)를 넘어서는 새로운 동료 인간들 상호 간의 상호 인정을 통한 구체적이고 현실적인 역동적 인간의 존엄 개념이라고 평가한다.[11]

이처럼 사람이 특정한 사회집단에 속함으로써 한 사회의 구성원이 된다는 점에 더하여 사람은 사회 안에서만 삶을 충분히 누릴 수 있는 사회적 존재[12]라는 점을 고려하면, 집단에 속하지 않은 개인으로서 존재에 초점을 맞추는 기존 이론에 대비하여, 특정 집단의 구성원으로서 인간의 존엄을 보장하기 위해 필요한 권리를 '인간의 존엄'으로부터 도출되는 분명한 권리 개념으로 정립할 필요가 있다. 자신이 속한 집단이 제거할 수 없는 속성을 이유로 차별받거나 적대시되어

---

9   박진완, 위의 글, 98쪽.

10 이부하, 「인간의 존엄 개념에 관한 헌법이론적 고찰 −독일 헌법학 이론을 분석하며−」, 『성균관법학』 제26권 제2호, 2014. 6., 13쪽.

11 박진완, 위의 글, 105쪽.

12 샌드라 프레드먼 지음, 조효제 옮김, 『인권의 대전환』, 교양인, 2009, 78쪽.

배제 축출되면 그는 그 사회에서 '정상적' 구성원으로 존재하기 어렵게 된다는 점을 고려하면, 특정 집단에 속하여 그 집단의 특성을 보유하고 그 집단의 정치적·사회적 지위에 따라 주어진 권력과 부, 문화와 사회관계의 출발점과 환경 속에서 살아가는 사회적 존재로서 사람에게 초점을 맞춘 권리 개념이 필요하다. 자신이 어떤 집단에 속하든, 어떤 속성을 갖든, 배제당하지 않고 집단 구성원의 한 사람으로서 사회에서 함께 살아갈 권리, 이것을 '인간의 존엄'으로부터 나오는 '공존할 권리'로 부르면 어떨까.

민주주의 헌법은 다원성의 인정을 전제로 한다. 서로 다른 사람들도 공존할 수 있어야 한다는 것은 민주주의 사회의 기본 전제다. 자신이 속한 집단의 속성이 어떤 것이든, 자신이 어떤 사상이나 정치적 의견을 갖든, 사회구성원으로서 함께 살 수 있어야 한다. 민주주의 원칙에 입각한 현대 헌법에서, '공존할 권리'는 한 사람이 현재 그 사회에 존재한다는 것 자체로 갖는 권리다.

헌법상 '인간 존엄'으로부터 개별적 인간의 '인격권'이 도출되는 것을 중심에 두고 본 기존의 견해는 '인간 존엄'의 내용을 개인의 권리 침해 금지를 중심으로 이해하게 한다. 이에 비하여 '인간 존엄'으로부터 '공존할 권리'가 도출되는 것에 주목하면, '인간 존엄'의 내용을 집단에 속한 개인으로서 역사적·구조적으로 지속되어온 차별과 배제, 축출로부터 벗어나 주류 사회에 참여할 수 있게 하는 일련의 권리들로 생각해볼 수 있다.

소수자라고 하여 다수집단에 비하여 법적·제도적 차별을 받지 않아야 하고, 타인 또는 다른 집단으로부터 가해지는 차별로부터 구제받을 수 있어야 한다. 주류 사회에서 배제 축출하는 혐오표현을 중단시킬 수 있어야 하고, 주류 공동체에서 차별과 배제를 극복할 기회를 보장받아야 하고, 참여를 위하여 역량을 개발할 수 있어야 한다. 소수자도 한 정치체제를 이루는 유권자이자 현존하는 사회·경제·문화의 다양한 측면을 구성하는 실체로서 자신과 소속 집단의 존재를 인정받고 의견을 펼치고 사회의 운영에 참여할 수 있어야 한다. 곧, 주류 사회로부터 배제당하지 않을 권리, 공존을 저해하는 제도적 차별을 철폐할 권리, 차별로부터 권리 구제를 요구할 권리, 참여 기회 보장과 역량 개발의 지원을 요구할 권리가 '공존할 권리'의 구체적인 내용이 된다.

차별을 제거하는 수단으로서는 할당제 등 적극적 조치가 중요한 대안으로 논의되고 적용되어왔다. 그러나 이것만으로는 소수집단이 그들에게 가해진 역사적·구조적 배제와 축출의 영향으로부터 자유롭게 될 수 없다. 소수집단은 여전히 다수집단의 차별적 적대적 태도와 말을 통한 혐오표현으로 배제, 축출되고 위축과 주변화를 겪기 때문이다. 혐오표현은 상대방과 공존 자체를 부정하고 방해하는 '억압'으로서 존재하며, '인간의 존엄'으로부터 나오는 '공존할 권리'를 침해한다. 이것이 혐오표현이 나쁜 첫 번째 이유다.

2. 합리적 근거 없이, 되풀이되는 것만이 근거

'혐오표현'의 특징 가운데 하나는, 그 내용이 진실이거나 합리적 논거 또는 정당한 평가에 기초한 것이라고 볼 근거가 없다는 점이다.

어떤 표현 내용의 진실성과 합리성이 문제될 때, 각 표현마다 일일이 그 근거가 무엇인지 따져보아야 한다는 것이 법률가들이 일반적으로 취하는 태도다. 그러나 이 글에서 규제 대상으로 삼기를 제안하는 '혐오표현'은 개별 심사의 필요조차 없을 정도로 허위주장에 따른 것이거나 비합리적인 것들이다. 그 표현의 내용이 개인이 임의로 선택할 수 없는 민족, 인종, 성, 또는 개인이 외부에 표명할 것을 강요받지 않을 권리를 갖는 종교나 정치적 의견을 이유로 존재하지 않는 위험이나 오염 가능성을 근거로 하는 것이기 때문이다. 그 표현이 가져오는 결과가 한 사회에서 공존할 권리를 갖는 사회구성원에게 해서는 안 될 배제와 축출이기 때문이다. 더 근본적으로는, 인도에 반하는 범죄에 대해서는 이를 합리화할 어떤 근거도 있을 수 없듯, 인간의 존엄 자체를 파괴하는 표현에도 애당초 어떤 합당한 근거가 있을 수 없다.

2018년 7월 12일, 청와대 청원게시판에 "제주도 난민수용 거부해주세요"라는 제목으로 올라온 청원은 나흘 만에 18만 명이 동참했다. 예멘 난민들이 "여성 인권이 아주 안 좋기로 손꼽히는 나라"에서 왔고 "이슬람 사람들은 여자를 사람으로 보지도 않고 애 낳는 도구로만 생각하는 사람들"이어서 "[난민으로 수용된 사람들이 벌일]"[13] 성범죄는 불 보듯 뻔한 일"이라는 것이었다. 이 청원은 폭력적이거나 선정적인 내

---

13 해당 청원의 취지를 명확히 하기 위하여 필자가 보완함.

용·허위사실·명예훼손 등의 내용이 포함되었다는 이유로 청원게시판 운영 방침과 국민청원 요건에 따라 삭제되었다.[14]

　　김나미는 이 청원의 논거를 트럼프 미국 대통령의 '무슬림 입국 금지(Muslim Ban/Travel Ban)' 행정명령[15/16/17]과 비교한다. 이 행정명령이 밝힌 이유는 "미국은 편협하고 증오에 찬 행동들('명예' 살인과 여성에 대한 다른 형태의 폭력들, 또는 타 종교를 따르는 사람들을 박해하는 것을 포함)을 하는 사람들을 (중략) 받아들일 수 없다."는 것이다. 김나미의 평가에 따르면, 삭제된 위 청와대 청원과 위 무슬림 입국 금지 행정명령이 드러낸 무슬림에 대한 혐오감정이 본질에서 서로 다르지 않다는 것이다.[18] 위 청원은 이슬람포비아라는 증오 체제 아래

14 매일경제, 2018. 6. 18., 「예멘 난민 제주 수용 논란…반대 국민청원 20만명 넘어」. https://www.mk.co.kr/news/society/view/2018/06/382560/

15 *The Washington Post*, 2017. 1. 25., 「Draft executive order would begin 'extreme vetting' of immigrants and visitors to the U.S.」.

16 한겨레, 2018. 6. 27., 「미 대법원 "이슬람 5개국 입국금지 정당" 트럼프 손 들어줘」. http://www.hani.co.kr/arti/international/international_general/850797.html#csidxc6aa505d197938da5f6b76ead5d526c

17 헌법재판소 헌법재판연구원, 헌법판례동향, 2018. 12. 27., 「트럼프 대통령의 반이민 포고령에 대한 합헌결정」.

18 트럼프 미국 대통령은 선거 캠페인 당시부터, 미국에 입국하려는 무슬림들에 대한 전면적이고 완전한 입국 금지를 촉구해왔다. *The Washington Post*, 2015. 12. 7., 「Trump calls for 'total and complete shutdown of Muslims entering the United States'」.

무슬림 남성 일반을 테러리스트로, 여성인권 탄압자로, (성)폭행 위험인물로 낙인찍는 것이다.[19] 내전을 피해 생존을 위해 떠나온 예멘 난민들을 거부하는 이유로 내전 진행 상황 또는 생존의 어려움이 있는지 여부가 아니라 이슬람 나라들의 여성인권 문제를 거론하는 것이 어떤 합당한 논거도 될 수 없음이 분명하다.

그렇다면 이 혐오표현의 근거는 도대체 무엇일까? 김나미는 개신교 일부 세력이 위 혐오표현을 주도하였음을 지적한다. 당시 개신교 인사 일부가 나서서 "살상과 테러는 무슬림(이슬람교를 믿는 사람들)에 의한 것이 대부분"이라거나, 우리나라 난민 신청자의 국적이 대부분 "이슬람 국가 또는 이슬람교 인구가 다수인 국가들"이라며 "한국이 난민들의 집합소가 되는 것도 곤란하다"[20]며 혐오표현을 내놓았다. 영향력 있는 종교인들의 발언은 일반인들의 표현으로 바로 되풀이되고, 그 결과 명백한 혐오표현이 청와대 청원에까지 등장한 것이다.

19 뉴스앤조이, 2018. 7. 3., 김나미, 「'여성 인권' 이름으로 맺는 '위험한 연대' ― 예멘 난민 수용 반대 청원과 이슬람포비아」.
http://www.newsnjoy.or.kr/news/articleView.html?idxno=218453

20 기독교포털뉴스, 2018. 5. 17., 「"대한민국, 난민 신청 집합소 돼선 안돼" ― 한국교회 언론회, "난민의 인권과 함께, 국가 안보 중요" 논평」.
http://www.kportalnews.co.kr/news/articleView.html?idxno=14145

이처럼 혐오표현에 대해서는 그 내용이 합리적이라고 볼 근거나 정당한 논리를 찾기 어렵다. 혐오표현의 합리화 논거는 바로 혐오표현이 되풀이되는 과정 자체다. 혐오표현이 되풀이될수록 극단으로 치달으며 더욱 커져 퍼져나가는 혐오감정이 이어지는 혐오표현의 근거가 된다. 정치인들이나 유명인사들, 사회적 영향력을 지닌 종교단체 등이 혐오표현을 내놓고 이를 언론이 대대적으로 보도하고, 다수 시민들이 동조하거나 무언의 관심을 보이고, 정치인들과 종교단체 등이 다시 더 나아간 혐오표현을 내놓는다. 이 과정이 되풀이되며 혐오표현을 하는 사람이 점점 더 많아진다. 그러면 혐오감정은 정상적이고 합리적인 평균인의 판단인 것처럼 둔갑한다. 마침내 "뉴스에도 이렇게 나오던데", "다들 그렇다던데"가 혐오표현을 해도 된다는 근거로 내세워지면, 다수가 혐오표현을 입에 담는 데 주저할 필요를 느끼지 않게 된다. 결국 아무런 근거가 없는 혐오표현이더라도 되풀이되어 퍼져나가면, 그 표현 대상은 사회적 상호작용의 장, 생활의 장에서 위축되고 배제될 위험에 놓이게 된다.[21]

합리적 근거 없이, 되풀이되는 것 자체를 근거로 삼아 퍼

---

[21] 이승선, 위의 글, 119-120쪽.

져나가는 것, 혐오표현이 나쁜 두 번째 이유다.

3. 퍼져나가기만 할 뿐, 빠져나올 길이 보이지 않는다

특정 사실관계와 관련한 표현으로 명예훼손이나 모욕의 피해를 입은 때는, 피해자로서는 잘못 알려진 사실관계를 바로잡거나 발화자로 하여금 게시물을 삭제하게 하거나 같은 내용의 표현을 하지 못하게 하는 것으로 피해에서 벗어날 가능성이 좁지만 열려 있다. 하지만 소속 집단의 속성이 이유가 된 혐오표현에 대해서는 그 구성원으로서는 피해를 벗어날 길을 찾기 어렵다. 그로서는 소속 집단을 벗어날 방법이 사실상 없고, 집단의 존재 자체에 대해 가해지는 배제와 축출을 없앨 실효성 있는 수단도 거의 없기 때문이다.

더구나 혐오표현은, 잠시 수그러들었다가도 어떠한 단서로 인해 혐오감정이 사회에 퍼져나갈 때마다 끊임없이 되풀이된다. 혐오표현은 다수집단에 의해 소수집단을 대상으로 이루어지는 것이어서, 확산되기 시작하면 사회 전체에 급속히 퍼진다. 확산은 매우 빠르고 넓게 진행된다. 따라서 표현 대상으로서는 혐오표현으로부터 완전히 벗어나는 것이 거의 불가능하다.

손해배상 소송에서 이기면 피해가 회복될 수 있을까? 혐오표현의 피해는 공론장에서 배제와 공동체로부터 축출로 나타난다. 그런데 혐오표현의 주된 발화 동기는 혐오감정이기 때문에, 피해자가 공동체와 공론장에 복귀하기 위해서는 사회구성원 다수가 갖고 있는 혐오감정을 극복하는 것이 핵심 문제가 된다. 피해자가 소송에서 이기더라도, 사회에 큰 변화가 일어나 그 사실 인식 뒤에 깔려 있는 혐오감정이 사라지거나, 피해자의 노력으로 그 혐오감정을 뛰어넘어 극복하지 않는 한, 복귀는 매우 어렵다.

일단 공격당하기 시작하면 빠져나오기 어렵고, 소송에서 이긴다고 해도 회복하기란 더 어렵다. 혐오표현이 나쁜 세 번째 이유다.

3장

혐오표현은 왜 퍼져나가는가

1. 예멘 난민 수용 반대 청원의 사례

최근 한국 사회에서는 여성, 성소수자, 난민 또는 이주노동자들에 대한 혐오표현이 심해졌다. 보수 기독교단체들이 중심이 되어 차별금지법상 차별금지 사유에 성소수자와 관련한 '성적 지향'을 넣는 것을 반대하여 국회의원들의 법안 발의를 철회시켰다.[1] 성소수자들의 집회에 위협을 가하는 대응까지 서슴지 않는다. 대학가에서도 페미니스트에 대한 혐오표현이 나온다. 지역과 정치적 의견을 이유로 한 혐오표현도 극우정치권과 인터넷상 우익 사이트를 중심으로 다시 늘어나고 있다. 혐오표현이 이렇게 퍼져나가는 이유는 무엇일까?

2018년 7월, 청와대 청원게시판에는 예멘 난민 수용에 반대하는 여러 건의 청원이 올라왔는데, 그 가운데 70만 명이 넘게 참여해 박상기 법무부장관의 답을 얻어낸 청원의 이유

---

[1] 19대 국회에서 3건의 차별금지법안이 발의되었으나, 2013. 2. 12. 김한길의원등 51인이 발의한 차별금지법안 및 2013. 2. 20. 최원식의원등 12인이 발의한 차별금지법안은 법안 통과 시 동성애를 비판하지 못하게 된다는 등 보수 기독교계의 반발에 부딪혀 2013. 4. 24. 모두 철회되었다. 2012. 11. 6. 김재연의원등 10인이 발의한 차별금지법안만 철회되지 않고 계류되었으나 임기만료로 폐기되었다. 20대 국회에서 2018. 2. 13. 김부겸의원등 20인이 발의한 혐오표현규제법안도 '성적 지향'을 금지 사유에 포함하지 않았는데도 '성별'이 금지 사유에 들어 있다는 이유로 보수 기독교 세력의 항의를 받고 2018. 2. 28. 철회되었다.

가운데 하나는, "기존의 사회문제에 대한 해결책은 하나 없으며 여전히 추상적인 경제적 파급효과와 관광수요, 유커의 유치를 위해서라고만 말하지 일어난 문제에 대해서는 묵묵부답인 것이 화가 난다."[2]는 것이었다.

이들이 소수자들에 대한 배제와 축출을 주장한 첫 번째 이유는, 다수 시민들이 느끼는 자신의 사회경제적 처지에 대한 불안이다. 기존 구성원인 우리 문제도 해결하지 못하고 있는데 외부인들까지 받아들여야 하느냐고 항변하는 것이다. 경제발전부터 인권, 연대, 난민협약[3] 등 진보적 가치 추구까지 명분이야 있겠지만, 소수자들에게 권리를 인정하려면 결국 기존 구성원들이 불이익을 감내해야 하는데 불공정한 것 아니냐는 주장이다.

한국 사회에서 다수 시민들은 갈수록 심해지는 경쟁에서 살아남기 위해 모든 노력을 쏟아야 한다. 그렇게 해도 언

---

[2] 청와대 청원게시판, 2018. 6. 13.(2018. 7. 13. 청원 마감, 참여인원 714,875명), 「제주도 불법 난민 신청 문제에 따른 난민법, 무사증 입국, 난민신청허가 폐지/개헌 청원합니다.」.
https://www1.president.go.kr/petitions/269548

[3] 난민의 지위에 관한 협약(Convention Relating to the Status of Refugees), 1954년 발효. 대한민국에서는 1994년 3월 3일 발효.

제든 밀려나 생활의 안정을 잃을 수 있다는 불안에 노출되어 있다. 이를 바꿀 만한 사회경제적 조치가 없는 상황에서 개인이 할 수 있는 유일한 대처는 살아남기 위해 각자도생하는 것이다. 불안에서 벗어날 가능성을 찾기 어려운 사람들로서는 소수자들에게 곁을 내어줄 여유도 갖기 어렵다.

다수 시민들이 소수자들에 대한 배제와 축출을 주장하는 두 번째 이유는, 소수자들을 포용하면 생겨날 수 있다고 여기는 문제에 대한 불안이다. 위 청원에는 "난민문제를 악용하여 일어난 사회문제가 선례를 통해 많았다", "난민들이 진정 난민들일지도 의문이 있으며 가까운 유럽이 아닌 먼 대한민국까지 와서 신청을 한 이유에 대해서도 의구심이 든다"는 것도 이유에 포함되어 있었다. 그즈음 제기된 비슷한 청원들과 반대 여론들로 추론해보면 이 '사회문제'란 예멘 난민들이 테러와 연관되어 있거나 성범죄를 일으킬 수 있다는 것인데, 이 불안은 분명 과장되어 있다. 이 과장된 불안은 저절로 생겨나지 않았다. 불안을 부풀리고 확산시킨 조직적인 주동세력이 존재한다. 기독교단체나 종교인 일부가 "제주도에 있는 무슬림 난민 신청자들은 돈을 벌기 위해 한국에 왔다", "우리보다 먼저 난민을 수용한 국가들에서 난민이 연루된 사고들을 감안하면 제주도가 혼란에 빠질까 우려[4]된다며 앞장서서 반대 여론을 만들며 불안을 퍼뜨린 사람들이다.

다수집단이 혐오표현을 되풀이하는 이유는 이 두 가지 불안 때문이다. 혐오표현이 부당하다고 여기는 사람들은 대부분 두 번째 불안에 주목하고 그 불안이 '가짜 뉴스'를 통해 과장된 것임을 설명하려 애쓴다. 난민들의 범죄율이 높다는 선입견은 사실과 다르다는 등이다. 그러나 자신들의 이익을 추구하며 두 번째 불안을 확산시키는 조직된 세력이 있는 이상, 그 불안이 과장된 것이라는 설명은 제대로 전달되지 않고, 전해지더라도 쉽게 납득되지 않는다. 혐오감정에 기대어 한번 사실로 받아들여진 내용은, 과장된 것이거나 거짓임이 알려지더라도 사람들의 기억 속에서 완벽하게 반박되거나 깨끗하게 지워지지 않는다.

이 혐오표현이 부당하다고 여기는 사람들은 또한, 혐오표현을 하지 말아야 할 진보적 가치를 앞세워 다수 시민들

---

4   국민일보, 2018. 5. 21., 「"나그네 된 자를 도와야" vs "무슬림 유입 혼란 우려" —
     제주에서 예멘인 500여명 난민 신청」.
     http://news.kmib.co.kr/article/view.asp?arcid=0923968297

을 설득하려 한다. 한국은 난민협약에 가입했으니 난민을 추방하지 않고 받아들여야 하고, 한국민들도 과거에는 난민이었다는 등이다. 하지만 첫 번째 불안을 구체적으로 해결해나갈 현실의 희망이 확인되지 않는 상태에서는 설득에 성공하기 어렵다.

혐오표현이 늘어나는 주원인은 흔히 말하는 '가짜 뉴스' 자체에 있지 않다. 가장 직접적인 동기는 자신들의 이익을 위해 과장된 불안을 확산시키는 조직된 세력의 활동이다. 불안이 확산될 수 있는 배경은, 다수 시민들이 보기에는 진보적 가치의 확산 속도보다 현실의 불안이 덜어지는 속도가 느리다는 데 있다. 그 차이는 다수 시민들로 하여금 자신들이 공정한 대우를 받지 못하고 있다고 느끼게 한다. 과장된 불안을 확산시키는 조직된 세력은 그 틈을 파고들어 자신들의 이익을 추구한다.

2. 혐오표현, '약자의 항변'이 되다

사회 전반의 민주화가 진행되기 시작한 이후, 여성, 성소수자 등 소수집단에 대한 노골적인 차별이 중단되고 인권을 보호할 법률들이 만들어졌다. 독재를 휘두르다 권력에서 밀려난 극우정치세력 및 그 주변에 만들어진 보수적 사회집단들은 이 흐름에 반대하며 자신들의 생각을 인터넷 등을 통해 공개적으로 표출하기 시작했다. 이것이 불안에 노출된 다수 시민들에게 퍼져나갔다.

여성에 대한 역사적·구조적 차별의 결과를 보정하기 위한 할당제 등 국가와 사회 차원의 노력은 헌법상 평등권 실현을 위한 공정한 것이지만, 당장 취업과 노동시장에서 치열한 경쟁을 뚫어야 한다는 압박을 받고 있는 남성들에게는 "여성들이 불공정하게 이득을 본다"는 느낌으로 받아들여지고, 자신은 "잘못한 것도 없이 손해를 감수해야 하는" 사람으로 여겨지는 것이다.

문제는 자신이 손해를 감수해야 하는 처지에 놓였다고 생각하는 사람이 늘어나는 사회 상황이 계속되고 있다는 점이다. 비정규직인 기간제 교사들의 정규직 전환을 교원 임용시험 준비생들이 앞장서 반대했다.[5] 자신들은 임용시험에 합

---

5 뉴스1, 2017. 8. 26., 「임용고시생 "기간제교사 정규직 전환은 위법·역차별" ―

격하기 위해 빈 지갑으로 바늘구멍을 통과해야 하는 피 마르는 시간을 견디고 있는데, 임용시험도 거치지 않은 사람들이 정규직으로 전환되는 것은 부당하다는 것이다. 이들이 정규직으로 전환되면 합격 정원이 축소될 수 있다는 확정되지 않은 간접 손해도 수험생들에게는 합당한 반대 이유가 된다. 반대의 제일선에 기간제 교사보다 더 불안한 처지의 수험생들이 선다. 비정규직 교사들을 늘린 지방자치단체, 기간제 교사보다 나은 상황에 있는 정규직 교사들이 나설 필요도 없다. 더 가난한 자가 가난한 자를 끌어내린다. '약자의 항변'이다.[6]

생존경쟁이 극심해지면서 소수자들 아래에 또다시 약자들이 생겨난다. 혐오표현은 분명 다수집단이 소수집단에 가하는 것인데, 이제 소수집단보다 더 열악한 처지에 있다고 느끼는 더 가난한 사람들이 공격의 제일 앞줄에 선다. 이들이 약자의 처지에서 내놓는 항변은, 가까스로 차별을 줄이자고 말할 수 있게 된 소수자들에게 가장 날카로운 공격이 된다.

전국중등예비교사 '기간제교사 정규직화 반대집회' "정교사 선발정원 확대해 공정한 경쟁에 참여해야"」.
http://news1.kr/articles/?3084266
6 이정희, 「공존의 책임」, 『계간 파란』 7호, 2017 가을, 265쪽.

이와 같은 현상이 벌어진 책임은 더 가난한 사람들, 더 약한 자들에게 있지 않다. 사회의 틀을 그렇게 끌고 간 사람들은 따로 있다. 더 가난한 자들, 더 약한 자들은 그 틀 안에서 살고자 애쓴 사람들일 뿐이다. 가장 중요한 책임은, 경쟁에서 협력으로 사회를 바꾸는 것을 저해하거나 지체시키고 '자유민주주의 시장경제'라는 이름으로 경쟁 위주 사회경제체제로 나아가도록 한 정치세력들에게 있다. 그러나 사회를 더 낫게 바꾸겠다며 정치 일선에 뛰어든 정치세력이라면 누구든, 한국 사회가 이렇게까지 극단적 경쟁체제로 되어버린 것에 대해 책임을 피할 수 없다. 정치에 나선 민주진보세력 역시 그 책임을 함께 져야 한다.

3. 자신의 이익을 위해 주동하는 세력이 있다

차별을 완화시키는 것을 불공정한 것, 자신에게 피해를 주는 것으로 받아들이는 모습은 사회경제적 상황에서 비롯된다. 무한경쟁과 불안의 사회 상황이 혐오표현이 퍼져나갈 수 있는 환경을 제공한다. 그러나 이것만으로 혐오표현 문제가 급격히 극단까지 악화되는 것은 아니다. 어떤 혐오표현이 매우 빠른 속도로 맹렬히 퍼져나가는 결정적 동기는 자신의 이익을 위해 조직적으로 그 혐오표현을 만들어내고 퍼뜨리는 세력이 제공한다.

혐오를 노골적으로 드러내던 법과 제도가 바뀌기 시작한 이후 혐오표현이 다수 표출되는 것에는, 독재로 지탱하던 권력을 잃은 뒤 다시 집권을 갈망하는 극우정치세력의 기획이 있다. 몇 차례 정권 교체가 이루어졌지만, 한국 사회에서는 정치권력과 사회의 주도권을 가진 극우세력들이 계속 큰 영향력을 유지해왔다. 극우세력들은 생존경쟁으로 치닫는 사회경제적 상황의 개선은 반대하거나 지체시키면서, 사회 다수의 불안을 차별받았던 소수자들의 인권 개선 조치에 대한 반대로 쏟아내게 한다. 소수자들이 겪던 차별이 줄어드는 것을 '불공정 확대'로 바꿔 부른다. 이것으로 불안한 다수의 지지를 모은다.

조직화된 극우정치집단, 극우매체, 극우종교인들이 혐오표현을 내놓으면, 다른 이들에게 "이런 말쯤은 해도 괜찮아"라는 신호가 된다. 차마 하지 못했던 말들도 종편에 한번 나오면, 다른 사람들도 이어서 이 말을 되풀이한다. 반응이 확인되면, 극우정치인은 재선을 위해, 종편을 비롯한 극우언론은 시청률과 조회수를 높여 정치인들을 비롯한 한국 사회 주요 인사들에게 영향력을 미치고 광고 수입을 올리기 위해, 더 자극적인 혐오표현을 쏟아낸다. 혐오표현의 악순환이다.

물론 극우세력들은 혐오표현의 동기가 자신들의 이익을 추구하려는 것이라고 인정하지 않을 것이다. 안보가 튼튼한 나라, 경제발전, 자유민주주의 확립 등의 가치를 실현시키기 위한 것이라고들 한다. 그러나 이들이 만들려는 사회의 이상형은 결국 박정희 시대다. 박근혜 정부에서 김기춘 대통령 비서실장이 주입하려던 "국정철학"은 공존의 다원적 민주주의를 거부하고 국민을 '건전 인사'와 '좌익'으로 나누며 북과 대치 상태로 이를 합리화하는 것이었다. 김기춘은 비서실 직원들을 모아놓고 "애국심 가진 군인 구국의 일념에 일으킨 사건이 5·16"이라며 "반공의식 약화 안보 위기 상황 초등학생도 시위 사회질서 문란" 상황이었다고 강변했다. 그는 자신의 이 '국정철학'을 "헌법가치 자유민주주의 시장경제에 대한 확고한 신념"이라고 불렀다.[7] 박근혜 정부에서 청와대의 가장 중요한 업무는 대통령에 도전하는 사람들에게 집요하게

---

[7] 박근혜 대통령 비서실 민정수석이었던 고 김영한 업무일지, 2014. 7. 8.자.

보복하는 것이었다.[8] 극우정치세력은 정권유지를 위해 국정원 댓글공작 지시, 극우단체 관제시위 조직, 기업들에 대한 극우단체 자금지원 요구 등 위법한 수단을 동원했다. 헌법상 보장된 사법부의 독립을 훼손하고 언론·출판·집회·결사의 자유를 훼손시켰다. 이렇게까지 하면서 다수 국민들이 민주화를 요구하여 극복한 과거로 돌아가려는 것은 결국 자신들의 세력이 과거 독재 시절 누리던 지위를 되찾아야 한다는 이익 추구 행위일 뿐이다.

극우 정치, 종교 단체와 인터넷 사이트들이 각각 집중적으로 퍼뜨리는 혐오표현의 내용은 서로 조금씩 다르다. 정치세력은 북에 대한 경멸과 남의 민주진보세력에 대한 종북 공격을 중심으로 하고, 경제단체는 노동조합 혐오를, 종교단체는 동성애 반대, 무슬림 반대를, 인터넷 사이트는 호남 출신, 여성, 이주민에 대한 혐오를 중심에 놓는 식이다. 그렇지만 이들은 서로 연계되어 극우세력의 집권과 사회 각 영역에서 주도권 확보를 목적으로 함께 움직인다.[9] 박근혜 대통령 비서실이 이른바 '아스팔트 우파'로 표현된 고엽제전우회 등을

---

8   이정희, 『다시 시작하는 대화』, 들녘, 2017, 62쪽.
9   한채윤은 "한국의 보수 개신교가 정치세력화와 힘 과시를 위해 동성애 (반대)를 도구로

포함한 수십여 개 보수단체를 지정해 전경련으로 하여금 자금을 지원하게 하고,[10] 그 단체들로 하여금 통합진보당과 전교조, 세월호 가족대책위 등에 대한 혐오표현을 쏟아내도록 한 것이 그 실례다.

되살아나는 것은 '종북' 혐오표현만이 아니다. 한국기독교총연합회가 2019년 6월 청와대 앞 농성을 시작하면서 내건 현수막 문구는 "헌법 파괴! 교회 파괴! 동성애 지지! 주사파! 문재인은 하야하라!"다.[11] 보수 기독교단체들이 나서서 동성애에 대한 혐오표현을 다시 교과서에 실으라고 요구한다.[12] 이들 종교단체들은 이른바 '종북'과 성소수자에 대한 혐오표현을 중심으로 뭉친다.[13] 무슬림 난민들도 종교단체들의 혐오

활용하고 있다"고 평가한다. 경향신문, 2017. 4. 21., 「[할 말 있습니다—⑤성소수자 인권단체] "개신교는 '종북 게이' 같은 말까지 만들어 정치에 동성애 이용"」. http://news.khan.co.kr/kh_news/khan_art_view.html?art_id=201704211751001

10 서울고등법원 2019. 4. 12. 선고 2018노2856 판결(김기춘 등, 화이트 리스트 사건).

11 뉴스앤조이, 2019. 6. 11., 「한기총, 청와대 앞 텐트 치고 '문재인 하야' 농성 시작 — 전광훈 "문재인 3년 더 하면 대한민국 망해, 연말까지 하야하라"」. http://www.newsnjoy.or.kr/news/articleView.html?idxno=223974

12 한겨레21, 2014. 10. 15., 「동성애 조장하는 교과서, 뜯어고쳐라? — 동성애대책위, "성적 다수자 인권침해" 주장하며 그나마 존재하는 성소수자 흔적 수정·삭제 요청… 교과부는 출판사에 그들의 민원 전달하고 '검토 결과' 요청까지」. http://h21.hani.co.kr/arti/society/society_general/38116.html

13 양권석은 동성애 반대운동이 '종북게이'와 같은 개념을 만들어 혐오와 공포의 타자화

표현의 대상이 되었다. 극우정치세력이 '종북' 혐오표현 공장을 재가동시키면, 극우 종교단체, 사회단체, 인터넷 우익들이 저마다 자신들이 주력하는 혐오표현을 내놓으며 '종북' 공격으로 집결한다. '종북게이'[14], '종북페미', 그들의 신조어다.

한국 사회에서 혐오표현은 서로 동떨어져 있지 않다. 혐오표현을 쏟아내는 세력이 서로 연결되어 한 덩어리가 되어

정치로 나가게 되는 것도 과거 헤게모니를 회복하기 위한 개신교 자구 노력의 일부로 보아야 한다고 주장한다. 1990년대 이후 한국 교회는 단순히 복고적으로 반동적 정치만을 강화한 시기가 아니라, 훨씬 더 세련되게 시민적·소비자적 감수성에 맞게 주체화 전략과 타자화 전략을 구사하기 위해 노력해왔는데, 이처럼 과거의 헤게모니를 회복하기 위한 새로운 방법을 찾는 노력 가운데 개신교 우파 혹은 기독교 뉴라이트라 불리는 보수정치와 개신교의 결합체들이 등장하였다고 볼 수 있다는 것이다. 웹진 제3시대, 2017. 11. 2., 「[비평의 눈] 보수 기독교와 우파 정치의 결합」. https://minjungtheology.tistory.com/891

14 조민아는 '종북게이'라는 말은 보수 개신교계가 가지고 있던 '반공·반북 이데올로기'와 '동성애 혐오'가 합쳐지면서 생겨났다고 지적한다. 이 단어는 "과거의 '빨갱이' 혐오라는 단선적인 우익 동원 이데올로기가 다양한 보수 이데올로기들과 연합하여 진화하고 있는 한 단면을 보여"준다. 조민아의 분석에 따르면, 동성애 혐오에 관한 보수 개신교계의 주장은 "남한 내 사회혼란이 시작되면 언제든 북한이 도발적인 침략을 해 올 것이며, 따라서 빨갱이들이 아니고서는 이런 사회 불안을 조장할 이유가 없다는 것"으로 집약된다. 조민아는 한국의 '종북게이'가 미국의 개신교 우파가 동성애자에 대해 가한 '라벤더 스캐어'와 유사하다고 평가한다. 첫째, 근거 없는 의혹 제기로 시작해 정치이데올로기로 확대된 점, 둘째, 사회의 신생세력에 대한 견제 혹은 기득권 상실의 두려움을 반영한 점, 셋째, 사회의 변두리 혹은 보수주의자들이 가진 이념에 반(反)하는 그룹을 주요 타깃으로 타자화한다는 점에서 비슷하다는 것이다. 가톨릭뉴스 지금여기, 2013. 8. 2., 「'종북게이' 논란, 보수 개신교의 퇴행인가, 진화인가 — 조민아 교수, "보수 개신교계의 끊임없는 타자화 행태 위험하다" 경고」. http://www.catholicnews.co.kr/news/articleView.html?idxno=10199

있기 때문이다. 극우정치세력이 '종북' 혐오표현을 퍼뜨려 집권과 정권유지 수단으로 삼고, 여기에 극우 인터넷 사이트 등 다른 세력들이 가세하며 자신들이 퍼뜨리고 싶은 혐오표현을 덧쌓는다. 그러니 어느 한 혐오표현을 없애기 위해 노력하는 것만으로는 혐오표현이 넘쳐나는 사회를 막기 어렵다. 혐오표현의 피해자들 사이에, 혐오표현을 퍼뜨리는 조직적인 주동세력을 극복하고 혐오표현이 퍼져나가는 사회 상황을 바꿔나가려는 공동의 노력이 필요하다.

4장

한국의 혐오표현: '종북' 공격을 중심으로

1. 사상과 정치적 의견이 혐오표현의 핵심 사유가 되다
   : 친일세력의 재등장

서구 나라들과 비교하여 한국의 혐오표현의 가장 큰 특징은 지금까지도 사상과 정치적 의견이 혐오표현의 핵심 사유로 존재한다는 점이다.

서구 여러 나라들에서 인종, 민족, 국적에 의해 구분되는 외부자에 대한 차별이 혐오표현의 핵심 문제로 제기되는 것과 달리, 한국에서는 출신지역이나 정치적 성향, 세대 등에 의하여 나눌 수 있는 자국민의 일부에 대한 혐오와 차별이 더욱 주목된다.[1] 특정 지역이나 특정 정치 이데올로기 성향을 가진 것으로 판단되는 국민 일부에 대한 혐오와 두려움을 조장해 그들을 사회에서 배제하려는 지역주의나 '레드 콤플렉스'에 의한 혐오표현이 크게 문제되어왔다.[2]

호남에 대한 지역주의와 차별 역시 그 지역 출신의 대표 정치인이었던 김대중 전 대통령과 그를 중심으로 한 정치세

---

[1]   김현귀, 『표현의 자유와 혐오표현규제』, 헌법재판소 헌법재판연구원, 2016, 7쪽.
[2]   김현귀, 위의 책, 14-15쪽.

력에 대한 이념을 이유로 한 혐오, 곧 '빨갱이' 혐오와 결합되어 확산된 측면이 크다. 최근 심각한 문제로 떠오른 성소수자에 대한 혐오표현도, 동성애자들이 한국 사회를 전복시키려 한다거나[3] 사회를 혼란하게 하여 북한을 이롭게 한다는 이념을 이유로 한 혐오와 결부되어 있다. 해방 이후 한국 사회에서 벌어진 혐오의 핵심 이유는 사상과 이념이다. 냉전이 끝난 지금 다른 발전된 나라들에서는 보기 드문 현상이 한국에서는 아직도 벌어지고 있다. 그 연원은 바로 한국민들이 겪은 근현대의 역사적 경험에 있다.

한국은 일제 식민지배와 미군정, 한국전쟁과 분단을 거치면서 줄곧 '반공'이 절대가치로 여겨지는 사회였다. 일제는 독립투사를 탄압하는 방법의 하나로 이들을 '빨갱이'로 몰았다. 일제시대 '반공'은 황국신민화의 한 방법이기도 했다.

---

[3] 조우석 KBS 이사는 2015. 10. 8. 바른사회시민회의, 자유와 통일을 향한 변호사연대가 주최한 '동성애·동성혼 문제 어떻게 봐야 하나 토론회'에서 "더러운 좌파는 동성애자 무리를 가리키는 저의 카테고리", "동성애자들이 노리는 게 궁극적으로는 국가 전복이라고 확신한다", "동성애자와 좌빨 사이의 더러운 커넥션에 대해 더 이상의 증거는 굳이 필요가 없다"고 발언했다. 경향신문 2015. 10. 8., 「KBS 이사 "동성애자 무리는 더러운 좌파"」.
http://news.khan.co.kr/kh_news/khan_art_view.html?art_id=201510081719041

강준만은, 일제가 공산주의자들이 "자신의 사상(주의)을 위해서는 부모형제마저도 이용해먹을 정도로 간교하며, 목적을 위해서는 수단과 방법을 가리지 않는 흉포한 냉혈인간"이라고 선전했고, 민중들로 하여금 공산주의자에 대해 "근처에만 가도 큰일날 으스스한 범죄자요 이유 불문하고 중벌을 면치 못할 사람"이라는 생각을 갖게 만들었다고 지적한다. 또 2차 대전 당시 일제가 "금일의 세계는 방공국가군과 용공국가군으로 양분되어 있는데 방공국가군은 동경-베를린-로마를 주축으로 공산주의 격멸의 거화를 들고 인류 구제의 대도를 맥진하고 있다"고 주장하며 1940년을 전후해 조선 민중들을 공산주의로부터 격리시키기 위해 조선방공협회를 조직하고 방공연습을 실시하는 등 반공사상을 고취시켰다는 것이다.[4] 실제로 2차 대전 당시 추축국이었던 독일-이탈리아-일본은 1936년에서 1937년 사이, 소련을 겨냥한 반공조약을 체결했다.[5]

그렇다면 해방 이후에는 일제 잔재 청산과 함께 일제가 강요한 반공 선풍도 극복되었어야 마땅하지 않을까? 이승만

4 강준만, 『희생양과 죄의식』, 개마고원, 2004, 13-14쪽.
5 박건영, 위의 책, 218쪽.

도 1945년 10월 21일, "나는 공산주의에 호감을 가지고 있는 사람이다. 그 주의에 대해서도 찬성함으로써 우리나라의 경제 대책을 세울 때 공산주의를 채용할 점이 많다"고 말할 정도였다.[6]

그러나 친일세력은 청산되기는커녕 곧 행정 일선을 다시 장악했다. 미군정의 비호가 주된 배경이었다. 강만길은 일제 식민통치 아래에서 친일세력이 크게 세 단계에 걸쳐 형성 확대되었다고 기술한다. 1910년 한일강제병합에 찬성하고 부역한 조선왕조의 왕족들과 고급관료들, 1919년 3·1운동 이후 이른바 문화정치 시절 일제에 포섭된 신지식인·유생·자산계급·지주·종교인들, 1937년 중일전쟁 이후 일제의 전쟁 수행에 협력한 중소기업인·중소지주·교육자·행정관료·경찰관료·만주군 장교·문인·교육자들이다. 일제가 패망할 당시 이들 친일세력의 다수는 일제 식민통치의 실행 행위자로서 조선인을 상대로 행정 실무를 담당하는 세력으로 구성되었다. 이들이 해방 직후 미군정의 비호 아래 행정 일선에 복귀하며 친일세력의 정치세력화를 이루었다는 것이다.[7]

---

6   강준만, 위의 책, 14–15쪽.
7   강만길, 「냉전세력의 정체와 극복방안」, 『이제 문제는 냉전세력이다』, 도서출판 중심,

이들 친일세력들은 자신들의 반민족 행적을 감추고 반공주의 및 반북주의를 복귀의 정당성의 근거로 내세웠다. 남북이 분단된 상태에서 북이 공산주의자들의 주된 근거지가 되자, 반공뿐만 아니라 '반북'이 친일세력들이 내건 핵심 명분이 되었다.

미군정과 친일세력을 핵심 기반으로 한 이승만도 이들 친일세력들의 논리를 그대로 받아들여 자신의 정치적 행동을 합리화하는 이유로 삼았다. 이승만은 1945년 11월 21일, 「공산당에 대한 나의 관념」 방송연설을 통해 공산주의자들은 "각 지방에 소요를 일으키며 외국인을 배척하는 선전과 임시정부를 반대하는 운동으로 인심을 이산"시킬 것이라고 비난했다. 12월 17일에는 「공산당에 대한 나의 입장」 방송연설에서 공산분자들은 "국경을 없이하여 나라와 동족을 팔아먹고" "로국을 저의 조국이라 부르는" 매국노라고 매도했다.[8]

반공 반북을 명분으로 한 친일세력과 이승만의 결합은 친일 청산을 가로막고 이승만 정권을 유지하려는 공통의 목

2001, 16-21쪽.
8 강준만, 위의 책, 15쪽.

적에 기반한 것이었다. 반민족행위처벌법 시행 하루 뒤인 1948년 9월 23일, 한국반공단 단장이자 대한일보사 명예사장인 이종형이 주관하여 '반공구국 총궐기 (및) 정부이양 대축하 국민대회'가 열렸는데, 이승만 대통령, 김병로 대법원장 등이 참석한 가운데 경찰이 시민을 강제 동원한 관제집회였다. 이종형은 얼마 뒤, 독립운동가나 그 가족을 악의로 살상 박해하고 밀정행위로 독립운동을 방해했다는 이유로 반민족행위처벌법 위반으로 두 번째로 기소되는 사람이다. 이 대회에서 채택된 결의문은 "북한 공산괴뢰정권을 찬양 지지하는 남한의 반역적 정당단체와 언론기관을 해체, 봉쇄"하고 "동족 간의 화기(和氣)를 손상하게 하는 광범위의 반민법(반민족행위처벌법)을 시정"하며 이승만 대통령의 "'단결하라'는 주장에 귀일(歸一)하여 국론을 통일하고 우리의 주권을 반석 위에 확립하자"는 것이었다.[9]

이승만은 1948. 12. 1. 국가보안법 공포에 즈음하여, 당시 법무부 검찰국 초대 검찰과장 겸 고검 검사로서 '빨갱이 잡는 검사'로 이름을 날린 선우종원에게 "빨갱이는 무조건 포

9　김두식, 『법률가들 — 선출되지 않은 권력의 탄생』, 창비, 2018, 378-379쪽.

살해야 돼"라고 격려했다.[10] 이들은 민족해방운동세력을 좌우익을 막론하고 공산주의세력 및 용공세력으로 몰았다. 민족해방운동전선의 우익 중의 우익이라 할 수 있을 김구도 남북협상에 갔다 온 후에는 이승만 정권으로부터 "남북협상을 주장해서 공산분자와 합작을 구실 삼으며 소련 지지를 표명하여 민국 정부를 백방으로 반대한다"고 공격받다가 암살되었다.[11] 친일세력들은 단독정부 수립에 반대하는 세력 전체에 대해 적대의식을 앞세웠다.[12]

이처럼 해방 직후 친일파가 재등장하면서 반공 반북을 명분으로 삼고 독립운동가들을 빨갱이라는 이유로 공격한 것은, 이후 한국 사회가 70여 년이 넘도록 사상과 정치적 의견을 이유로 한 혐오에 근거한 사회를 유지하게 되는 첫 시작이었다.

10 강준만, 위의 책, 32쪽.
11 강만길, 위의 책, 21쪽.
12 강만길, 위의 책, 27-28쪽.

2. 사상을 이유로 국가에 의한 집단학살이 벌어지다

한국전쟁을 거치며 극우반공주의가 위세를 떨치는 데 제일 큰 영향을 미친 사건은 한국전쟁을 전후해 전국적으로 일어난 집단학살이다. 한국에서는 인종이나 종교 등이 아니라 사상을 이유로 국가에 의한 집단학살이 일어났다.[13]

1948년 10월 일어난 여순사건도 그중 하나다. 여순사건 토벌 과정에서 미 군사고문단과 이승만 등 최고지휘부의 전격적인 지원 아래 일본군과 만주군 출신이 강경 진압을 주도했다. 여순사건 반군토벌전투사령부의 주력을 이룬 김백일, 백선엽, 송석하 등은 만주에서 일본군이 중국인과 조선인으로 구성된 항일부대를 토벌하기 위해 조직한 간도특설대 출신이다.[14] 여순사건 토벌 과정에서 최소 5,000여 명에서 최대 14,000여 명에 이르는 대규모 민간인 학살이 벌어졌다. 이승만 정권은 이 사건 진압 과정에서 학살된 민간인에게 '빨갱이' 굴레를 씌워 학살에 대한 문제제기 자체를 원천 봉쇄했다.

13　서중석·김덕련, 『서중석의 현대사 이야기 2』, 오월의봄, 2015, 111쪽.
14　임영태, 『한국에서의 학살』, 통일뉴스, 2017, 95쪽.

광주지방검찰청 순천지청 검사였던 박찬길도 여순사건 당시 "우익단체원이나 경찰의 좌익사건 수사를 방해"했다는 이유로 군경으로부터 즉결처분당해 목숨을 잃었는데, 1949년 국회에서 논쟁 당시 한민당 조영규 의원은 박찬길에 대한 즉결처분이 "과거에 좌익을 도와주고 될 수 있으면 좌익을 석방시키는 그런 사람을 훈계하는 위대한 한 방법"이라고 주장하기까지 했다. 좌익을 석방시키는 판검사는 그냥 죽여도 그만이라는 식의 논리였다.[15]

임영태는 여순사건을 "반공국가 대한민국과 함께 이른바 '빨갱이'가 탄생한 순간"이자 "한국 현대사에서 반복되는 '피의 보복'의 출발점", "국가보안법을 제정하는 직접적 계기"로 평가했다.[16] 여순사건에 따른 위기의식은 좌익의 준동을 제어할 특별법을 제정해야 한다는 공감대를 급속히 확산시켰다.[17]

여순사건에서 일본군과 만주군 출신 강경 세력의 득세는 제주 4·3사건에서 이들이 주도한 무차별 살상으로 연결되었

---

15   김두식, 위의 책, 373–376쪽.
16   임영태, 위의 책, 61–63, 88쪽.
17   김두식, 위의 책, 380쪽.

다. '제주 4·3사건 진상규명 및 희생자 명예회복 위원회'의 진상조사보고서에 따르면 4·3사건 당시 제주도 전 주민의 10퍼센트에 이르는 2만5천 명에서 3만 명이 희생된 것으로 추정된다고 한다.[18] 이 사건은 한국전쟁과 함께 대규모 민간인 학살의 비극을 낳는 바탕이 되었다.[19]

경찰과 특무대는 또한 한국전쟁 발발 직후 좌익 경력자나 이승만 정부에 비판적인 인사 등[20] 30여만 명에 달하던 국민보도연맹원들 가운데 적어도 10만 명 이상의 비무장 민간인들을 한국전쟁 발발 직후 연행해 재판 절차 없이 학살했다.[21] 이들은 어떤 행위 때문이 아니라 이념과 정치적 견해 때문에 '예방 차원'[22]에서 '집단학살'당한 것이다.[23] 인민군이나 좌익에 의한 학살이 5만에서 7만 명 정도로 추정[24]되는데, 한국전쟁기 국군, 경찰, 우익세력에 의한 학살 희생자수는 최

---

18 서중석, 위의 책, 229쪽.

19 임영태, 위의 책, 61쪽.

20 임영태, 위의 책, 177쪽.

21 김동춘, 『전쟁정치』, 도서출판 길, 2013, 76쪽.

22 진실·화해를 위한 과거사정리위원회, 『진실화해위원회 종합보고서 III 민간인 집단희생 사건』, 2010, 174쪽.

23 임영태, 위의 책, 175쪽.

24 임영태, 위의 책, 415-483쪽은 진실화해위원회 조사 결과 드러난 한국전쟁 전후 좌익에 의한 민간인 학살에 대해 기술하고 있다.

소 20만 명에서 30만 명 또는 그 이상으로 추정된다.[25]

한국전쟁 전후 민간인 학살 과정에서 공권력과 우익단체
들이 특정 개인이나 집단을 불순분자나 빨갱이라며 적으로
몰면, 지목된 개인과 집단은 어떤 법적 보호로부터도 배제됨
과 동시에 공동체 밖으로 추방되었다. 적으로 지목당하는 데
는 특별한 근거나 절차가 필요하지 않았다. 빨갱이 낙인찍기
에 동원된 사람으로부터 손가락질만 당해도 빨갱이로 목숨
을 빼앗긴 것이 민간인 학살의 실제 상황이었다. 임영태는,
여순사건 민간인 학살에서 있었던 빨갱이 낙인찍기에 관해,
당시 상황을 직접 목격한 〈조선일보〉 유건호 기자의 다음 증
언을 인용한다.

"심사 중인 그들 앞에는 경찰관에게 끌려나온 사람이 충혈
된 눈으로 이 얼굴 저 얼굴 번갈아 훑어보면서 누군가를 찾
고, 웅크리고 앉아서 떨고 있는 사람들은 고개를 숙인 채
그 시선을 피하려고 무진 애를 쓴다. 얼굴을 들었다가 그와
시선이 마주쳐서 '저놈이다' 손가락을 가리키기만 하면 끝

---

25   임영태, 위의 책, 418-419쪽.

장나는 것이다."[26]

한국전쟁 전후 민간인 학살 피해자 유족들은 한국 사회의 반공주의 하에서 사회구성원 혹은 시민으로서 인정받지 못하고 사실상의 이등 국민으로 살아왔다. 진실·화해를 위한 과거사정리위원회는 한국전쟁 전후 민간인 학살 피해자 유족들의 피해를 위와 같이 서술하면서 다음 사실을 적시했다.

"유족들은 (민간인 집단 희생) 사건 이후 '요시찰인'이나 '관찰보호자' 또는 '사살자(처형자) 연고자'로 등재되어 국가의 감시와 통제 대상이 되었다. 일례로 전라남도경찰국은 각 관할 경찰서에 1969. 12. 한국전쟁 전후 '사살자 유자녀들의 동향'을 감시하여, '불순분자와의 접선사실 및 친목계 등 조직사항을 철저히 내사'하라는 지시를 내렸다."[27]

---

26 조선일보사출판국, 『전환기의 내막』, 조선일보사, 1982, 148-149쪽. (임영태, 위의 책, 83-84쪽에서 재인용.)
27 진실·화해를 위한 과거사정리위원회, 위의 책, 136쪽.

3. '전쟁정치'와 '빨갱이 사냥'

한국 사회는 한국전쟁을 거치면서 반공주의가 내면화되어 공포에 질식된 사회[28]가 되었다. 권력의 무서움을 목격한 국민들은 위축감과 공포감을 느끼고 생존을 위해 적극적으로 권력에 복종하게 되고, 자신이 적 혹은 빨갱이가 아니라는 것을 계속 공개 입증해야 하는 상황으로 몰린다.[29] 공비에게 밥을 주거나 도울 위험이 있다는 이유만으로 군경에 의해 집단학살당한 거창사건과 같은 피해 경험이 국민 대다수의 무의식에 두텁게 축적된 결과, 국민들은 '빨갱이'로 의심되는 사람을 자발적으로 신고하고, 의심스러운 자, 지목된 자들에 대한 추방과 배제에 적극 동참한다. 역사적 경험이 가져다준 결론은, 살아남기 위해서는 '빨갱이'와는 그 어떤 관계도 맺지 말아야 한다는 것이기 때문이다.

대한민국은 정부 수립 이후 줄곧 사회주의 북한과 '적대'해왔고, 지금까지도 여전히 전쟁이 공식적으로 끝나지 않은 상태다. 2018년 9월 19일, 남북 당국은 군사 분야 부속 합의

---

28   서중석, 위의 책, 230–231쪽.
29   김동춘, 위의 책, 29–30쪽.

서를 통해 하늘, 땅, 바다에서 발생할 수 있는 어떠한 충돌도 원천적으로 차단하기 위한 구체적 방안에 합의하였다. 청와대는 이를 "사실상 남북 간에 불가침 합의를 한 것"으로 평가하였다. 2019년 6월 30일 판문점에서 남북미 정상회동 및 북미 정상 간 회동이 이루어진 직후, 문재인 대통령은 "남북에 이어 북미 간에도 문서상 서명은 아니지만 사실상 행동으로 적대관계 종식과 새로운 평화시대의 본격적인 시작을 선언했다고 말할 수 있을 것"이라는 표현으로 사실상의 종전선언이 이루어졌다고 평가했다.[30] 그러나 아직도 공식적으로는 전쟁이 멈춰 있을 뿐 완전히 끝난 것은 아닌 상태다.[31]

국제적 냉전 상황, 분단되어 북과 대립한 상태의 만성적인 전쟁 위기는 한국을 국가 목표의 최우선을 '반북' '안보'에 두는 안보국가로 만들었다. 김동춘은 전면전쟁 그리고 휴전 이후의 한국 정치를 "전쟁정치"라 부른다. 외부의 적뿐만 아니라 '내부의 적'을 전투 현장에서 섬멸하듯이 색출, 감시, 진압하고 법과 절차를 무시하면서 체제를 유지하는 특징을 갖

---

30 연합뉴스, 2019. 7. 2., 「'북미 새시대' 언급 文대통령…'사실상 종전선언' 성사 인식」.
https://www.yna.co.kr/view/AKR20190702085500001

31 MBC, 2018. 9. 19., 「군사충돌 원천 차단…"사실상 불가침 합의"」.
http://imnews.imbc.com/replay/2018/nwdesk/article/4834985_22663.html

고 있다는 것이다. 1953년 이후 한반도의 전쟁이라는 준 전쟁 상태가 외부의 적, 즉 북한의 위협을 빌미로 내부의 반대 세력을 적으로 취급하여 그들에 대한 폭력, 불법적인 공권력 행사를 정당화해왔고, 이는 '옳고 그름'을 판정하는 국가의 정치·법·도덕의 기준을 실종시켰으며, 공권력 집행의 공정성을 무너뜨렸고 국가에 대한 국민의 신뢰와 사회 내 신뢰의 문화 역시 실종시켰으며, 1987년 민주화 후에도 폭력의 흔적이 권력의 집행과 사회관계 속에 스며들어와 재생산되고 있다는 것이다.[32]

한국전쟁 이후에도 '빨갱이 사냥'은 간첩사건 조작 등으로 되풀이되었다. 김동춘은 간첩 혹은 내란죄 조작, 정부 시책에 협조하지 않는 자를 불순분자로 낙인찍은 다음 처벌하는 것이 일본 제국주의의 수법이었음을 지적하면서, 대한민국 정부 수립 직후 일어난 간첩조작사건은 거의 친일경찰과 이승만의 작품으로, "친일분자로 공격당하던 경찰들의 보복"이었다고 한다. 간첩조작은 해방 직후부터 1990년대까지 계속되었다.[33]

---

32 김동춘, 위의 책, 6쪽.
33 김동춘, 위의 책, 30-37쪽.

안보국가, 전쟁정치 아래서 국가보안법상 북을 이롭게 한 자나 북의 간첩으로 지목되면 이들은 민간인의 복장을 한 게릴라와 같은 존재, 즉 법의 보호 밖에 있는 적대세력으로 간주되었다. 간첩으로 한번 낙인찍힌 사람의 가족들은 주변 지인들도 배제하고 기피하는 상황에서 사회로부터 철저히 격리당했다. 서울대 법대 재직 중 중앙정보부의 고문으로 사망한 최종길 교수의 아들 최광준은 다음과 같이 주변의 집단 기피와 배제에 대해 진술하였다.

"서울대 법과대학의 동료 교수들 중에서도 "간첩의 유족에게 무슨 조의금이냐"면서 조의금 지급을 거절한 교수도 있었다. 지인들은 연락을 끊고 유족을 외면했으며 유족 역시 이들에게 피해를 줄까 봐 연락을 삼갈 수밖에 없었다."[34]

전쟁정치에서는 사상범, 반정부 사범들만 '반(半)국민', '비국민'이 되는 것이 아니다. 복종하지 않는 국민은 빨갱이로 지목될 위험성이 있다.[35] 한국에는 북을 반국가단체로 보

---

34 의문사진상규명위원회, 「최종길의 아들 이야기」, 『대통령 소속 의문사진상규명위원회 연구용역 보고서: 의문사 유족의 피해에 관한 조사연구』, 2002. 8. 12., 39쪽.

35 김동춘, 위의 책, 173-174쪽.

고 북을 이롭게 하는 말과 행위를 처벌하는 국가보안법이 여전히 존재한다. 민주화에 힘입어 국가폭력은 점점 '과거의 것'이 되고 있지만, 여전히 내부의 정치적 반대자를 '적'으로 모는 언어폭력은 지속되고 있다.[36]

4. '빨갱이', '종북' 혐오표현

이념을 이유로 한 혐오표현으로서 가장 많이, 오래 쓰인 것은 '빨갱이'다. 이승선은 "한국에서 혐오표현의 유형 분류는 해방 직후의 극심한 좌우 이념갈등과 한국전쟁의 상처가 남긴 '빨갱이'라는 표현에 얽힌 모욕과 혐오와 명예훼손의 가능성을 주목해야 한다"고 하면서, 이 표현이 "구체적인 한 개인을 공격하는 표현이면서 동시에 특정 집단을 가리키는 데 동원되기도 하고 정치적 반대자를 지칭하는 데 악용되는 언사"임을 지적한다.[37]

김철은 "공산주의자를 가리킬 때 쓰는 '빨갱이'란 속어

---

36 김동춘, 위의 책, 7-8쪽.
37 이승선, 위의 글, 117-118쪽.

는 온갖 저주와 모멸과 혐오의 감정을 담고 있다"면서, "분단 이후 남한 말에서 공산주의자는 사람으로 인식되지 않는다. 그들은 '쳐부수고' '무찌르고' '때려잡을' 대상이며 '피도 눈물도 없는' 비인간이다"고 한다.[38]

'빨갱이' 표현은 극우정치세력에 비판적인 집단과 구성원들에 집중되었다. 1971년 대통령 선거에서 영남 출신 박정희가 호남 출신 김대중의 강력한 도전을 받자, 유신독재·영구집권체제를 굳힌 박정희 정권은 권력기관과 언론을 총동원하여 김대중에 대한 사상검증, 색깔논쟁을 들고 나왔고 호남민들의 인간성·도덕성에 대해 근거 없는 중상과 비방 캠페인을 벌였다. 호남 출신들은 모든 공공 성격의 기관들에서 악의적인 모욕과 멸시를 받고 조직적으로 배제되었다.

리영희는 1980년 5월 전두환의 광주시민 학살이 독일 나치 권력집단의 유태인 학살의 축소형이라고 지적한다.[39] 혐오 표현이 오랜 기간 쌓여 반인도적 범죄에까지 이른 역사적 진

38 김철, 「분단의 언어·통일의 언어」, 『실천문학』 1988년 봄호, 47-48쪽. (강준만, 위의 책, 16쪽에서 재인용.)
39 리영희, 「지역 갈등의 매듭은 묶은 자가 풀어야」, 리영희저작집 12권 『21세기 아침의 사색』, 한길사, 2006, 362-367쪽.

행 과정이 유사하다는 점에 주목한 평가일 텐데, 나치의 유대인 박해가 인종적 혐오에 기한 것[40]이면서도 히틀러의 유대인에 대한 적대의식은 주로 마르크스를 비롯한 유대인이 러시아혁명의 진원지가 되었다는 생각에서 비롯된 것이니, 나치의 유대인 학살은 이념적 차별과 인종적 차별의 결합이라고 보면, 광주시민 학살은 이념과 지역에 대한 혐오가 결합된 것[41]으로서 유사성을 찾을 수 있다.

반독재투쟁 과정에서 노동조합이 사회비판세력 가운데 비중 있는 집단이 되자 노동조합과 그 구성원들이 '빨갱이' 표현의 주요 대상이 되었다. 1987년 노동자 대투쟁 때 회사 측에서 고용한 구사대는 "간첩 잡아라", "빨갱이는 죽여도 좋다"고 외치며 노동자들에게 폭행을 가했고, 농성 파업에 가담한 노동자들을 분열시키기 위해, 노동자들이 바리케이드에 수신호

---

[40] 박건영은, 유대인에 대한 탄압과 박해가 종교차별이 아닌 '인종적' 차별에 기초한 것이 된 시점은 19세기 후반으로 이때부터 유럽 기독교 사회에 동화된 유대인들까지 유대혈통 자체를 이유로 박해 대상이 되었다고 설명한다. 반유대주의는 산업사회의 진전에 따라 발생한 도시문제, 빈곤, 도덕의 퇴락, 기독교 이탈, 배금사상 등의 근원에 유대인 등이 있다고 단정했고, 히틀러의 인종주의적 반유대주의가 이에 직접 연결되어 있다는 것이다. 박건영, 위의 책, 198쪽.

[41] 한국현대사사료연구소의 『광주오월민중항쟁사료전집』(풀빛, 1990)에는, 1980년 광주항쟁 당시 공수부대 장교들은 붙잡혀온 시민들에게 "전라도 새끼 40만은 전부 없애버려도 끄떡없다", "김대중이가 빨갱이인 줄 몰랐냐"는 등의 말을 퍼부었다(1453쪽)고 기록되었다. (강준만, 위의 책, 207쪽에서 재인용.)

기로 위험 표시를 해둔 깃발을 두고 "붉은 깃발을 내걸은 것을 보니 빨갱이임이 틀림없다"고 했다.[42] 노태우 정권은 1989년 전국교직원노동조합 결성을 앞두고 4월 8일 청와대 회의에서 '좌경세력 척결'을 결정한 후, 4월 말 '의식화 교사' 31명을 내사 중이라고 밝혀 전교조 결성에 방해 공작을 폈다.[43]

이 노동자들에게 동의를 표하는 야권 정치인, 학자, 언론인, 예술인 등도 역시 '빨갱이'로 지목되었다. 한국 사회에서 이들은 자신의 행동이나 말을 살필 필요 없이 '빨갱이'로 취급되어도 무방한 사람, '내부의 적'으로 낙인찍힌 사람, 색출과 감시의 대상, 공동체로부터 배제 축출당해야 하는 존재로 취급되었다.

'빨갱이' 표현은 2000년대 이후 '종북'으로 바뀌었는데, 그 배경에는 1990년대 중반 이후 북의 경제 위기, 핵개발과 인권 문제 등 북에 대한 불신과 혐오가 커지는 일련의 과정이 있다. 특히 이명박, 박근혜 정부 집권 시기에 북에 대한 불신이

---

42 박원순, 『국가보안법 연구 1: 국가보안법 변천사』, 역사비평사, 1989, 52쪽. (강준만, 위의 책, 241쪽에서 재인용.)
43 강준만, 위의 책, 243쪽.

크게 늘어났다.

  서울대학교 통일평화연구원이 2007년부터 매년 1,200명
의 국민을 대상으로 조사한 결과, 북한 인사들을 "머리에 뿔
달린 괴물"로 인식하던 종래 한국민들의 대북 인식은 1988년
7·7선언 이후 이들도 우리와 같은 사람이라는 인식으로 바
뀌었고 1999년을 기점으로 적대의 대상에서 교류협력의 대상
이라는 인식으로 옮겨갔으나, 북한 정권에 대한 불신은 이명
박 정부가 들어선 이후 2009년 59.1%에서 출발해 꾸준히 상
승했고, 박근혜 정부가 들어선 뒤에는 2014년 이래로 70% 이
상이 "신뢰하지 않는다"고 응답했다. 이명박 정부 집권 후로
는 문재인 정부에서 2018년 평창동계올림픽을 기점으로 남북
관계가 호전되기 전까지 기본적으로 북한 정권에 대한 한국
민들의 신뢰도가 매우 낮았다는 것이다.[44]

  '종북' 표현은 종래의 '빨갱이' 표현에 불신과 혐오의 대
상인 북한 정권이 무엇을 주장하든 맹목적으로 추종하는 집
단 또는 사람이라는 의미를 더하여, '빨갱이' 표현을 거의 완

---

44 서울대 통일연구소, 『2007 통일의식조사』, 2007. 10., 117-120쪽; 서울대학교
    통일평화연구원, 『2017 통일의식조사』, 2018. 3., 80쪽.

전히 대체하여 쓰이고 있다. '종북' 혐오는 지금 여성, 성소수자, 이주민, 무슬림, 장애인, 노동조합, 호남 혐오와 함께 한국 사회에서 대표적인 혐오의 유형이다.[45] 이 가운데 호남 혐오는 지역주의와 지역차별을 극복해야 한다는 사회 분위기 속에서 공적 영역에서는 상당히 줄어들었는데, 최근 극우성향 인터넷 사이트를 중심으로 광주항쟁 역사 왜곡 등 지역 혐오와 결합된 이념적 혐오표현이 급증하면서 다시 중요한 문제로 부각되고 있다.

박근혜 대통령이 탄핵 결정으로 물러난 후 잠시 주춤했던 극우정치세력이 2019년 들어 다시 보수정치권의 중심에 등장하면서, 이념적 혐오표현도 다시 퍼져가고 있다. 한국전쟁이 완전히 종결되지 않은 상태, 남북관계가 법적·사실적으로 평화번영으로 확고해지지 못한 상태를 이용하여 극우정치세력이 들고 나오는 수단은 역시 이념적 혐오표현이다. 다른 정치적 의견을 가진 사람들에 대한 '혐오정치'가 재개되었다.

---

45 나영, 「한국 사회 혐오표현의 배경과 양상: 2000년대 이후를 중심으로」, 혐오표현의 실태와 대책 토론회, 서울대학교, 2016, 12-28쪽 참조.

5. '종북' 표현의 의미

어떤 표현이 인간의 존엄을 훼손하고 시민권을 부인하는 혐오표현인지 여부를 판단하기 위해 먼저 필요한 일은 그 표현의 의미를 명확히 정의하는 것이다. 이를 위해 가장 우선되는 접근법은 보통 문리해석이다. 문자의 뜻에 따라 해석하라는 것이다.

그러나 최근 한국 사회에서 사용된 '종북' 표현에 대해서는 문리해석상 정확한 의미, 용례상 공통 개념 등 문언상 의미가 분명하게 정의되어 있지 않다. 반면, '종북' 표현은 지목된 사람을 단죄하여 정치사회공동체로부터 몰아내고 그를 둘러싼 사람들 사이를 극명하게 분열시키는 선명한 정치적 효과를 발휘해왔다. 이것이 바로 '종북' 표현의 의미를 이해하는 데서 핵심이다.

박영균은, '종북' 표현에 대해 논의할 때에는 이 표현의 의미가 '종북' 단어가 가지고 있는 기본적인 지시 기능으로부터 발생하는 것이 아니라 오히려 그 단어 자체가 연쇄적으로 발생시키는 정치적 효과에 의해 생산된다는 점에 주목해야 한다고 주장한다.[46] 박영균은 한국 정치 현실에서 '종북' 표현은 특정 정파 또는 당파의 정치적 이익을 위하여, 다른 모든 사람과 집단들을 공격하기 위해 사용된다는 점을 환기시킨다. '종북' 표현은 검증을 필요로 하지 않고 오로지 '규정'될 뿐이라는 것이다.[47]

오늘날 한국 사회에 '종북'이라는 기표[48]가 만들어내는 사고와 인식의 틀은, 하나의 일관된 체계를 가진 주의주장이 아니라, '종북'으로 몰린 사람에 대한 대중의 분노를 부추기면서 그들의 분노를 공격으로 전화시키는 '동원적 이데올로기(mobilizing ideology)'일 뿐이라는 것이다. '종북'이라는 기표는 '북'을 환기시킴으로써 자신과 다른 모든 것들을 '종북'으로 몰아세우면서 대중의 분노를 이들에 대한 '공격'적 에너지로 바꾸어놓는[49] 특징을 갖는다고 한다.

---

46 박영균, 「'종북'이라는 기표가 생산하는 증오의 정치학」, 『진보평론』 63호, 2015, 5쪽.
47 박영균, 위의 글, 4쪽.
48 記標, 『언어』. signifiant, 국립국어원, http://stdweb2.korean.go.kr/search/View.jsp?idx=50993; 'signifiant'은 소쉬르의 기호 이론에서, 귀로 들을 수 있는 소리로써 의미를 전달하는 외적(外的) 형식을 이르는 말. 말이 소리와 그 소리로 표시되는 의미로 성립된다고 할 때, 소리를 이른다. 국립국어원, http://stdweb2.korean.go.kr/search/View.jsp?idx=202285
49 박영균, 위의 글, 6쪽.

이 점을 고려하면, '종북' 표현을 정의하는 데서 핵심은 그 문자적 의미를 치밀하게 논리적으로 추론하거나 여러 용례로부터 공통된 일정한 개념을 도출하는 것에 있지 않다. 중요한 것은 '종북' 표현의 공격적 특징으로부터 발생하는 정치적 효과, 이 표현이 의도하는 사회적 결과를 정확히 파악하는 것이다.

극우보수세력이 호남 출신, 노동조합원, 진보정당원이나 진보적 사회단체 또는 활동가들을 '종북'으로 지목하면서 발생시키려는 정치적 효과는 일차적으로는 이들의 조직 결성이나 사회적 발언권 행사를 막으려는 것이다. 하지만 여기에 그치지 않는다. 더 중요한 정치적 효과는, '종북'으로 지목된 노동조합원이나 진보정당원 또는 사회활동가들 주변의 영향력 있는 인사들과 정치세력, 언론 등으로 하여금, 이들과 가까이하면 자신들마저 '종북'으로 몰릴 것을 두려워하게 함으로써 이들의 주장에 동조하거나 이들을 감싸지 못하게 하는 것이다. 그럼으로써 '종북'으로 지목된 집단과 구성원은 사회정치 공동체로부터 철저히 제거되어야 한다는 인식을 사회구성원 다수가 갖게 하려는 것이다.

이명박, 박근혜 정부가 들어선 이후 '종북' 표현은 노동조합이나 진보정당 구성원, 진보적 사회활동가를 넘어 정부 여당과 다른 정치적 견해를 드러낸 많은 사람들을 향해서도 쏟아졌다. 이러한 현상 때문에 법원의 일부 판결은 대한민국의 대북정책에 비판적인 입장을 보이는 것에서부터 주체사상을 신봉하고 대한민국의 정체성과 정통성을 부정하는 반국가적, 반사회적 성향까지 다의적으로 '종북'을 개념화할 수 있다고 하였다.[50]

그러나 단지 정부에 비판적일 뿐인 사람들에 대해서도 '종북'이라는 표현이 넓게 사용된 것은 첫째, 누구든 종북세력으로 지칭하면 의도적 폄하, 편견을 부추겨 정치적 표현의 위축 효과를 이끌어낼 가능성이 크다는 점[51]에 주로 기인한다. 둘째, 매카시즘 공격이 분명한 증거 없이 다수에게 가해진 것처럼, '종북' 표현 역시 이렇다 할 근거가 없어도 지목만

---

[50] 서울중앙지방법원 2015. 1. 14. 선고 2013가합522584 판결(사단법인 민주언론시민연합 대 주식회사 채널에이 외 1명). 그러나 원고 청구를 기각한 위 판결은 서울고등법원 2015. 12. 18. 선고 2015나2008030 판결로 파기되었고, 2019. 11. 1. 현재 대법원 2016다206949호로 계류 중이다.

[51] 이정기는 위 논리로부터, 북한을 전혀 추종하지 않는 사람의 정치적 표현에 대해 종북이라고 지칭하는 것은 혐오표현으로 간주될 개연성이 있다는 결론에 이르고 있다. 이정기, 「'종북' 관련 판례의 특성과 판례에 나타난 법원의 표현의 자유 인식」, 『미디어와 인격권』 제2권 제1호, 2016, 242쪽.

으로 의심을 불러일으키고 공지의 사실인 것처럼 취급되는 특성을 갖고 있다. 분명한 근거 없이도 큰 정치적 효과를 거둘 수 있어 이 표현을 쓸 유인이 크기 때문에 사용 대상이 쉽게 확대된 것이다.

하지만 '종북' 표현의 대상이 확대되었다고 하여도 핵심 대상인 진보정당 구성원, 진보적 사회활동가 등에 대한 치명적 공격이라는 정치적 효과와 공론장으로부터 배제와 축출이라는 사회적 결과는 달라지지 않았다. 결국 '종북' 표현은 그 정치적 공격의 효과가 크고 근거를 요하지 않는 특성이 있어 넓게 쓰인 것일 뿐, 다양한 의미를 갖게 된 것이라 할 수 없다.

2008년 이후 '종북' 표현에 대하여 내려진 판결들에 대한 분석[52]에 따르면, '종북'의 개념을 북한을 무비판적으로 추종하는 것 혹은 그러한 성향을 가진 것,[53] 대한민국의 정체성과 헌법적 기본 질서를 부정하는 것[54]으로 파악하는 것이 판

---

52 이정기, 위의 글, 235쪽.

53 대법원 2018. 11. 29. 선고 2016다23489 판결(백만송이 국민의 명령 외 1명 대 이계성 외 6명).

54 서울고등법원 2016. 1. 15. 선고 2015나2000654 판결(확정)(랭 낸시 글로리아 대

례의 다수다.[55] '종북'의 의미를 문자 그대로 파악하고자 한다면 일응 "북을 따르거나 추종하는 자들 또는 집단"을 지칭하거나[56], 북한 체제 혹은 북한 정권의 노선을 추종하는 경향이나 태도를 지칭하는 부정적 가치평가를 함축한 용어로 파악할 수 있다.[57] 여기에 '종북' 표현의 정치적 효과와 사회적 결과를 중심에 놓고 문언을 참조하여 의미를 파악하면, "북한을 무비판적으로 추종하는 것으로서 주사파와 같은 계열에 둘 수 있고, 대한민국의 정체성과 헌법적 기본 질서를 부정하는 행위를 하여 형사처벌의 대상도 될 수 있다는 부정적이고 치명적인 의미"라고 한 서울고등법원의 견해[58]가 '종북' 표

변희재 외 2명).

55 대법원 2018. 10. 30. 선고 2014다61654 판결(이정희 외 1명 대 변희재 외 10명)은 '종북', '주사파', '경기동부연합'에 대해 사실적시로 본 원심을 파기하면서, 그중 '종북' 부분 파기의 이유로, '종북'은 다양하게 사용되고 있고 시대적 정치적 상황에 따라 용어 자체가 갖는 개념과 포함하는 범위가 변하며 사람들의 감정도 가변적이어서 종북의 의미를 객관적으로 확정하기 어렵다는 점을 들었다. 그러나 사회구성원의 권리 침해를 일으키는 것으로 지목된 표현의 의미를 문언뿐만 아니라 표현이 이루어진 당시의 시대적·정치적 상황, 사람들의 감정과 인식 정도에 비추어 그 정치적 효과, 사회적 결과를 파악하고 이를 종합하여 최대한 구체적으로 정의하는 것은 사법부가 해당 표현이 사실적시인지 아닌지를 판단하기에 앞서 반드시 해야 할 일이다. 위 판시는 사건의 핵심 쟁점에 대한 판단을 회피하여 판단을 유탈한 것이다.

56 박영균, 위의 글, 4쪽.

57 김병철, 「한국언론의 명명하기: '종북' 보도의 매체간 위계관계 분석」, 『커뮤니케이션학 연구: 일반』, 제26권 제3호, 2018, 320쪽.

58 서울고등법원 2014. 8. 8. 선고 2013나38444 판결(이정희 외 1명 대 변희재 외 14명).

현의 의미를 정확하게 파악한 것으로 볼 수 있다.

6. 2008년 이후 '종북' 혐오표현의 특징:
정권과 극우단체, 언론의 조직적 유포

김대중, 노무현 정부 이후 극우정치세력이 재집권했던 2008년에서 2016년은 이른바 '종북'에 대한 혐오와 배제가 극심해진 시기였다. 임재형 등이 2013년 5월~6월에 실시한 전국적 규모의 설문조사 결과, 한국 사회 구성원들이 가장 싫어하는 혐오집단을 선택하는 요인은 이념적 성향이고, 가장 싫어하는 혐오집단은 종북세력으로 지목될 정도였다. 또한 가장 싫어하는 집단의 활동에 대한 금지 여부를 통하여 관용의 수준을 측정한 결과 공공연설, 가두행진, 학교 일일교사, 공직 출마에 대해 35% 미만만이 허용하겠다고 응답하였으며, 가장 싫어하는 집단이 국회의원 직책 수행, 판사 직책 수행, 공무원 직책 수행 등 공직을 수행하는 것에 대해서는 21% 미만만이 동의한다고 응답함으로써 한국 사회의 관용의 수준이 매우 낮은 것으로 조사되었다.[59]

---

[59] 임재형, 김재신, 「한국 사회의 혐오집단과 관용에 관한 경험적 분석」,

'종북' 혐오표현은 극우세력이 집권하고 권력을 유지하는 과정에서 정권 핵심의 공식 발언과 국가기관의 조직적 유포, 극우언론의 집중 보도를 통해 빠른 속도로 사회 전체로 확산되었다. 국가정보원법 제2조에 따라 대통령 소속으로 오직 대통령의 지시와 감독만을 받도록 정해진 국가정보원은 '종북' 혐오표현을 확산시키는 주범이었다.

원세훈 국정원장은 2010년부터 진보정당원들을 북한의 지령을 받는 종북좌파로 지목하고 종북좌파 척결을 국정원 직원의 임무로 강조해 지시했다.[60] 2011년부터는 원세훈 원장

『OUGHTOPIA』 29권 1호, 경희대학교 인류사회재건연구원, 2014. 5., 149–174쪽.

60 국정원이 작성한 "全부서장 회의 원장님 지시·강조 말씀과 지시강조 녹취록"은 국정원의 각 부서장 및 지역지부장이 참석한 회의에서 원세훈 국정원장이 지시한 내용을 상세히 적시하고 있다. 원세훈의 지시 내용은 다음과 같다.
(2010. 1. 22.) "지방 선거도 이제 있고 좌파들이 여기 자생적인 좌파도 아니고 북한 지령 받고 움직이는 사람들 아니예요. 그러니까 그런 사람들에 대한 확실한 싸움을 해서…."
(2011. 1. 21.) "종북좌파 척결문제는 미온적이 아닌 확실 대처해야 하고, 방법으로는 내부 사람을 우리편으로 만들어야 함."
(2011. 2. 18.) "종북세력 척결과 관련, 북한과 싸우는 것보다 민노총, 전교조 등 국내 내부의 적과 싸우는 것이 더욱 어려우므로, 확실한 징계를 위해 직원에게 맡기기보다 지부장들이 유관기관장에게 직접 업무를 협조하기 바람.", "외부의 적인 북한보다 오히려 더 다루기 힘든 문제가 국내 종북좌파들로서, 앞으로 더욱 정부 흔들기를 획책할 것이므로 진행 중인 수사를 확실히 매듭지어 더 이상 우리 땅에 발붙이고 살 수 없도록 만들어야 함."
더불어민주당 적폐청산위원회, 2017. 8. 29., 「'원세훈의 대국민 여론조작, 반드시 처벌해야'」.

이 "종북좌파세력을 끌어내려야 한다"며 인터넷상 종북 공격 댓글 공작을 직접 지시했다.[61]

2012년 12월 대통령 선거를 앞두고는 대통령과 검찰 수장이 공식적으로 '종북'을 공격하는 발언을 내놓았다. 먼저 2011년 8월 12일, 한상대 검찰총장이 취임사[62]에서 아래와 같이 "종북좌익세력과의 전쟁"을 선포했다.

"둘째, 종북좌익세력을 뿌리뽑아야 합니다. (중략) 북한을 추종하며 찬양하고 이롭게 하는 집단을 방치하는 것은 검

---

61 원세훈 국정원장의 인터넷 댓글 작성 지시는 국정원 작성의 "수부서장 회의 원장님 지시·강조 말씀과 지시강조 녹취록"에 기록된 원세훈의 아래 발언들에서 명확히 드러난다.
(2011. 10. 21.) "인터넷 자체가 종북좌파 세력들이 다 잡았는데, 점령하다시피 보이는데 여기에 대한 대책을 우리가 제대로 안세우고 있었다.… 전 직원이 어쨌든 간에 인터넷 자체를 청소한다. 그런 자세로 해서 종북좌파 세력들을 끌어내야 됩니다."
(2012. 4. 20.) "금년에 여러 가지 대선도 있고 해서, 그리고 이번에 또 13명인가? 통합진보당만도 13명이고 종북좌파들이 한 40여 명이 여의도에 진출했는데 이 사람들은 우리나라의 정체성에 대해 계속 흔들려고 할 거고,"
(2012. 7. 15.) "종북세력이 연말 대선을 앞두고 다양한 방식으로 국정 성과를 폄훼하는 등 종북정권 수립 야욕에 몰두하는 상황이다. 그러나 최근 통진당 사태 계기로 국민들이 안보의식 경각심 제고하고 현 상황을 종북세력 척결을 위한 절호의 기회로 삼아 원의 역량을 총 집결해야 한다."
더불어민주당 적폐청산위원회, 위 문서.
62 중앙일보, 2011. 8. 12., 「[전문] 한상대 38대 검찰총장 취임사」.
https://news.joins.com/article/5962730

찰의 직무유기입니다. (중략) 이 땅에 북한 추종세력이 있다면 이는 마땅히 응징되고 제거되어야 합니다. (중략) 다시 한 번 공안역량을 정비하고 일사분란한 수사체제를 구축하여 적극적인 수사활동을 전개해야 할 것입니다. 종북주의자들과의 싸움에서는 결코 외면하거나 물러서는 일이 있어서는 안 될 것입니다."

'통합진보당 비례대표 국회의원 후보 경선에서 당선자들이 주도한 조직적 부정이 있었다'는, 사실과 다른 주장으로 통합진보당 내부 분열이 일어나고 해당 당선자들이 사퇴 압력을 받는 등 곤경에 처했던 2012년 5월, 이명박 대통령은 공식 연설에서 "북한의 주장을 그대로 반복하는 우리 내부의 종북세력은 더 큰 문제"[63]라고 발언했다. 박근혜 당시 새누리당 고문은 "기본적인 국가관을 의심받고 또 국민도 불안하게 느끼는 사람들이 국회의원이 돼서는 안 된다"고 말해 통합진보당 국회의원에 대해 '종북 논란' 등 사상 문제를 거론

---

63 이명박 대통령 제91차 라디오·인터넷 연설, 2012. 5. 28., 이명박 대통령 기념재단 디지털 사료관.
http://leemyungbak.org/history/speech_view.php?idx=683&yy=2012&mm=5

했다.[64] 그 이후로 통합진보당과 그 구성원들은 '종북' 공격의 표적이 되었다.

언론의 '종북' 보도는 국가기관과 정권 핵심의 '종북' 표현에 힘입어 2008년 이후 본격화되기 시작했다. 김병철은, 종북 용어가 언론에 처음 등장한 것은 2001년 12월 21일이지만 국내 전체 언론의 사용 빈도를 보면 2001년 1건, 2006년 3건, 2007년 13건 등 2007년 이전까지는 사용 빈도가 극히 미미했는데, 2008년 들어 1월 93건, 2월 47건 등 급증세를 보여 2008년 한 해 동안 모두 208건을 기록하는 등 본격화되었다고 분석한다.[65] 급격히 늘어난 '종북' 보도는 2012년 대선에서는 사회 전반에 걸쳐 보수적인 분위기를 형성해 결과적으로 새누리당의 정권 재창출을 이끌어냈다.[66]

이병욱 등은, 당시 언론의 '종북' 보도는 언론사의 이념적

---

64   한겨레신문, 2012. 6. 1., 「박근혜 "국가관 의심받는 사람 국회의원 안돼"」.
http://www.hani.co.kr/arti/politics/assembly/535727.html

65   김병철, 「한국 언론의 명명하기: '종북' 보도의 매체 간 위계관계 분석」,
『커뮤니케이션학 연구: 일반』, 제26권 제3호, 2018, 326-327쪽.

66   이병욱·김성해, 「담론복합체, 정치적 자본, 그리고 위기의 민주주의: 종북(從北)
담론의 텍스트 구조와 권력 재창출 메커니즘의 탐색적 연구」, 『미디어, 젠더&문화』
28호, 2013, 71-111쪽.

입장에 따라 정권 재창출이라는 특정 정치적 목적과 깊이 관련된 것으로 사실에 기반을 둔 객관성과는 거리가 멀었다고 분석한다. 명백한 정치성을 가진 종북 담론의 생산과 유통, 소비를 통해 권력 재창출이 가능했다는 것이다.[67][68]

2012년 대통령 선거에 대해 민주당 문재인 후보도 2013년 선거 결과에 영향을 미쳤던 가장 강력한 것은 새누리당의 '종북'몰이였다고 평가했는데, "종북 프레임에 무력했던 것이 민주당의 결정적 패인이었다"며 그 배후로 새누리당과 보수 언론, 국정원 등의 공조를 꼽았다.[69]

---

67 이병욱 외, 위의 글, 74쪽.

68 18대 대통령 선거 당시 '종북'몰이의 심각성과 관련하여 김병철은 미디어의 '종북' 보도가 당시 민주당 문재인 후보 지지율 하락에 영향을 가져왔다고 볼 수 있는지를 연구하였다. 그 결과 '종북'의 의미를 맥락에 따라 다양하지만 대체적으로 북한 김일성의 주체사상이나 북한 체제 혹은 북한 정권의 노선을 추종하는 경향이나 태도를 지칭하는 부정적 가치평가를 함축한 용어로 이해한 것을 전제로, '종북' 보도가 1건 증가하면 문재인 후보 지지율이 0.11% 감소했다는 분석을 내놓았다. 김병철, 「미디어 유행어가 대선 후보 지지율에 미치는 효과: 국내 언론의 '종북' 언급 분석」, 『커뮤니케이션학 연구: 일반』, 제25권 제1호, 2017 봄, 147쪽.

69 미디어오늘, 2013. 12. 5., 「문재인 "박근혜 후보의 결정적 승인⋯비열한 종북프레임" 대선 후 첫 저서에서 "민주당도 무기력, 종북 더키워⋯거대 신문방송도 같은편 사상 최악"」.
http://www.mediatoday.co.kr/?mod=news&act=articleView&idx
no=113520

박근혜 정부에 들어와서는 대통령과 비서실이 직접 나서서 노동조합과 진보정당을 종북세력으로 지목하고 배제 소멸시키고자 민주노총, 전교조, 통합진보당을 없애는 것을 주요 업무로 인식하고 집요하게 추진했다. 2014년 6월경부터 2015년 1월경까지 대통령 비서실 민정수석으로 근무했던 고 김영한의 업무일지 메모에 따르면, 김기춘 대통령 비서실장은 비서실 개편 직후인 2014년 6월 22일부터 수석비서관들에게 "온정주의 극복 / 전교조, RO, 통진당 / 법치주의 확립"을 지시했다. 김영한 업무일지에는 이틀 뒤인 6월 24일자로 "2대 과제 — ① 민노총, 민노당 ② 전교조" 메모가 기재되어 있다.[70]

박근혜 정부는 또 '화이트 리스트' 사건에서 그 일단이 드러난 것처럼 문화계의 비판적 인사들을 '종북좌파'로 규정해 억눌렀다. 박근혜 대통령이 직접 나서서 "국정 기조가 문화예술 융성인데 문화예술계가 좌편향되어 있어서 문제"[71], "문화계 권력을 되찾아야 한다. MB 정권에서 아무런 역할을 하

---

70 이정희, 『다시 시작하는 대화』, 46쪽.

71 2013. 9. 30. 대통령 주재 수석비서관회의, 대통령 발언 중. 서울중앙지방법원 2018. 10. 5. 선고 2017고합1115, 2018고합116(병합), 391(병합) 판결 판시 내용.

지 않았다"[72]고 했다. 김기춘은 비서실장 취임 직후부터 줄곧 "종북·좌파세력 척결"을 강조하였다.[73]

박근혜 대통령의 청와대는 나아가 진보정당 등을 말살시키고자 보수단체들을 동원해 혐오표현을 유포시켰다. 김기춘은 이러한 의도에서 '좌파세력'을 견제하고 국정에 우호적인 여론을 형성하기 위하여 이에 대항할 수 있는 보수단체를 재정적으로 지원함으로써 이들 단체를 국정 운영의 지지단체로 활용하기로 마음먹고 대통령 비서실을 동원해 보수단체에 대한 자금지원 방안을 마련하도록 지시하고, 전국경제인

---

[72] 2013. 12. 19. 새누리당 최고위원회 송년 만찬, 대통령 발언 중. 위 판결 판시 내용.

[73] 비서실장 주재 수석비서관회의에서 김기춘 비서실장의 주요 발언 내용은 다음과 같다.
(2013. 8. 21.) "종북세력이 문화계를 15년간 장악하고 있는데 재벌들도 줄을 서고 있고 ○○와 ○○백화점이 종북인사들에게 문화강좌를 할 수 있도록 자리를 마련해주고 있다. 정권 초 종북세력에 대한 사정을 서둘러야 하고 그것이 비정상의 정상화로서 무엇보다 중요한 국정과제이다."
(2013. 9. 11.) "경제가 안 되는 것도 결국 종북·좌파 활동의 일환인 노조 때문이고 그래서 대기업이 국내 투자를 하지 않고 해외로 가게 된다. 기존의 '노사정 타협' 장치만으로는 경제 문제를 해결할 수 없고 노조 등 종북·좌파 활동을 쓸어내야 한다."
(2013. 9. 27.) "[방송계에 대하여─발언 취지를 분명히 하기 위하여, 판결문상 나타난 내용을 필자가 부기함] 정권토대를 굳건히 할 수 있도록 종북·좌파세력을 조용하고 단호하게 정리해나가야 한다."
(2014. 1. 4.) "각 분야의 종북, 친북 척결에 나서야 하고 강한 적개심을 가지고 대처해야 한다. 현 상황은 좌파 위에 떠 있는 섬과 같고 지난 15년의 뿌리가 깊으므로, 모두 불퇴전의 각오와 투지를 갖고 싸워나가야 반다. VIP 혼자 뛰고 있고 내각의 지시가 잘 먹히지 않고 있다."
위 판결 판시 내용.

연합회에 지원할 단체명과 지원금액을 정한 '자금지원 요구목록'까지 보고받고 승인하여 그 실행을 지시하였다.[74] 그 결과 국민행동본부, 어버이연합 등 이른바 '아스팔트 우파' 단체들까지 전경련과 삼성으로부터 자금을 지원받아 야당 정치인 비난, 국정원 대선개입사건 수사 검사 종북 비판 집회 등 이른바 '종북' 혐오표현을 확산시키는 관제데모에 나섰다.[75]

이렇게 집요하게 이루어진 종북몰이의 결과 국민들의 '종북' 혐오여론도 계속 증폭되었다. 2013. 11. 30. TV조선이 미디어리서치에 의뢰해 실시한 여론조사에 따르면 한국 사회의 '종북세력'에 대해 67.7%가 심각하다고 답했다.[76]

박근혜 정부는 국가기관의 조직적 댓글공작으로 만들어

---

74 위 판결 판시 내용.
75 MBC, 2018. 5. 6., 「어버이연합 삼성이 키웠다…자금 우회 지원」.
http://imnews.imbc.com/replay/2018/nwdesk/
article/4600834_22663.html;
MBC, 2018. 5. 7., 「삼성, 어버이 연합의 폭력성 육성했다」.
http://imnews.imbc.com/weeklyfull/weekly08/4601288_22815.html
76 조선일보 2013. 12. 2., 「68% "종북세력 문제 심각"」.
http://premium.chosun.com/site/data/html_dir/2013/12/02/201312020019
7.html

낸 종북몰이로 형성된 여론을 토대로 통합진보당 강제해산 등 종북몰이를 정권유지 방법으로 이용했다. 2013년 8월, 국정원이 통합진보당 국회의원과 당원들이 내란음모에 관련되었다고 발표하자 박근혜 대통령 지지율은 67%로 취임 이후 최고조에 달했다. 그해 11월, 박근혜 정부가 통합진보당 해산청구를 감행하자 대통령 지지율은 4주 만에 반등했다.[77] 통합진보당 해산청구에 대해 지지 여론이 60%를 넘었다.[78] 헌법재판소의 통합진보당 해산결정에 대한 지지도 압도적이었다.[79] 박근혜–최순실 게이트가 드러나기 전까지, 종북몰이는 박근혜 정권을 만들어낸 묘책이었고 지지율 상승의 비결이었다.[80]

이처럼 이명박, 박근혜 정부가 집권한 2008년에서 2016년까지, '종북' 표현은 정권과 극우세력이 주도하고 보수언론이

---

77 리얼미터 2013. 11. 11. 여론조사 결과, 「박근혜 대통령 지지율 4주만에 반등, 58.1%」.
http://www.realmeter.net/%EB%B0%95%EA%B7%BC%ED%98%9C-%EB%8C%80%ED%86%B5%EB%A0%B9-
%EC%A7%80%EC%A7%80%EC%9C%A8-
4%EC%A3%BC%EB%A7%8C%EC%97%90-%EB%B0%98%EB%93%B1-
58-1/
78 동아일보, 2013. 11. 7., 「해산청구 '적절했다' 60.1%, '부적절한 조치였다' 28.5%」.
http://news.donga.com/InfoGraphics/View/3/all/20131107/58731058/9
79 중앙일보, 2014. 12. 22., 12.19~20 중앙일보 긴급여론조사 결과, 「통합진보당 해산 찬성 64%, 반대 24%」.
https://news.joins.com/article/16753067
80 이정희, 『다시 시작하는 대화』, 70쪽.

집중 보도하여 진보세력을 공론장에서 배제 축출하고 사회 정치적으로 말살하며 정부를 비판하는 세력을 위축시키고 야권을 분열 패배시키는 강력한 정치적 효과를 발휘한 한국 사회 최대의 혐오표현이 되었다.

　박근혜 정부 들어 '종북' 공격은 진보정치세력뿐만 아니라 정부 여당이 보기에 정권에 위협이 된다고 판단하는 모든 시민을 향해 가해졌다. 진상 규명을 요구하는 세월호 유족들도 기무사가 주도한 종북 공격의 피해자가 되었다. 기무사는 "위에서 내려온 제목대로" 세월호 유가족 대책위를 "종북세(從北勢)"로 분류하고,[81] "종북세력의 총공세가 예상되니 안보단체를 이용해 종북 문제를 이슈화해야 한다"며 유족들을 감시하는 위법을 저질렀다.[82] 여기에 여당 최고위원의 종북

---

[81]　KBS, 2019. 5. 6., 「[앵커의 눈] 세월호 사찰 수사기록 단독 입수…"기무사, 유가족은 '종북 세력' 규정"」.
　　http://m.news.zum.com/articles/52290837

[82]　기무사는 2014년 4월, 세월호 사건 발생 6일 만에 「진도 해상 여객선 침몰 관련 방첩활동 계획」 보고서를 만들었다. 기무사는 군인을 대상으로 한 방첩활동조직이다. 그러나 법적 권한 범위를 완전히 넘어 시민을 향해 조직적인 종북 공격을 가했다. 기무사는 위 보고서에서 "사망(실종)자 가족 대상으로 반정부 활동을 조장하는 '종북좌파'의 동정을 확인하고, 이를 선제적으로 차단하는 데 주력하겠다"며, "종북세력의 총공세가 예상되니 안보단체를 이용해 종북 문제를 이슈화해야 한다"는 대응 방안을 제시하기까지 했다. 또한 유가족을 '지게차 운영', '사회 비판적'이라는 이유로 '종북'으로 지칭하며, "금속노조 출신으로 활동 사항에 대해 주의 깊게 확인 중"이라며 감시하는 위법을 저질렀다.

색깔론,[83] 극우단체의 모멸적 조롱[84]까지 더해져, 세월호 유족들은 박근혜 정부 내내 색깔론 공격으로 고통받아야 했다.[85] 이렇듯 박근혜 정부의 기무사가 주도한 세월호 사건의 진실 규명을 요구하는 유가족들과 시민들에 대한 종북 공격에는 극우정치세력, 극우 인터넷 사이트 및 단체들이 행동대로 나

KBS, 2019. 5. 6., 「자식 잃은 세월호 유가족은 어떻게 '종북'이 되었나」.
http://mn.kbs.co.kr/mobile/news/view.do?ncd=4194889

83 새누리당 최고위원인 한기호 국회의원은 세월호 사건 발생 직후인 2014. 4. 20., 북한 <조선중앙통신>이 세월호 침몰 사건을 보도하면서 "남한의 한 방송사가 '잠 못 이루는 밤을 보내는 실종자 가족들이 품었을 슬픔과 분노가 얼마나 깊은지 정부 당국은 깊이 새겨야 할 것'이라고 지적했다"고 한 것과 관련해, 세월호 사건 진상 규명을 촉구한 시민들에 대해 북의 지령에 놀아나는 좌파들이라는 색깔론을 퍼부었다. 한기호 의원의 주장은 아래와 같다. "드디어 북한에서 선동의 입을 열었습니다. 이제부터는 북괴의 지령에 놀아나는 좌파 단체와 좌파 사이버 테러리스트들이 정부 전복 작전을 전개할 것입니다. 국가 안보 조직은 근원부터 발본 색출해서 제거하고, 민간 안보 그룹은 단호히 대응해나가야 합니다."
이에 비판 여론이 일자, 한기호 최고위원은 이렇게 반문했다. "북한이 이번 참사 수습을 무능한 정부 탓이라고 비난한 것이 사실 아닌가요? 여기에 놀아나서는 안 된다는 데 문제가 있나요?"
한겨레, 2014. 4. 20., 「새누리 한기호, '세월호 참사' 비판 여론에 '종북 색깔론'」.
http://www.hani.co.kr/arti/society/society_general/633617.html

84 2014. 9. 6., 인터넷 극우 사이트 '일간베스트 저장소(일베)' 회원들과 극우성향의 자유대학생연합 회원 등은 서울 광화문 광장에 마련된 '세월호 진상규명 특별법 제정 촉구' 단식 농성장에서 '폭식 행사'를 열었다. "세월호 참사 유족이 광화문 광장에서 거짓으로 단식농성하는 게 꼴사납다"며 이른바 '폭식 시위'를 벌인 이들은 스스로를 "사회 혼란을 막고 광화문 광장을 시민에게 돌려준 '애국 보수'"로 칭했다.
노컷뉴스, 2014. 9. 13., 「세월호 유족 조롱, 패륜이 당당한 사회…왜?」.
https://www.nocutnews.co.kr/news/4087565

85 극우단체인 국민행동본부는 2015. 5. 2., "광우병 난동 세력, 통합진보당 비호 세력, 종북이적 단체 등이 '세월호 난동 세력'으로 재집결하고 있다"고 주장하며 '태극기 방화·세월호 난동 규탄 애국시민궐기대회'를 열었다.

섰다. 가해자들의 논리는, 박근혜 정권에 위협이 되는 것이면 북에 이로운 것이고 북의 지령과 종북단체에 동조하는 행위라는 것이었다.

7. 혐오표현 논의에서도 배제되다

혐오표현과 관련해 최근 주로 사회적 논의의 대상이 된 것은 여성, 성소수자, 난민 등에 대한 혐오표현이다. 하지만 조금만 기억을 되살리면 이명박, 박근혜 정부 아래에서 '종북' 혐오표현이 청와대, 국가정보원과 기무사 등 권력기관의 조직적 유포와 보수언론의 보도로 전 국민적으로 퍼져나갔던 것을 바로 떠올릴 수 있다. 이념에 대한 혐오가 지역에 대한 혐오와 결합된 대표적인 사례인 "광주민주화운동에 북한이 개입했다"는 역사 왜곡과 학살책임 부인 주장이 극우인물들과 극우성향 인터넷 사이트를 통해 다시 제기되었고, 2019년에는 극우정치세력이 이에 동조하는 일까지 벌어졌다.[86]

86 YTN 2019. 2. 8., 「한국당 이종명 "5·18은 폭동"…'지만원' 국회로 불러 토론회 파문」. https://www.ytn.co.kr/_ln/0101_201902082012299703

그러나 혐오표현이 문제라고 보는 사람들도 '종북' 표현은 혐오표현으로 언급하지 않는 경우가 많았다. 차별금지법 도입을 역설하는 주장도 대부분 성소수자, 이주민과 같이 국제사회 차원에서 현재 주로 논의 대상이 되는 혐오표현 문제에 집중하면서, 해방 이후 한국 사회에서 가장 심각하게 계속된 사상과 이념을 이유로 한 혐오표현에 대해서는 말하지 않거나, 한마디 덧붙이는 데 그친다.

최근 서구 여러 나라들에서 인종, 종교 등 혐오표현에 비해 사상 또는 정치적 의견을 이유로 한 혐오표현이 심각한 문제로 부각되지 않는 배경에는, 그 사회에서 사상과 정치적 의견의 자유가 어느 정도 확보되고, 1980년대 말 이후 냉전 체제가 무너져 사상을 이유로 한 혐오표현의 필요가 줄어든 상황이 작용한다.

하지만 한국 사회에는 사상과 정치적 의견의 자유를 근본적으로 훼손하는 국가보안법상 찬양고무죄가 살아 있다. 북은 오랫동안 경멸과 혐오의 대상이 되어 대치 상태에 있었다. 한국 정치에서는 사회주의나 공산주의를 천명하거나 그 내용이 어떻든 북의 정치적 의견에 찬성하는 듯한 태도를 보이면 정치에 발붙일 수 없다. 심지어 사회주의나 공산주의를 표명하지도 않은 통합진보당도 자유민주적 기본 질서에 위배된다는 이유로 강제해산된 것이 현실이다. 극우정치세력이 집권을 위해 국정원을 동원해 야당 인사들을 대상으로 '종북' 혐오표현을 쏟아내기까지 했다. 그런데도 한국의 혐오표현 논의에서는 사상이나 정치적 의견을 이유로 한 것을 혐오표현에 포함시켜 의논해야 한다는 주장마저 드물었다. 바로 이것이 한국 사회에서 정치적 의견 또는 사상을 이유로 한 혐오표현, 곧 '종북' 혐오표현이 얼마나 강력한 것인지를 말해준다.

박근혜 대통령이 탄핵되고 민주세력이 집권했다. 이제 '종북' 혐오표현은 일부 극우정치세력의 극단적 주장에 머물다 사라지게 될까. 다른 사유로 인한 혐오표현도 줄어들 수 있을까. 낙관할 수만은 없다. 남북의 평화는 아직 안정 단계로 들어서지 못했다. 평화정착 단계에 들어서서도 위기에 빠질 가능성을 완전히 배제하기는 어렵다. 북에 대한 혐오와 '종북' 혐오표현은 서로 연결되어 있다. 남북관계가 악화되면 '종북' 혐오표현도 심해진다.

심지어 문재인 정부에서 남북관계가 평화번영으로 전진하고 있는데도, 극우정치세력은 자신들의 지지기반 확보를 위해 '종북' 혐오표현을 동원한다. 박근혜 추종자들이 계속하여 '종북' 혐오표현을 쏟아내고, 박근혜 정부에서 법무부 장관과 국무총리를 지낸 황교안이 자유한국당 대표로 등장하면서 '종북' 혐오표현은 주류 정치권에서도 다시 이어지고 있다. '종북' 혐오표현은 여전히 한국 사회에서 가장 심각한 혐오표현이다. 혐오표현 문제를 논할 때 '종북' 혐오표현은 반드시 함께 논의되어야 한다. 이 문제를 빼놓는 것은 '종북' 혐오표현 피해자들에 대한 또 한 번의 배제이자 '종북' 혐오 표현이 불러온 광범위한 위축 효과의 결과일 뿐이다.

5장

| 혐오표현 규제에 대한 국제사회의 입장 |

1. '표현의 자유에 필요한 숨 쉴 공간'
: 미국 연방대법원의 견해

다른 나라에서는 혐오표현 규제에 대해 어떤 입장일까. 먼저 미국 연방대법원의 견해를 살펴볼 필요가 있다. 미국 연방대법원은 "표현의 자유에 필요한 숨 쉴 공간"[1]이 보장되어야 한다는 일련의 판결들을 내놓아 표현의 자유 확대에 큰 역할을 했다. 그 근거는 미국 수정헌법 제1조, "연방의회는 국교를 정하거나 신앙의 자유를 금지하는 법률을 제정할 수 없으며 언론 출판의 자유를 제한하거나 국민들이 평화롭게 집회할 권리와 불만의 구제를 정부에 청원할 권리를 제한하는 법률을 제정할 수 없다."[2] 조항이다.

미국 연방대법원은 1931년 '스트롬버그 대 캘리포니아 (Stromberg v. California)' 판결 이후, 정부 정책에 반대하는 표현

---

1 앤서니 루이스 지음, 박지웅·이지은 옮김, 『우리가 싫어하는 생각을 위한 자유 ― 미국 수정헌법 1조의 역사』, 간장, 2010, 44쪽, 뉴욕타임스 대 설리번 사건 판결문 중.

2 Constitution of the United States, Amendment I. Congress shall make no law respecting an establishment of religion, or prohibiting the free exercise thereof; or abridging the freedom of speech, or of the press; or the right of the people peaceably to assemble, and to petition the Government for a redress of grievances.

행위를 형사처벌하는 주법들을 수정헌법 제1조 위반으로 판단했다. 이 사건은 예타 스트롬버그가 "조직화된 정부에 대한 반대의 표시나 상징, 표상"이라는 이유로 붉은 기의 게양을 금지한 캘리포니아 주법을 위반했다는 이유로 기소된 사건이다. 연방대법원은 붉은 기를 내건 것을 상징적인 의사표현으로 보고, 수정헌법 제1조에 따라 위 법령이 위헌이라고 판단했다.[3]

연방대법원은 또한 1964년 '뉴욕타임스 대 설리번(New York Times v. Sullivan)' 판결을 통해, 표현의 자유를 위해 민사 책임도 배제하기 시작했다. 이 사건에서 문제된 것은, 뉴욕타임스가 1960년 3월 29일 게재한 마틴 루터 킹 목사의 지지자들의 광고였다. 광고 내용은 남부 경찰의 인종차별적 행위를 비난한 것이었다. 이에 대해 앨라배마주 몽고메리시 경찰서장 설리번이 명예를 훼손당했다며 뉴욕타임스를 상대로 손해배상을 청구했다. 주법원은 명예훼손을 인정하여 50만 달러의 배상을 명했다.

그러나 1964년 3월 9일 연방대법원은 원심을 파기했다. 그

---

3 앤서니 루이스, 위의 책, 75-76쪽.

이유는, 언론이 표현 내용의 거짓됨을 아는 상태에서, 또는 진실인지 거짓인지를 "부주의하게 무시"한 채로 손해를 입히는 허위진술을 만들어냈다는 사실을 공직자들 스스로 증명하지 못한다면, 공직자들이 그들의 비판자들로부터 명예훼손 배상금을 받아낼 수 없다는 것이었다.[4]

이 판결이 미국에서 초래한 즉각적인 결과는, 끝없는 명예훼손 소송들의 위협에서 벗어난 언론이 남부의 인종갈등을 열정적으로 보도할 수 있게 된 것이었다. 시민권 지지자들을 겨냥한 폭력은 인종주의의 잔혹한 본성을 북부의 많은 사람들에게 뚜렷이 알렸다.[5] 언론은 표현의 자유로 얻은 공간에서 인종을 이유로 한 혐오표현과 혐오폭력의 문제를 부각시킬 수 있게 되었다.

그러나 얼마 지나지 않아 표현의 자유의 주요 수혜자는 인종차별적 혐오표현을 한 집단과 개인으로 바뀐다. 연방대법원이 "수정헌법 1조의 의미에 의하면 정부는 그 메시지, 그 사상, 그 주제 혹은 그 내용을 이유로 표현을 제한하는 권한

---

4   앤서니 루이스, 위의 책, 86-94쪽.
5   앤서니 루이스, 위의 책, 95쪽.

을 갖지 못한다"[6]며 내용을 기준으로 한 규제는 수정헌법 제
1조에 위배된다고 하면서다.[7]

현재 미국 연방대법원 판례상 수정헌법 제1조의 보호를
받지 못하는 혐오표현의 유형은 싸움유발폭언(fighting words)

---

6 박용상, 『표현의 자유』, 현암사, 2002, 156쪽.
7 이 취지에 따른 것으로, 다음 사건들이 대표적이다.
   * 브란덴버그(Brandenburg) 선동사건(1969): 백인우월주의 단체인 쿠 클럭 클란(Ku
   Klux Klan) 집회에서 단원들이 "검둥이들은 아프리카로, 유태인들은 이스라엘로"
   등 인종 적대적 발언을 하여, KKK 지도자 브란덴버그가 오하이오주 신디칼리즘
   처벌법으로 기소되었다. 해당 법은 산업적 또는 정치적 변혁을 성취하는 수단으로서
   범죄, 태업, 폭력 기타 위법적인 테러수단의 필요성 및 적절성을 주창하거나, 범죄적
   신디칼리즘의 이론을 교육 또는 주창하기 위해 협회, 집단 또는 인적 결합체에 집회하는
   행위를 처벌하는 내용이었다. 연방대법원은, 단순한 위법의 옹호는 표현의 자유에 의해
   보호받으며, 폭력이나 범죄행위의 옹호는 그러한 옹호가 급박한 위법행위를 선동 또는
   야기하려는 것을 목표로 한 것이고 그러한 행동을 선동 또는 야기할 가능성이 있는 것이
   아니면 처벌될 수 없다고 판시하였다. Brandenburg v. Ohio, 395 U.S. 444 (1969);
   박용상, 위의 책, 109~110쪽.
   * 증오언론조례사건(1992): 미성년자가 흑인 가정의 마당에서 십자가를 불태워, 세인트
   폴 증오언론조례(Paul Bias-Motivated Crime Ordinance) "불타는 십자가나
   나치의 십자기장을 포함하여 인종, 피부색, 신조, 종교 또는 성에 근거하여 타인에 대한
   분노·경고 또는 원한을 불러일으킨다고 알거나 그렇게 아는 데 합리적 근거가 있는 심볼,
   물체, 명칭, 특징표시 또는 낙서를 공적 또는 사적 재산상에 표시한 자는 비위행위를
   범하는 것이고 경죄로 처벌된다"에 따라 기소되었다. 연방대법원은 피고인의 행위가
   상징적 표현행위로서 수정헌법 1조의 보호를 받는 것임을 전제로 위 조례는 표현행위의
   내용(소속 정당, 노조 가입 여부에 근거한 적대감 표현은 처벌되지 않음)에 근거하여
   이를 차별하였을 뿐만 아니라 특정 견해에 대하여도 차별적으로 규제한 것으로
   수정헌법 1조 위반이라고 판단하였다. R.A.V. v. City of St. Paul, 505 U.S. 377
   (1992); 박용상, 위의 책, 148~149쪽.

과 즉각적인 법법행위(imminent lawless action)조장 표현[8]만 남았다. 연방대법원은, 상대방을 직접 위협할 목적으로 행해진 KKK의 십자가 소각 행위와 같은 경우를 제외하고는 혐오표현이라도 수정헌법 제1조의 보호 대상으로 파악하여 최대한 보호해야 한다는 입장이다.[9]

2. 내용 중립성 원칙

미국 연방대법원이 혐오표현도 표현의 자유로 보장하는 판결을 내린 바탕에는 '내용 중립성 원칙'이 있다. 발화자가 표현 내용 중 어떠한 견해를 취하든 국가는 이를 차별해서는 안 된다는 것이다. 이에 반하여 견해의 내용에 따라 차별대우하는 법령은 위헌으로 간주된다. 정부가 의견의 자유시장에서 특정한 입장을 편애하거나 혐오해서는 안 된다는 것이다.[10]

---

8   이상경, 「온라인 혐오표현 등 혐오표현의 새로운 양상에 관한 연구」, 『헌법재판연구』 제4권 제2호, 2017. 12., 141쪽.
9   이광진, 「혐오표현과 표현의 자유」, 『법과 정책연구』 제17집 제1호, 한국법정책학회, 2017. 3., 332쪽.
10   박용상, 위의 책, 156–157쪽.

내용 중립성 원칙이 전제하는 자유는 소극적 자유다. 조지 오웰의 소설 『1984』에 나오는 전체주의적 국가로 갈지 모른다는 두려움으로 중립적 국가관을 택하는 것이다. 소극적 자유 이론의 핵심에는 국가가 시민들에게 특정한 '선익(the good)' 개념을 강요해서는 안 된다는 원칙이 들어 있다.[11] 국가는 중립을 지켜야 한다는 것이다. 그러나 실제로는 국가 중립이라는 환상 자체가 국가가 특정한 가치를 추구하는 실상을 가리고 있다.[12] 국가가 행동함으로써 자유를 제한할 수 있는 것만큼이나, 국가가 행동하지 않음으로써 자유를 제한할 수도 있는 것이다.[13]

미국 연방대법원의 '내용 중립성 원칙'에 대해 비판하는 견해로 헤이먼을 참고할 수 있다. 헤이먼은, '내용 중립성 원칙'은 바로 그 '내용' 때문에 심각한 피해를 일으키는 표현들이 있음을 인식하는 데 실패하였기 때문에 지극히 일면적이라고 비판한다. 헤이먼의 분석으로는, 이 문제 때문에 법원이 내용 중립성 원칙의 예외들을 계속 만들어내고 있다고 한

---

11 샌드라 프레드먼, 위의 책, 95쪽.
12 샌드라 프레드먼, 위의 책, 99쪽.
13 샌드라 프레드먼, 위의 책, 108쪽.

다.[14] 연방대법원이 혐오가 동기가 된 행위의 심각한 피해에 주목하여 규제법규를 합헌으로 판시하는 것으로 입장을 바꿔왔다는 것이다. 연방대법원은 백인 소년이 흑인 가정 마당에서 십자가를 불태운 R.A.V.사건(1992)에서 인종 등을 사유로 한 혐오표현 처벌규정에 대해 '내용 중립성 원칙'을 내세워 위헌 결정을 내렸다. 하지만 버지니아 대 블랙(Virginia v. Black) 사건(2003)에서 "사람이나 집단을 협박할 의도"로 행해진 십자가 불태우기를 처벌하는 규정에 대해, 연방대법원은 십자가를 불태운 행위가 "위협의 특별히 악의적인 형태"라고 보아 합헌 결정을 내려 R.A.V.사건의 논리를 부식시켰다는 것이다.[15] 헤이먼은 이 때문에 법원의 수정헌법 제1조에 대한 견해[내용 중립성 원칙—필자가 보충함]가 임의적이고 설득력이 떨어지는 것으로 보인다고 비판한다.[16] 인종 등의 사유로 인한 행위가 심각한 피해를 가하므로 더 강하게 규제되어야 한다는 논리는 혐오폭력만이 아니라 혐오표현에도 적용되어야 한다는 것이다. 헤이먼은 R.A.V.결정은 번복되어야 한다는 의

---

14 이 평가는 연방대법원이 혐오표현도 표현의 자유로 보장하는 입장을 유지하고 있다는 일반적인 판단과는 상반되는 것이다. 하지만 헤이먼의 의견과 같이 볼 여지도 다분하다.

15 Steven J. Heyman, *Free Speech and Human Dignity*, Yale University Press, 2008, pp. 167–169.

16 Steven J. Heyman, *ibid.*, p. 3.

견을 피력한다.[17]

　　연방대법원 스스로 버지니아 대 블랙 사건은 R.A.V.사건의 예외라고 판시하였으므로, 공식적으로는 내용 중립성 원칙은 여전히 지지되고 있다고 보아야 할 것이다. 그러나 이 사건과 R.A.V.사건이 같은 십자가 불태우기라는 표현행위에 대한 것임을 감안하면, 헤이먼의 분석처럼 미국 연방대법원의 내용 중립성 원칙의 확고함이 흔들리고 있다고 볼 여지도 있다.

3. 혐오표현 금지는 표현의 자유 침해가 아니다: 국제규범의 정립

　　국제사회는 미국 연방대법원이 표명한 '내용 중립성 원칙'과는 다른 접근법을 취했다. 인종차별적 혐오표현에 대해서는 형사처벌까지 포함해 규제해야 한다는 국제규범을 채택해온 것이다. 모든 형태의 인종차별철폐협약 제4조[18] (a)항은

17　Steven J. Heyman, *ibid.*, pp. 167–169.

18　International Convention on the Elimination of All Forms of Racial Discrimination(ICERD), 1965년 12월 21일 국제연합 총회에서 채택, 1969년 1월 4일 발효. (번역문은 국가법령정보센터 www.law.go.kr 에 게재된 것.)

"인종적 우월성이나 증오, 인종차별에 대한 고무에 근거를

4. States Parties condemn all propaganda and all organizations which are based on ideas or theories of superiority of one race or group of persons of one colour or ethnic origin, or which attempt to justify or promote racial hatred and discrimination in any form, and undertake to adopt immediate and positive measures designed to eradicate all incitement to, or acts of, such discrimination and, to this end, with due regard to the principles embodied in the Universal Declaration of Human Rights and the rights expressly set forth in article 5 of this Convention, inter alia: 체약국은 어떤 인종이나 특정 피부색 또는 특정 종족의 기원을 가진 인간의 집단이 우수하다는 관념이나 이론에 근거를 두고 있거나 또는 어떠한 형태로든 인종적 증오와 차별을 정당화하거나 증진시키려고 시도하는 모든 선전과 모든 조직을 규탄하며 또한 체약국은 이 같은 차별을 위한 모든 고무 또는 행위를 근절시키기 위한 즉각적이고 적극적인 조치를 취할 의무를 지며 이 목적을 위하여 세계인권선언에 구현된 제 원칙 및 이 협약 제5조에 명시적으로 언급된 제 권리와 관련하여 특히 체약국은
(a) Shall declare an offence punishable by law all dissemination of ideas based on racial superiority or hatred, incitement to racial discrimination, as well as all acts of violence or incitement to such acts against any race or group of persons of another colour or ethnic origin, and also the provision of any assistance to racist activities, including the financing thereof: 인종적 우월성이나 증오, 인종차별에 대한 고무에 근거를 둔 모든 관념의 보급 그리고 피부색이나 또는 종족의 기원이 상이한 인종이나 또는 인간의 집단에 대한 폭력행위나 폭력행위에 대한 고무를 의법처벌해야 하는 범죄로 선언하고 또한 재정적 지원을 포함하여 인종주의자의 활동에 대한 어떠한 원조의 제공도 의법처벌해야 하는 범죄로 선언한다.
(b) Shall declare illegal and prohibit organizations, and also organized and all other propaganda activities, which promote and incite racial discrimination, and shall recognize participation in such organizations or activities as an offence punishable by law: 인종차별을 촉진하고 고무하는 조직과 조직적 및 기타 모든 선전활동을 불법으로 선언하고 금지시킨다. 그리고 이러한 조직이나 활동에의 참여를 의법처벌하는 범죄로 인정한다.
(c) Shall not permit public authorities or public institutions, national or local, to promote or incite racial discrimination.: 국가 또는 지방의 공공기관이나 또는 공공단체가 인종차별을 촉진시키거나 또는 고무하는 것을 허용하지 아니한다.

둔 모든 관념의 보급"을 의법처벌해야 하는 범죄임을 선언하여 형사처벌 대상임을 명시하고 있다. 또 (c)항은 특별히 '위로부터 혐오표현'에 주목하여, 공공기관의 인종차별 촉진 또는 고무를 금지해야 한다고 규정한다.

인종차별철폐위원회는 형사처벌 대상을 분명하게 확인하는 일반의견을 계속 내놓았는데, 1993년 채택한 '협약 제4조에 대한 일반의견 15호' 3항에서 인종차별철폐협약 제4조 a항이 정한 형사처벌의 대상이 아래 네 가지 범주라고 명시했다. 이 의견은 명확하게, 선동에 이르지 않는 '생각의 유포'도 협약상 형사처벌 대상으로 확인하고 있다.

① 인종적 우월성 또는 혐오에 근거한 생각의 유포
② 인종적 혐오의 선동
③ 다른 피부색 또는 인종적 기원에 근거한 어떤 인종이나 집단에 대한 폭력행위
④ 그러한 행위의 선동.[19]

---

19 General recommendation XV on article 4 of the Convention(1993)
3. Article 4 (a) requires States parties to penalize four categories of misconduct:
(i) dissemination of ideas based upon racial superiority or hatred:

인종차별철폐위원회는 또한 2013년 채택한 일반의견 35호 '인종혐오표현과 싸우기'에서도 협약 제4조를 실현하기 위한 당사국의 형사처벌조항 입법을 권고하면서, 13항에서 그 처벌 대상을 열거하였다. 그 내역은 다음과 같다. 이 역시 선동에 이르지 않는 '생각의 유포'도 형사처벌 대상으로 확인한 것이다.

① 인종적 또는 민족적 우월성이나 혐오에 근거한 생각의 모든 유포
② 인종, 피부색, 혈통, 국적 또는 민족적 기원에 근거한 집단이나 구성원에 대한 혐오, 경멸 또는 차별의 선동
③ 위 2항에 근거한 집단이나 개인에 대한 폭력의 위협 또는 선동
④ 개인 또는 집단에 대한 모욕, 조롱 또는 중상의 표현, 위 2항에 근거한 혐오, 경멸 또는 차별이 혐오 또는 차별의 선동에 이르렀음이 분명한 경우 그 정당화

(ii) incitement to racial hatred;
(iii) acts of violence against any race or group of persons of another colour or ethnic origin; and
(iv) incitement to such acts.

⑤ 인종차별을 촉진하고 선동하는 조직 참여와 활동.[20]

인종차별철폐협약과 그 해석 적용에 관한 일반의견은, 자유권규약 제20조 제2항이 "차별, 적의 또는 폭력의 선동이 될 민족적, 인종적 또는 종교적 증오의 고취는 법률로 금지된다."고 한 것에 비해 더욱 강력한 조치를 요구한다. 협약 당사국이 취해야 하는 법률적 규제의 강도를 '금지'에서 '형사처벌'로 특정하여 강화하였다. 금지란 형사처벌 외에 민사상 조치나 행정적 조치도 포함될 수 있는데, 국가의 형벌권을 동원하는 형사처벌은 이 여러 규제 방법 가운데 가장 강력한 것이다.

---

20 General recommendation No. 35 Combating racist hate speech(2013). 13. (⋯) the Committee recommends that the States parties declare and effectively sanction as offences punishable by law:
(a) All dissemination of ideas based on racial or ethnic superiority or hatred, by whatever means;
(b) Incitement to hatred, contempt or discrimination against members of a group on grounds of their race, colour, descent, or national or ethnic origin;
(c) Threats or incitement to violence against persons or groups on the grounds in (b) above;
(d) Expression of insults, ridicule or slander of persons or groups or justification of hatred, contempt or discrimination on the grounds in (b) above, when it clearly amounts to incitement to hatred or discrimination;
(e) Participation in organizations and activities which promote and incite racial discrimination.

또 하나, 두 조약의 차이 가운데 흘려보낼 수 없는 것은, 자유권규약이 '선동'을 처벌하도록 하는 데 비해 인종차별철폐협약과 일반의견은 '생각의 유포'만으로도 처벌 대상이라고 한 것이다. '선동'은 자신의 생각을 표현하는 것에 그치지 않고 다른 사람으로 하여금 어떤 구체적인 행위를 할 의지를 가지도록 불러일으키는 것을 말한다. '생각의 유포'는 선동에 이르지 않는 단순한 의견 표출도 포함한다.

그런데 미국은 인종차별철폐협약에 대해 1965년 서명 시,[21] 1992년 비준 시[22] 모두, 미국의 헌법과 법률이 개인의 표현의 자유에 대한 광범위한 보호를 포함하고 있어 표현의 자

---

[21]   1965년 서명 시 유보 내용은 다음과 같다. Upon signature: "The Constitution of the United States contains provisions for the protection of individual rights, such as the right of free speech, and nothing in the Convention shall be deemed to require or to authorize legislation or other action by the United States of America incompatible with the provisions of the Constitution of the United States of America."

[22]   1992년 비준 시 유보도 같은 내용이다. Upon ratification: "I. The Senate's advice and consent is subject to the following reservations: (1) That the Constitution and laws of the United States contain extensive protections of individual freedom of speech, expression and association. Accordingly, the United States does not accept any obligation under this Convention, in particular under articles 4 and 7, to restrict those rights, through the adoption of legislation or any other measures, to the extent that they are protected by the Constitution and laws of the United States. (이하 생략)"

유를 제약하는 위 협약, 특히 제4조의 어떤 의무도 받아들일 수 없다며 위 조항의 비준을 명시적으로 유보하였다. 또 자유권규약 제20조의 비준도 같은 이유로 유보하였다.[23] 언론에 숨 쉴 공간을 부여해야 한다며 인종을 이유로 한 혐오표현 조차도 표현의 자유로 보호해야 하므로 규제할 수 없다고 판단한 미국 연방대법원의 입장은 이처럼 혐오표현 규제와 관련한 국제규약들의 핵심 조항과 충돌한다.

미국을 제외한 대부분의 민주주의 국가에서는 혐오표현은 헌법상 표현의 자유의 보호 범위에 해당하지 않는다는 입장을 취하고 있다.[24] 인종차별철폐위원회도 이에 대한 공식 견해를 명확하게 밝히고 있다. 곧, 일반의견 제15호에서, 혐오표현 규제와 표현의 자유의 관계에 대하여 "인종적 우월성이나 혐오에 기초한 모든 생각의 유포를 금지하는 것은 표현의 자유와 양립할 수 있다"고 확인하였다. 인종차별철폐위원회는 "인종차별철폐협약 제4조와 표현의 자유의 관련성은 해당

---

23 Reservations: "(1) That article 20 does not authorize or require legislation or other action by the United States that would restrict the right of free speech and association protected by the Constitution and laws of the United States."

24 강승식, 「인간존엄의 비교법적 고찰과 그 시사점」, 『홍익법학』 제14권 제1호, 2013, 126쪽.

조항 자체에 적혀 있다"고 단언하면서, 시민의 표현의 자유의 행사는 세계인권선언 제29조 제2항[25]에 적시된 것처럼 특별한 의무와 책임을 동반하고, 이 가운데 인종차별적 생각을 유포하지 않을 의무는 특별히 중요하다고 강조했다.

인종차별철폐위원회는 또 일반의견 제35호에서도, 표현의 자유는 평등과 비차별의 권리를 포함한 다른 사람의 권리와 자유의 파괴를 목적으로 해서는 안 된다는 점(제26항), 혐오표현을 규제하지 않을 경우 피해자들을 위축시켜 그들의 표현의 자유가 침해된다는 점(제28항)을 지적하고, 협약의 일부 조항에 대해 유보를 둔 당사국들에 대해 유보 철회를 촉구(제23항)했다.

4. 대한민국은 혐오표현을 규제할 국제법적 의무를 진다

표현의 자유 보장 범위를 크게 넓힌 미국 연방대법원의

---

25 세계인권선언 제29조 ② 모든 사람은 자신의 권리와 자유를 행사함에 있어, 다른 사람의 권리와 자유를 당연히 인정하고 존중하도록 하기 위한 목적과, 민주사회의 도덕, 공공질서 및 일반적 복리에 대한 정당한 필요에 부응하기 위한 목적을 위해서만 법에 따라 정하여진 제한을 받는다.

성취는 이론과 현실 양 측면에서 민주주의의 시민적 기반을 튼튼히 한 역사적 발전임이 분명하다. 연방대법원의 일련의 판결로, 불쾌한 표현 또는 싫어하는 표현이라고 하여 규제해서는 안 된다는 원칙, 국가가 표현행위를 그 내용에 따라 차별함으로써 특정한 견해나 입장을 선호하거나 억압해서는 안 된다는 원칙이 현실에 적용되었다. 이 판결들은 국가권력과 공직자 등에 대한 비판을 원천 봉쇄했던 당시 상황을 바꾸는 데 결정적 역할을 했다. 그 결과 표현의 자유가 크게 확대되었다. 사회구성원들 사이에 첨예한 논쟁과 갈등을 겪더라도 종래에는 인간의 존엄이 보장되고 민주주의가 확보되는 사회로 갈 것이라는 시민에 대한 신뢰가 바탕에 깔려 있다는 점도 미국 연방대법원의 입장에 귀를 기울이게 하는 요소다.

한국 사회에서 표현의 자유 보장의 현실은 아직도 미국과는 상당한 격차가 있어, 국가권력으로부터 표현의 자유 확보도 충분하지 못하다. 그러나 미국 연방대법원 판결의 핵심 논리는 우리 법원에 의해서도 원칙적으로 수용되어왔다. 헌법재판소가 "국가가 개인의 표현행위를 규제하는 경우, 표현 내용에 대한 규제는 원칙적으로 중대한 공익의 실현을 위하여 불가피한 경우에 한하여 엄격한 요건 하에서 허용"된다며 "헌법상 표현의 자유가 보호하고자 하는 가장 핵심적인 것이 바로 '표현행위가 어떠한 내용을 대상으로 한 것이든 보호를 받아야 한다'는 것이며, '국가가 표현행위를 그 내용에 따라 차별함으로써 특정한 견해나 입장을 선호하거나 억압해서는 안 된다'는 것이다"라고 판시[26]한 것이 단적인 예다.

표현의 자유가 확대되어야 한다는 생각은 최근 들어 더욱 널리 퍼지고 있다. 민주주의에 대한 국민의 의지가 커지는 것과도 비례한다. 극우보수정치세력이 권력을 행사하는 동안 국민들이 표현의 자유를 크게 제한당한 경험도 영향을 미쳤을 것이다. 사법부가 미국 연방대법원 판례를 참고하여 표현의 자유의 보장 범위를 넓혀가려고 하는 것은 자연스러워 보이기까지 한다.

표현의 자유의 확대는 정당하고 또 필요하다. 체제를 바꾸려는 위험한 생각, 정부와 공직자에 대한 신랄한 비판, 대

---

26 헌법재판소 2002. 12. 18. 선고 2000헌마764 결정(옥외광고물등관리법 제3조 제1항 제6호 등 위헌확인). 다만 이 사건에서 헌법재판소는 "표현 내용과 무관하게 표현의 방법을 규제하는 것은 합리적인 공익상의 이유로 폭넓은 제한이 가능하다"는 근거를 들어, 교통수단을 이용하여 타인의 광고를 할 수 없도록 한 옥외광고물등관리법시행령 규정이 표현의 자유를 침해하지 않는다고 판단하고 청구를 기각하였다.

기업 권력에 대한 성역 없는 감시와 발언, 언론권력에 대한 과감한 비평, 종교 내부의 부정과 비리에 대한 불경한 비판을 내놓을 자유는 아직도 부족하다. 국가보안법이 여전히 표현의 자유의 본질적인 내용을 침해하고, 대기업과 언론권력과 종교단체는 흔들림 없는 신성동맹을 유지하고 있다. 사용자는 명예훼손행위라는 이유로 노동자의 1인 시위의 자유마저 침해한다. 표현의 자유가 더 확대되어야 하는 것은 분명하다. 그러나 혐오표현과 관련한 영역에서 명확히 해야 할 점은, 다수에 의해 혐오표현이 넘쳐나고 소수자가 위축 배제되는 현실에서, '혐오표현을 할 자유'보다 더 필요한 것은 '혐오표현을 거절하고 비판할 자유'라는 점이다.

또 하나 놓쳐서는 안 되는 점은, 혐오표현 규제에 관한 미국의 입장은 관련 국제규약들의 핵심 규정과 충돌하고 있다는 것이다. 대한민국은 미국과 달리 이미 오래전에 해당 규약 관련 조항을 이의 없이 수용했다. 또한 국내법과 동일한 효력을 갖는 위 국제규약들에 따라 국내법을 제정 운용할 국제적 의무를 부담하고 있다. 대한민국은 1979년 인종차별철폐협약에 서명 비준하면서 특정 조항에 대한 어떤 명시적인 유

보도 두지 않았다.[27] 대한민국은 1990년 자유권규약 가입 시
에도 제20조를 유보하지 않았다.[28]

그러므로 혐오표현도 표현의 자유로 보장해야 한다는
전제에서 혐오표현 규제가 수정헌법 1조의 표현의 자유 보장
의무와 배치된다는 이유로 인종차별철폐협약과 자유권규약
의 핵심 조항의 비준 유보를 명시적으로 선언한 미국 내 이
론을 우리 법의 해석 운용 및 입법에 그대로 적용하는 것은
적절하지 않다.

국제규약 당사국은 규약에 따른 입법의무를 진다. 동시
에 그 규약의 취지를 국내법규의 해석 적용에 반영해야 한
다. 우리나라는 인종차별철폐협약 제4조에 명시된 영역에 대
해 형사처벌법규를 제정할 의무를 진다. 적어도 위 규약에 명

---

27   대한민국이 인종차별철폐협약에 부기한 문구는, 1997년 5월 5일, 위 협약 위반 시
개인통보에 관한 인종차별철폐위원회의 권한을 인정하는 선언, 단 한 가지다. 선언
내용은 다음과 같다. "The government of the Republic of Korea recognizes
the competence of the Committee on the Elimination of the Racial
Discrimination to receive and consider communications from individuals
or groups of individuals within the jurisdiction of the Republic of Korea
claiming to be victims of a violation by the Republic of Korea of any of the
rights set forth in the said Convention."

28   2019. 11. 현재 대한민국은 자유권규약에 대하여 제22조에 대한 유보만을 남겨두고
있다.

시된 분야에 대한 형사규제입법은 그 내용이 명확하고 국제적 입법의무도 부과된 것인 이상, 입법을 더 미룰 이유가 없다.

사법부는 현행법상 명예훼손이나 모욕에 관한 민형사상 구제절차를 운용할 때도 위 국제규약들의 취지를 반영하여야 한다. 헌법 제6조는 헌법에 따라 체결 공포된 조약에 대해 국내법률과 같은 효력을 인정한다. 이미 헌법재판소는 양심적 병역거부를 형사처벌하는 병역법 제88조 제1항 등 헌법불합치결정에서 국제인권규범을 적극적인 판단 기준으로 채용하였다.[29] 헌법재판소는 이 사건에서 자유권규약과 일반의견, 국제연합 인권이사회 결의 등을 판단 근거의 하나로 삼았

---

[29] 병역법 제88조 제1항 등 위헌소원사건에서 헌법재판소는 국제인권규범에 비추어 양심적 병역거부를 인정할 것인지를 논하면서, "시민적·정치적 권리에 관한 국제규약 제18조가 사상, 양심 그리고 종교의 자유를 보장하고 있고, 1993년 자유권규약위원회가 사상, 양심, 종교의 자유에 관한 일반의견 제22호에서 시민적·정치적 권리에 관한 국제규약 제18조에서 양심적 병역거부권이 도출될 수 있다고 하였다. 우리나라는 1990년 위 규약에 제18조에 대한 아무런 유보 없이 가입하였다."고 설시하였다. 또한 국제연합 인권위원회, 국제연합 인권이사회의 양심적 병역거부에 대한 반복된 결의, 자유권규약위원회의 대한민국 제3차, 제4차 국가보고서에 대한 최종견해 중 양심적 병역거부자 석방 및 민간적 성격의 대체복무제 입법조치 등 권고, 처벌조항에 따라 유죄확정판결을 받은 대한민국 국민이 제기한 개인통보에 대한 견해도 병역법 제5조 1항 헌법불합치 판단의 근거로 적시하였다. 이 사건에서 헌법재판소는, 양심적 병역거부자에 대한 대체복무제를 규정하지 아니한 병역법 제5조 제1항 병역종류조항은 과잉금지원칙에 위배하여 양심적 병역거부자의 양심의 자유를 침해한다는 이유로 위 조항에 대해 헌법불합치결정을 내렸다. 헌법재판소 2018. 6. 28. 선고 2011헌바379 등 전원재판부 결정(병역법 제88조 제1항 위헌소원 등).

다. 국제규약 및 관련 국제인권기구의 일반의견이나 권고가 국내법규의 해석 운용에 고려되어야 함을 분명히 한 것이다.

그러므로 혐오표현 규제 문제에서도 우리나라가 가입한 자유권규약 및 인종차별철폐협약의 근거가 된 세계인권선언의 취지도 국내법 해석에 반영해야 한다. 이미 헌법 제21조 제4항이 "언론·출판은 타인의 명예나 권리 또는 공중도덕이나 사회윤리를 침해하여서는 아니된다. 언론·출판이 타인의 명예나 권리를 침해한 때에는 피해자는 이에 대한 피해의 보상을 청구할 수 있다."고 하여 타인의 권리를 침해하는 표현 규제를 예정하고 있다.

이처럼 우리나라가 가입 비준한 국제법규와 헌법을 모아보면, 타인의 권리를 침해하는 혐오표현도 규제 대상에 포함하고 그에 대한 구제가 이루어질 수 있도록 법제도를 만들고 적용해야 한다. 자유권규약 제20조가 민족, 인종, 종교를 이유로 한 혐오표현을 법률로 금지하도록 한 것에 기초하고, 자유권규약 제2조 제1항의 포괄적 사유의 차별을 없앨 당사국의 의무를 고려하여, 포괄적인 혐오표현 규제 장치를 마련하고 이것이 효과적으로 작동하도록 해야 한다.

6장

혐오표현, 왜 규제해야 하는가

1. 표현의 자유 보장
근거에 비추어본 논의가 필요하다

앞서 본 것처럼 우리나라는 혐오표현 규제를 요구하는 자유권규약과 인종차별철폐협약을 유보 없이 비준하였다. 이들 조약의 관련 조항을 명시적으로 유보한 미국과는 다른 출발점에 서 있다. 혐오표현도 표현의 자유로 보장해야 한다는 미국 연방대법원의 입장은 미국 스스로 선언한 것처럼 위 국제규약과 충돌한다. 그러니 만일 위 조약의 규제 영역과 관련하여 미국 연방대법원의 이 견해를 곧바로 받아들여 적용한다면, 우리나라로서는 자유권규약과 인종차별철폐협약상 의무에 위반하는 결과가 된다. 혐오표현을 규제하는 국제규약의 취지에 따라 국내법을 제정하고 적용하기 위하여, 표현의 자유와 혐오표현 규제의 관계를 다시 검토해 정리할 필요가 있다.

혐오표현 규제가 필요하다고 보는 사람들은 혐오표현 규제를 위해서는 표현의 자유를 제한할 수밖에 없다고 한다. 그러나 반대론자들은, 결국 그 규제가 혐오표현을 규제하려는 사람들의 표현의 자유를 제한하는 부메랑이 될 것이라고 비판한다. 앤서니 루이스는 2006년 영국 주간지 이코노미스트(*The Economist*)의 "정말 큰 위험은 편벽된 사람들을 저지한다는 명목으로 결국 모든 비판을 저지하게 될지도 모른다는 점이다"는 주장을 거론했다.[1] 이코노미스트는 이 논거에 따라 홀로코스트를 부정하는 발언이나 인종주의적인 의사표현을 범죄로 규정하는 법에 강력히 반대했다.

주로 정부에 비판적인 표현을 보호하기 위해 표현의 자유를 외치던 세력이 혐오표현 규제를 주장하는 상황에서는 혼란이 더 커진다. 자신들이 비판을 할 때는 표현의 자유를 말하다가 비판을 당할 때는 규제를 외치는 것처럼 보이는 것이다. 이중 기준이라는 말을 듣기 십상이다.

헤이먼은 이 문제의 심각성을 받아들인다. 표현의 자유를 둘러싼 논쟁이 때때로 해결 불가능한 것처럼 보인다는 것이다. 그가 내놓는 분석은, 표현이 헌법적 보호를 받아야 할 때와 규제되어야 할 때를 결정할 일관된 틀이 제시되지 않은 것이 문제라는 것이다.[2]

---

1 앤서니 루이스, 위의 책, 231쪽.
2 Steven J. Heyman, *op. cit.*, p. 1.

혐오표현 규제 주장이 이중 기준이라는 자기모순에 빠진 것처럼 보이면 설득력을 갖기 어렵다. 논리적 일관성을 중시하는 사람이라면, 이중 기준을 받아들일 수 없다. 표현의 자유냐, 혐오표현 규제냐, 하나를 선택하면 다른 하나를 모두 잃을 것 같은 상황이라면, 그 상황에서 선택해야 한다면, 미국 연방대법원의 이론이 가장 합리적인 것으로 보일 것이다. 표현의 자유를 잃어야 한다면, 그보다는 혐오표현 규제를 포기하는 것이 더 나은 선택으로 보이기 마련이다. 독재정권 아래서 표현의 자유를 억압당했던 기억이 되살려지면, 누구도 그 강요된 침묵의 시대로 돌아가기를 바라지 않을 것이다. 결국 혐오표현의 희생자들이 사회로부터 배제당하는 것을 방치하는 결론에 이르더라도 말이다. 월드론은 이런 결론에 이르는 것을 "자유주의자의 허세"라고 지적한다.[3] 하지만 논리적 일관성을 포기할 수 없는 사람이라면, 이 결론이 제일 쉽다. 표현의 자유를 한 번이라도 주장했던 사람이라면, 이 결론이 더 합리적이라고 생각할 수 있다.

그러나 앞서 본 것처럼 우리나라는 미국과 달리 인종차별철폐협약 제4조와 자유권규약 제20조를 유보 없이 비준하

---

[3] 제러미 월드론, 위의 책, 14쪽.

여 법적으로 승인하였다. 그러니 표현의 자유를 이유로 혐오표현의 희생자들이 계속 생겨나도록 방치하는 것은 위 각 규약상 당사국의 의무에 위반하는 것이 된다. 우리는 이 결론에 이르지 않을 다른 길을 찾아야 한다.

다른 길을 찾으려면, 표현의 자유 보장과 혐오표현 규제를 이중 기준이 아니라 일관된 논리로 설명하고 실행하겠다는 목표를 세워야 한다. 그러려면 표현의 자유 보장의 근거가 무엇이었는지로 돌아가야 한다. 헤이먼은 표현의 자유가 인간의 자율성과 존엄에 대한 존중에 기반해 있다는 점으로 돌아갈 것을 주장한다. 이렇게 할 때 표현의 자유를 정당화하는 바로 그 논거가 표현의 자유의 한도를 결정할 수 있다는 것이다.[4] 헤이먼의 이 주장은, 표현의 자유와 혐오표현 규제는 하나를 선택하면 다른 하나를 모두 잃는 관계가 아니라, 하나의 일관된 기준에 따라 함께 양립할 수 있는 관계라는 주장으로 이해할 수 있다. 표현의 자유 보장과 혐오표현 규제가 어떻게 일관된 논리로 설명되고 실행될 수 있는지, 헌법 차원에서 정당하고 현실에서 합리적인 논거를 찾는 시도를 시작해보자.

4 Steven J. Heyman, op. cit., p. 2.

표현의 자유는 민주주의 발전의 징표로 여겨져왔다. 각자가 국가권력의 억압, 사회의 관습과 상식의 틀에 얽매이지 않고 자유롭게 생각하고 말할 수 있어야만 개인의 인격이 발현되고 민주주의가 심화된다는 것이다. 표현의 자유의 근거 법리는 미국의 학설과 판례상, '인간의 존엄론', '국민자치론', '사상의 자유시장론'으로 대별된다. '인간의 존엄론'은 개인의 인격 발현을 위해 언론 자유가 보장되어야 한다는 것, '국민자치론'은 국민주권주의를 표방하는 현대 민주주의 국가에서 표현의 자유가 중요하다는 것, '사상의 자유시장론'은 자유로운 언론은 진리를 발견하고 사상의 오류를 확인하는 최선의 길이라는 것이다.[5]

우리 법원도 대체로 위 근거들을 함께 받아들이고 있다. 헌법재판소는 "표현의 자유를 통하여 인간으로서의 존엄과 가치를 유지하고 자유로운 인격발전을 이룩함과 동시에 여론 형성과 공개토론에 기여하여 민주주의 원리를 유지 발전시킬 수 있기 때문"[6]이라고 했다. 대법원은 표현의 자유가 개인

---

5 박용상, 위의 책, 25-41쪽.
6 헌법재판소 1999. 6. 24. 선고 97헌마265 결정(불기소처분취소). 이 결정은 김일성의 죽음을 "애도"한다는 표현을 사용한 바가 없음에도 "김일성애도편지"라는 제목을 계속 사용하여 편지 관련 수사 상황을 수차례 보도한 경우에 신문기자 등에 대한 명예훼손죄

의 양심이나 사상·인격 등을 외부로 표현하는 근본적인 자기실현 달성의 주요한 수단이며 이러한 자유의 보장은 "가치의 다양성을 인정하여 여러 견해의 자유로운 개진과 공개된 토론을 허용하고 이로써 보다 올바른 결론에 도달할 수 있다는 신념에 따른 것"이라고 했다. 또 대법원은 표현의 자유를 "민주주의의 기초가 되는 기본권"으로 평가했다.[7] 그렇다면 이제, 위 세 가지 근거 법리가 추구하는 바, 인간의 존엄 보장, 자치를 통한 민주주의의 진전, 사상의 자유로운 토론과 진리 추구라는 목적의 실현을 위해 혐오표현 규제가 정당하고 필요한 것인지 살펴보자.

2. 인간의 존엄 보장을 위하여

(1) 혐오표현 규제도 '인간의 존엄' 침해일까?

표현의 자유 보장 근거에 대한 종래의 '인간의 존엄론'은 표현의 자유를 보장하는 주요 이유가 개인의 인격 발현이라

무혐의 불기소처분이 부당하지 않다고 판단하였다.

[7] 대법원 2002. 1. 22. 선고 2000다37524, 37531 판결(민주사회를 위한 변호사모임 외 8명 대 주식회사 한국논단 외 2명)

는 개인적 의의에 있다[8]고 보았다. 이 입장은 언론 자유가 개인의 존엄에 내재적인 것으로 그 자체가 목적이라고 본다. 사상과 표현에 대한 억압은 인간의 존엄에 대한 도전이라고 평가한다. 자신의 생각을 드러내어 표현하는 인간의 본질적 특성을 부인한다는 이유에서다. 이 입장은, 사회가 덕, 정의, 평등과 같은 포괄적인 목적을 추구하더라도, 이러한 목적은 표현의 자유를 억압함으로써 기도될 수 없다[9]고 본다.

'인간의 존엄론'에서 말하는 '인간의 존엄'이란 무엇일까. 혐오표현을 할 자유까지 '인간의 존엄'을 위해서 확보되어야 하는 것일까. 인간으로서 권리를 침해하는 것이면 모두 '인간 존엄' 침해일까?

마이호퍼는 단순히 법익이 위태로워지거나 침해되는 것으로는 '인간의 존엄에 반한다'고 할 수 없다고 한다. 타인이 우리를 구타하거나 모욕한다고 해서 곧바로 '인간의 존엄에 반하는' 취급이라고 생각하지는 않는다는 것이다. 오로지 "육체적, 사회적, 경제적 또는 정치적 강자가 약자를 자신의

---

8   박용상, 위의 책, 25쪽.
9   박용상, 위의 책, 35-36쪽.

자의에 복종하도록 취급할 때", 곧 우리가 그런 모욕을 감수하는 것 말고는 다른 선택을 할 수 없는 경우에 비로소 '인간의 존엄에 반한다'고 생각하게 된다고 설명한다. 원칙적으로 나 자신은 나에게 속하고 타인은 원칙적으로 나를 도와줄 것인데, 이와 달리 내가 타인에게 완전히 내맡겨진 존재, 굴복당한 존재, 완전히 강요된 존재, 그리고 버려진 존재에 불과한 한계 상황을 경험하면서 이 신뢰가 철저하게 부정당한다는 것이다.[10]

마이호퍼의 주장에 따르면, 동료로부터 심한 모욕을 당했다고 하여 '인간의 존엄'을 침해당한 것은 아니라는 것이 된다. 고통을 받기는 하였으나 동료와 관계가 강제나 굴복으로 이루어진 관계는 아니기 때문이다. 그렇다면 집권자와 정치적 의견을 달리하는 소수자가 권력에 굴복당하여 자신의 뜻을 표명하는 것을 금지당하고 자신의 뜻에 반하는 충성맹세를 해야 하는 경우는 어떨까. 소수자는 아무도 자신을 도와주지 않는 버려진 존재다. 그는 권력이 강요하는 대로 하는 것 외에 다른 행동을 할 수 없고 기대조차 할 수 없다. 이

10　베르너 마이호퍼 지음, 심재우·윤재왕 옮김, 『법치국가와 인간의 존엄』, 세창출판사, 2019, 27-28쪽.

소수자에 대한 표현의 자유 침해는 명백한 '인간의 존엄' 침해가 된다.

그러나 다수집단이 소수집단에게 가하는 혐오표현을 규제하는 것은 강자가 약자에게 고통을 주는 수단 하나를 실행하지 못하게 하는 것, 소수집단을 굴복시키려는 말을 중단하게 하는 것뿐이지, 다수집단을 소수집단의 자의에 복종하도록 취급하는 것이 아니다. 따라서 마이호퍼의 견해에 따르면, 혐오표현 규제는 '인간의 존엄'에 반하는 것이라고 할 수 없다. 그렇다면 혐오표현을 표현의 자유로 보호할 논리 필연적인 이유가 없다.

(2) 원자적 인간에서 상호 인정하는 인간으로

좀 더 들어가보자. 표현의 자유 보장 근거에 대한 종래의 '인간의 존엄론'은 이미 근대 헌법 형성기부터 활발하게 제기된 견해다. 권력의 전횡과 종교의 틀로부터 해방된 개인의 존재를 확보하는 것이 당시의 과제였다. 이 견해는 국가권력과 개인 간의 관계에서 개인의 권리 보장을 위해서는 매우 유용했다. 이 견해는 압박에서 자유로운 개인을 전제로 한다. 원자적 인간이다.

그러나 현대 헌법이 전제하는 인간은 여기에 머물지 않는다. 권력과 종교로부터 이미 자유를 확보한 인간이 이제 고민해야 할 것은 타인과 관계다. 현대 헌법이 기본권의 주체로 전제한 '인간'은 홀로 타인에 앞서 선차적으로 존재하거나 타인보다 우선하는 가치를 인정받기를 요구하는 원자적 개인이 아니다. 다른 사람을 자신과 같은 인간이자 시민으로서 상호 인정하고 존중함으로써 비로소 인간으로서 존재하게 되는 '상호 인정'의 원리에 따른 인간이다.

헌법재판소는 "우리 헌법 질서가 예정하는 인간상은 '자신이 스스로 선택한 인생관, 사회관을 바탕으로 사회공동체 안에서 각자의 생활을 자신의 책임 아래 스스로 결정하고 형성하는 성숙한 민주시민'인바, 이는 사회와 고립된 주관적 개인이나 공동체의 단순한 구성분자가 아니라, 공동체에 관련되고 공동체에 구속되어 있기는 하지만 그로 인하여 자신의 고유 가치를 훼손당하지 아니하고 개인과 공동체의 상호 연관 속에서 균형을 잡고 있는 인격체라 할 것이다"고 하였다.[11] 이 판시는 독일 연방헌법재판소의 "기본법의 인간상은 고립된 주권적 개인주의의 인간상이 아니다. 기본법은 오히

---

[11] 헌법재판소 2003. 10. 30. 선고 2002헌마518 결정.

려 개인의 고유 가치를 침해하지 않으면서도 개인의 공동체 관련성과 공동체 구속성의 의미에서의 개인과 공동체 간의 긴장 관계를 택하였다."는 판례로부터 영향 받은 것으로 평가되기도 한다.[12] 우리 헌법이 상정하는 기본권 주체로서 인간 역시 원자적 인간에 머물지 않는 상호 인정의 원리에 따른 인간인 것이다.

이에 비하여 표현의 자유 인정 근거에 관한 종래의 '인간의 존엄론'이 전제하는 인간은 근대 헌법이 상정한 원자적 인간이다. 그러나 현대 헌법이 이미 원자적 인간상을 넘어선 이상, 종래의 '인간의 존엄론'도 상호 인정의 원리에 따른 인간상에 맞춰 재검토되어야 한다. 곧, 현대 헌법에서는 표현의 자유 그 자체가 사회 속에서 공존하는 타인과 관계를 떠나 선험적으로 원자적 개인에게 부여된 것이 아니라, 공존하는 인간으로서 존엄을 각자가 보장받게 하기 위하여 인정된 것이라고 보아야 한다. 그러니 헌법이 유지 발전시키려는 공동체 안에서 공존해야 하는 타인의 존엄을 침해한 자는 '인간의 존엄'을 내세워 자신의 가해를 옹호할 수 없다.

---

[12] BVerfGE 4, 15 f.; 65, 44; 45, 187, 227. (한국헌법학회, 『헌법주석서 Ⅰ』, 298쪽에서 재인용.)

그런데 미국 연방대법원은 공존을 파괴한 가해자에 대해서도 표현의 자유를 들어 피해자의 존엄을 침해하는 혐오표현도 규제해서는 안 된다는 입장을 취한다. 공존하는 인간들의 존엄 보장을 등한시한 채 원자적 개인의 표현의 자유 보장 자체에 치중하는 것이다. 근대 헌법의 원자적 인간상을 전제로 발화자의 표현의 자유 그 자체를 목적으로 삼은 종래의 '인간의 존엄론'의 한계다. 현대 헌법이 전제로 한 것은 타인과 공존하는 인격체로서 상호 인정의 원리에 따른 인간임을 받아들인다면, 혐오표현도 규제해서는 안 된다는 미국 연방대법원의 판단은 원자적 인간상에 집착한 결과 인간들의 공존을 증진하는 대신 저해하는 것이어서 수용할 수 없다.

(3) 상호 인정하는 인간의 존엄이
표현의 자유 보장 근거와 한계여야

표현의 자유 보장 근거로서 종래의 '인간의 존엄론'을 현대 헌법의 상호 인정하는 인간상을 전제로 재정립할 수 있을까? 헤이먼의 시도를 그 재정립 노력 가운데 하나로 볼 수 있을 것이다.

헤이먼은 표현의 자유를 보장하는 이유와 한계를 모두

인간의 권리 보장 측면에서 찾고자 한다. 표현의 자유를 정당화하는 이론이 자유의 한계도 정할 수 있어야 한다는 것이다. 헤이먼은 이를 '권리기반이론'이라 부른다. 또, 다른 사람을 자신과 같은 인간이자 시민으로서 상호 인정하고 존중함으로써 비로소 인간으로서 존재하게 되는 '상호 인정'의 원리를 동시에 제시한다. 표현의 자유가 인간의 존엄과 자율성에 대한 존중에 기반해 인정되는 것이고, 인간의 존엄성 존중이라는 원칙으로부터 개인의 안전과 시민권, 평등과 같은 기본권도 생겨나므로, 발화자는 타인의 기본권을 존중할 것이 요구된다는 것이다.

헤이먼은 자신의 견해를 미국 수정헌법 제1조에 대한 '자유주의적 인본주의적 이론'이라 칭한다. 개인의 권리 보호를 강조하므로 자유주의적이고, 이 권리가 인간의 침해할 수 없는 가치에 기반한다고 보므로 인본주의적 이론이라는 설명이다.[13] 헤이먼의 이 이론은 표현의 자유의 보장 근거 가운데 하나였던 종래의 '인간의 존엄론'을 넘어, 현대 헌법의 인간상에 기초하여 표현의 자유의 근본 목적, 헌법이 추구하는 근본 가치에 주목하게 한다. 서로 충돌하는 것처럼 보이는 가

---

13 Steven J. Heyman, *op. cit.*, pp. 2-4.

치와 권리를 일관된 원리에 따라 자리잡게 하고 조율하는 공통된 출발점은 헌법, 그 가운데서도 헌법의 기본 원리일 수밖에 없다. 헤이먼의 이 접근에서는 표현의 자유의 보장 근거이자 한계로 작동할 일관된 원리의 필요를 인식하고 이 원리를 이끌어냈다는 점이 돋보인다.

헌법이 기본권으로 표현의 자유를 인정한 것은 헌법의 근본 가치인 '인간의 존엄'을 보장하기 위한 것임은 누구도 부인할 수 없을 것이다. 현대 헌법에서 '인간'은 원자적 개인이 아니라 '상호 인정'의 원리에 따른 인간이다. 이 인간상을 전제로 하면, 헌법이 보장하는 표현의 자유는 선험적으로 개인에게 주어진 것이 아니라 공존하는 인간으로서 존엄을 각자가 보장받게 하기 위하여 인정된 것이다. 따라서 표현의 자유가 다른 사람의 '공존할 권리'를 침해함으로써 그의 '인간의 존엄'을 침해하는 수단으로 사용되어서는 안 된다. 이것은 헌법이 표현의 자유를 보장한 근본 목적에 어긋난다. 인간의 존엄은 불가침이다.[14] 인간의 존엄은 다른 기본권과 비교 형

---

14 유럽연합 기본권헌장 제1조/유럽 헌법조약 제II. 61조는 "인간의 존엄은 불가침이다. 인간의 존엄은 존중되고 보호된다."고 규정하여 인간의 존엄을 기본권으로서 보장하는데, 이에 대한 유럽헌법제정회의의 주석은 "인간의 존엄은 개별기본권 그 자체일 뿐만 아니라 기본권의 독자적 기초를 형성한다."는 것이다.

량의 대상이 되어서도 안 된다.[15] 헌법의 근본 가치 실현을 떠나 표현의 자유 그 자체가 절대적 지위를 누리며 인간의 존엄을 침해하는 결과는 용인될 수 없다.

유럽연합 기본권헌장 제4조 내지 유럽헌법조약 제64조는 인간의 존엄의 침해에 대한 가장 중요한 적용 사례로서 고문의 금지와 비인간적인 혹은 인격 멸시적 형벌 및 대우의 금지를 들고 있는데, 이와 비견할 수 있을 정도의 중대한 사안이 인간 존엄 침해로 평가될 수 있다. 독일연방헌법재판소는 "잔혹하고, 비인간적이고, 경멸적인 처벌", "경멸, 낙인, 박해, 추방 등"을 존엄 침해의 구체적인 사례로 들었다.[16] 배제와 축

유럽공동체법원(EuGH)은 네덜란드 대 유럽의회 및 유럽정상회의 사건에 대한 결정에서 인간의 존엄에 관한 기본권은 유럽연합법의 부분이라고 판시하였다. 특히 이로부터 이 기본권헌장 속에서 확인된 어떠한 권리도 타인의 존엄을 침해하기 위해서 사용될 수 없고, 인간의 존엄은 이 기본권헌장 속에서 인정된 권리의 본질적 내용에 속한다는 것을 도출할 수 있다. 이러한 까닭에 인간의 존엄은 어떤 권리의 제한의 경우에도 침해될 수 없다고 판시하였다. 박진완, 위의 글, 83쪽.

15 인간의 존엄과 존엄이 부딪힐 때는 형량을 피할 수 없지만, 독일연방헌법재판소가 "모든 기본권의 원천으로서 인간의 존엄은 어떠한 개별적 기본권과도 형량할 수 없다."고 판시(BVerfGE93, 266 (293))한 것과 같이, 다른 기본권적 가치와 사이에서 인간의 존엄은 형량되어서는 안 되고, 오히려 외부의 절대적 한계로서 형량 과정을 지도하고 교정할 가치라는 것이다. 이부하, 「인간의 존엄에 관한 논의와 개별적 문제로의 적용」, 헌법학연구 제15권 제2호, 2009. 5., 378쪽; 물론 인간의 존엄이 다른 권리와 비교 형량의 대상이 될 수 없는 것이라고 하려면, 단순한 불편이나 실망을 넘는 것만이 인간 존엄의 침해로 파악되어야 할 것이다.

16 차수봉, 「인간존엄의 법사상사적 고찰」, 『법학연구』제16권 제2호, 한국법학회, 2016, 16쪽.

출의 의사표현으로서 혐오표현이 바로 이에 해당한다.

따라서 혐오표현 규제는 헌법이 보장하려는 인간 존엄의 침해를 막기 위한 것으로서 표현의 자유의 근본 목적에 부합한다. 인간의 존엄은 표현의 자유의 보장 근거이면서 동시에 혐오 표현과 관련하여 한계를 설정하는 기준이기도 하다.

3. 민주주의 진전을 위하여

표현의 자유 보장의 또 다른 근거로서 '국민자치론'은, 언론의 자유는 민주주의 사회에서 자기 통치를 위한 불가결의 도구라고 한다. 민주주의에서 통치자와 피통치자는 따로 존재하는 것이 아니라 자치하는 국민 자체라는 동일성의 논리가 이 견해의 전제다. 국민주권주의를 바탕으로 하는 민주주의 정체에서 국민의 의사에 의해 정책 결정이 이루어지거나 적절한 선거권이 행사되려면 개인이 자유롭게 의견을 표현할 수 있어야 하고 국가 의사도 여론에 의해 결정되어야 하므로, 표현의 자유가 보장되어야 한다는 것이다.[17]

17 박용상, 위의 책, 37–38쪽.

국가권력과 종교로부터 자유를 확보하는 것이 지상과제였던 근대를 경과한 지금, 동일성의 논리는 흔들림 없이 확립되었다. 이제는 다수에 의한 통치가 과연 정치적 평등과 시민의 기본권을 보장하고 더 나은 사회로 갈 수 있느냐는 점이 주요 논점이 되고 있다. 이에 관해, 현대 민주주의—대의민주주의든 직접민주주의든—가 명사들의 경합, 대중적 유명인사 정치, 앞뒤 잘라낸 꼬투리 잡기 식의 '논쟁', 사적 이익과 야망의 적나라한 추구 등으로 전락해버렸다고 묘사하면서, 숙의 민주주의 도입을 주장하는 견해들이 유력하게 제시되어 왔다.[18] 자유롭고 평등한 시민들의 공적 숙의를 정당한 정치적 의사결정이나 자치의 핵심 요소로 보는 것이다.[19] 그 주창자들은 숙의 민주주의를 통해 계몽된 논쟁, 이성의 공적 사용, 진리의 불편부당한 추구[20] 등을 도모할 수 있다고 본다.

그러나 숙의에 참여하는 시민들이 혐오표현에 둘러싸여 있다면, 그들은 자유롭고 평등하지 못하다. 혐오표현으로 공격당한 사람은 숙의의 장에서 배제되거나 위축되어 침묵하

---

18   데이비드 헬드 지음, 박찬표 옮김, 『민주주의의 모델들』, 후마니타스, 2010, 440쪽.
19   데이비드 헬드, 위의 책, 450쪽.
20   데이비드 헬드, 위의 책, 440쪽.

게 될 수 있다. 숙의 참여자들이 알게 모르게 혐오표현에 지배당하거나 혐오감정의 영향 하에 있다면, 그들의 숙의에서 혐오표현의 특징인 비합리성이 완전히 제거되어 계몽된 논쟁이 이루어질 것이라고 장담할 수 없다. 숙의 결과가 불편부당한 진리일 것이라고 보장할 수도 없다. 혐오표현을 방치하고는 시민의 자치를 질적으로 향상시키려는 숙의 민주주의의 과정 자체가 오염되는 것을 피할 수 없다. 시민 자치의 질적 향상을 위해서는 혐오표현을 규제함으로써 그 숙의 과정의 동등하고 자유로운 참여를 보장해야 한다. 표현의 자유 보장 근거의 하나인 '국민자치론'에 비추어보아도, 현대에는 혐오표현 규제가 민주주의 발전을 위하여 더 유익하다.

한편 아이리스 매리언 영은, 민주주의가 발전하고 있지만 여전히 소수집단에 대한 억압이 남아 있고, 이 억압을 없애고 차이를 인정하며 소수집단 구성원이 정체성을 유지한 채 사회의 여러 결정 과정에 참여할 권리를 보장하는 것이 필요하다고 주장하는데, 혐오표현이 주된 억압의 유형으로 등장하는 것을 아래와 같이 민주주의 발전에 따라 설명한다. 곧, 1960~70년대까지는 서구 사회에서도 여성, 장애인, 유색인종, 난민, 동성애자, 급진적 성향의 조직이나 정당 구성원과 같은 소수집단이나 그 구성원에 대한 위압적인 차별 취급과 물리적 억압이 노골적으로 행해졌다는 것이다. 가해자는 국가 또는 공공단체였고 주요 수단은 차별적 법제도와 공권력이었다. 그러나 민주주의가 진전되면서는 특정 집단이나 구성원에 대한 위압적 차별 취급과 물리적 억압이 더 이상 이전과 같은 형태로 지속될 수는 없게 되었다.

대신 법과 제도로 보장되는 형식적 평등에도 불구하고 다수집단 구성원들이 소수집단과 그 구성원들을 주류 사회에서 배제하고 주변부화하는 것이 대표적인 문제로 떠오른다고 한다. 영은, 현대 사회에서 차별과 억압이 특정 집단에 대한 "노골적인 지배의 형태로 나타나는 경우는 적고, 오히려 피억압자에 대한 특권 집단의 회피, 혐오, 분리가 더 많이 나타난다."고 지적하였다.[21] 그 주요 수단이 혐오표현이다.

영은 1990년대 미국에서 인종차별주의가 회피와 분리의 형태로 주로 나타나는 현상을 다음과 같이 설명한다.

"조엘 코벨은 인종차별주의를 위압적 인종차별주의, 혐오

---

21   아이리스 매리언 영, 위의 책, 310쪽.

적 인종차별주의, 메타 인종차별주의라는 세 가지로 구분했다. 위압적 인종차별주의는 노예화와 다른 형태의 강제노동, 백인에게 특권을 주는 인종 지위 규칙 및 집단학살 등에서 가장 명백하게 드러나는 직접 지배를 수반한다. 이러한 지배는 통상 인종 집단의 구성원들과 빈번한 연관, 종종 매일매일의 밀접한 연관을 수반하는 반면, 혐오적 인종차별주의는 회피와 분리의 인종차별주의이다. 코빌이 메타 인종차별주의라고 부르는 것에 따르면, 인종적 우월성에 대한 가치 지향 및 다짐의 흔적은 거의 모두 제거되었다. 여전히 지속되는 유색인의 비참함의 원인은 백인이 지배하는 경제와 기술의 무한한 작동 과정에서 찾을 수 있을 뿐이다. (중략) 현대 미국에서 인종차별주의는 메타 인종차별주의의 중요성이 점점 더 증가하는 가운데 주로 혐오적 인종차별주의의 형태를 띤다."[22]

특정 집단과 그 구성원에 대한 차별과 적대에 기반해 형성된 사회경제구조는 혐오표현으로 드러나는 차별적 의식을 되풀이해 만들어낸다. 그럼으로써 사회경제적 불평등이 계속 이어지게 한다. 인간에 대한 억압을 제거함으로써 모든 사람

22 아이리스 매리언 영, 위의 책, 308-309쪽.

이 사회에 고르게 참여하며 공존할 수 있게 하자는 민주주의 기본 원칙에 비춰보면, 혐오표현은 소수집단에 대한 차별을 일상으로 만들고 배제와 축출로 그들을 위축시키고 주변화함으로써 불평등한 사회경제구조를 온존시키는 직접적인 수단이다. 영의 주장에 따르면, 소수집단에 대한 억압적인 법제도가 철폐된 지금의 민주주의 발전 단계에서는, 혐오표현 규제가 소수집단에 대한 억압을 철폐하고 민주주의를 발전시키는 데 핵심 과제라는 것이다.

4. 사상의 자유시장을 바로잡기 위하여

(1) 사상의 자유시장론의 의의와 철학적 근거, 연원

표현의 자유 보장 근거에 관한 '사상의 자유시장론'은, 자유로운 언론은 진리를 발견하고 사상의 오류를 확인시키는 최선의 길이므로 언론을 억압할 것이 아니라 촉진함으로써 그러한 기능이 최대한 달성될 수 있다는 것이다.[23] 이 이론은 '명백하고 현존하는 위험'이 없는 표현은 제한할 수 없다는

---

23 박용상, 위의 책, 25쪽.

기준으로 이어져,[24][25] 국가권력이 시민의 비판을 억압하던 시대를 극복할 수 있게 했다.

사상의 자유시장론은 권위주의 시대를 지나 민주주의가 발전해나가는 지금도 유용하다. 안보 위기나 사회경제적 불안 상황이 도래하여 권력에 반대하거나 비판하는 표현이 늘어나더라도 국가권력이 특정 집단을 대상으로 위압적 법제도를 만들거나 공권력을 발동하여 억누르던 과거로 돌아갈 유혹에 빠지지 않고 인간의 존엄과 민주주의 원칙을 지키며 공권력의 자제에서 흔들리지 않도록 하는 쐐기 역할을 하기 때문이다.

사상의 자유시장론의 상세한 논거는 밀의 자유론에서

---

24 박용상, 위의 책, 27쪽.

25 이 점에서, 혐오표현 규제 논거 중 혐오표현 자체가 행동으로 평가되어야 한다는 주장은 수긍하기 어렵다. 원칙적으로 표현은 행동과 구분되므로 행동 이전의 단계에서는 행동으로 평가될 수 없기 때문이다. 혐오표현이 배제나 차별행동 또는 폭력으로 이어질 가능성 때문에 규제해야 한다는 논거 또한 받아들이기 어렵다. 행동으로 이어질 개연성만을 이유로 표현을 규제해서는 안 된다. 행동을 직접적으로 촉발하는 선동을 규제할 때도, 지나치게 완화된 기준이 적용되어서는 안 된다. "다 뒤엎어버려", "해치워"와 같이 추상적인 충동을 일으키는 정도로는 '선동'이라는 이유로 규제할 수 없다. 그 대상과 시간, 방법이 어느 정도 구체화된 실행행위에 나설 의욕을 불러일으키고 있는지, 그 선동에 의하여 실행행위를 결심하는 데 이르게 되었다는 직접적 관련성이 있는지가 확인되어야만 '선동'에 대한 규제가 정당화될 수 있을 것이다.

찾을 수 있다.[26] 밀은 문제되는 의견이 전혀 진리를 담고 있지 않더라도 사회적 논쟁을 불러일으킴으로써 사회구성원들이 진리에 도달하는 데 도움을 준다고 주장했다. 하지만 밀은 '해악의 원리(harm principle)'를 함께 제기하는데, 개인의 행위가 설령 부도덕할지라도 타인에게 해악을 가하지 않는 한 도덕을 강요하기 위해 국가권력이 발동되어서는 아니된다는 것이다.[27] 밀의 주장에 따르더라도, 만일 타인에게 해악이 가해

---

[26] 밀은 표현의 자유의 완전한 보장에 관한 자신의 주장을 다음과 같이 요약했다.
"우리는 지금까지 네 가지 분명한 이유 때문에 다른 의견을 가질 자유와 그것을 표현할 수 있는 자유가 인간의 정신적 복리를 위해 중요하다는 사실을 확인했다. (정신적 복리는 다른 모든 복리의 기초가 된다.) 그 내용을 다시 한 번 간단하게 정리해보자.
첫째, 침묵을 강요당하는 모든 의견은, 그것이 어떤 의견인지 우리가 확실히 알 수는 없다 하더라도, 진리일 가능성이 있다. 이 사실을 부인하면 우리 자신이 절대적으로 옳음을 전제하는 셈이 된다.
둘째, 침묵을 강요당하는 의견이 틀린 것이라 하더라도, 그것이 일정 부분 진리를 담고 있을지도 모른다. 실제로 그런 일이 아주 흔하다. 어떤 문제에 관한 것이든 통설이나 다수의 의견이 전적으로 옳은 경우는 드물거나 아예 없다. 따라서 대립하는 의견들을 서로 부딪히게 하는 것만이 나머지 진리를 찾을 수 있는 유일한 방법이다.
셋째, 통설이 진리일 뿐만 아니라 전적으로 옳은 것이라고 하자. 그렇다 해도 어렵고 진지하게 시험을 받지 않으면 그것을 받아들이는 사람들 대부분은 그 진리의 합리적인 근거를 그다지 이해하지도 느끼지도 못한 채 그저 하나의 편견과 같은 것으로만 간직하게 될 것이다.
뿐만 아니라 네 번째로, 그 주장의 의미 자체가 실종되거나 퇴색하면서 사람들의 성격과 행동에 큰 영향을 미치지 못하게 될 것이다. 선을 위해 아무런 영향도 주지 못하는 하나의 헛된 독단적 구호로 전락하면서, 이성이나 개인적 경험에서 그 어떤 강력하고 진심어린 확신이 자라나는 것을 방해하고 가로막게 되는 것이다."
존 스튜어트 밀 지음, 서병훈 옮김, 『자유론』, 책세상, 2005, 115~116쪽.
[27] 양화식, 「드워킨의 자유주의적 중립성론」, 『법철학연구』 제16권 제1호, 한국법철학회, 2013, 77쪽.

진다면 국가가 더 이상 중립을 이유로 개입을 거절할 수 없다. 특히 혐오표현과 같이 그 해악이 불편함 또는 명예의 저하를 넘어 인간 존엄의 파괴까지 이르는 경우라면 더욱 그러할 것이다.

민주주의와 평등의 원칙에 의거하여 특정 소수집단이나 그 구성원에 대한 위압적인 차별 취급과 물리적 억압을 없애는 데 동의하는 사람들 가운데도, 혐오표현의 문제를 지적하고 이를 없애기 위한 법적 수단을 도입하는 것에는 부정적인 경우가 있다. 사상의 자유시장론이 주요한 논거 가운데 하나다.

하지만 사상의 자유시장론이 등장한 연원은, 절대 권력 또는 부패한 권력을 극복하고 시민의 정치적 자유를 획득하려 한 근대 시민혁명 이후 다시 국가와 종교에 대한 비판을 통제하려는 입법이 만들어졌을 때 이에 대항해서다. 정부에 비판적인 출판을 금지시키는 법이 미국에서 제정된 것은 독립 직후인 1789년, 프랑스와 전쟁에 대비하기 위해서였다. 국가 안보 개념으로 규정된 치안법(Sedition Act)은 "미합중국의 정부 또는 상·하원 또는 대통령에 반하여…… 그들의 명예를 훼손하거나 모욕하거나 신용을 실추시킬 목적으로 집필

된······ 허위, 중상 또는 악의적인 저술"의 출판을 범죄행위로 규정했다.

미국 독립선언의 기초자이자 3대 대통령을 역임한 토머스 제퍼슨은 취임 연설에서 다음과 같이 이 법에 반대할 근거를 제시했는데, 이것이 사상의 자유시장론을 드러내는 상징적인 표현이 되었다.

"우리 중에 연방을 해체하거나 공화국 체제를 바꾸고자 하는 사람들이 있다면 그들을 가장 안전한 기념물처럼 그냥 그 자리에 세워둡시다. 이성이 오류와 자유롭게 싸울 수 있는 조건이 보장되는 이상, 오류로 가득 찬 의견이라도 우리는 관용해야 할 것입니다."[28]

이처럼 사상의 자유시장론의 연원을 살펴보면, 권력에 대한 비판을 허용하자는 주장이 사상의 자유시장론의 본래 취지임이 드러난다. 권력은 늘 남용될 위험이 있어서, 사상의 자유시장이 보장되지 않으면 권력에 반하는 소수의견이 표출되

---

28 미셀린 이샤이 지음, 조효제 옮김, 『세계인권사상사』, 도서출판 길, 2005, 152-153쪽.

거나 토론될 가능성 자체가 크게 줄어들기 때문이다.

하지만 이와 달리, 역사적·구조적으로 차별과 배제의 대상이 되어온 소수집단과 소수자를 향한 혐오표현은 다수집단에 의해 이미 그 사회에 넘쳐난다. 혐오표현은 사상의 자유시장이 없어도 표출되는 데 아무 지장이 없다. 오히려 과잉이 문제다.

혐오표현이 옳은지 그른지를 토론하기 위해 필요한 것은 혐오표현이 표출될 수 있게 하는 사상의 자유시장이 아니다. 오히려 혐오표현을 거절하고 비판하는 표현이 자유로이 개진될 수 있는 공간이 필요할 뿐이다. 다수집단이 표출하는 혐오표현 자체가 혐오표현을 비판하는 견해를 억누르고 퇴출시키기 때문에, 사상의 자유시장이 있다면 그곳에서 보호되어야 할 것은 '혐오표현'이 아니라 '혐오표현을 거절하고 비판하는 표현'이다.

선거에 입후보한 유력 정치인들은 빠짐없이 보수 기독교 단체로부터 "동성애를 지지하느냐"는 질문을 받고, 그 질문을 중단하라고 요구하지 못한 채 "동성애를 지지하지 않는다"는 답을 내놓아야 하는 것이 한국 현실이다. 통합진보당에 대한 종북 공격을 비판할 수 있는 정치인도 드물었지만, 비판에 나서더라도 "통합진보당을 지지하지 않지만"이라는 보호막을 치지 않고 말을 꺼낼 수 있는 정치인은 없었다.[29] 한국 사회에 없는 것은 '혐오표현의 자유'가 아니라 '혐오표현을 비판할 자유'다. 사상의 자유시장론으로 보장해야 할 것은 '혐오표현의 자유'가 아니라 '혐오표현을 거절하고 비판할 자유'다.

이와 같이 사상의 자유시장론의 연원에 비추어 한국 사회 현실을 살펴보면, 사상의 자유시장론을 들어 혐오표현을 보호하자는 주장은 논리적이지도 않고 현실에도 맞지 않다.

---

29 2013년 통합진보당 이석기 의원 등에 대한 국정원의 내란음모조작사건이 터진 직후, 극우단체들의 집회와 인터넷에는 통합진보당과 이석기 의원에 대한 혐오표현이 넘쳐났다. 그러나 종북몰이를 반대하는 진보운동도 "내가 통합진보당 의견에 동의하는 것은 아니지만"이라고 서두에 말하지 않고는 말을 꺼내지 못했다. 인권재단 사람 박래군 소장은 이를 두고 "말 꽤나 한다는 사람들이 한 무리로 찍힐까 봐 자기방어를 위해 '통합진보당을 반대한다, 지지하지 않지만'이란 단서를 달아 말했다."고 표현했다.
정록, 최은아, 「[기획: 반공반북의 시대 1] 국가보안법의 변주곡 '종북'」, 인권운동사랑방, 인권오름 372호
https://www.sarangbang.or.kr/oreum/71469

(2) 사상의 자유시장이라고 하여 인간의 존엄이라는 진리마저 공격받아야 하는가

서로 충돌하는 여러 의견이 자유롭게 표출되고 토론되는 것이 진리를 찾는 데 도움이 된다는 것이 사상의 자유시장론의 내용 가운데 하나다. 이 측면에서 보면, 사상의 자유시장론이 정당화되는 근거는 자유경쟁의 결말이 혼돈과 난투로 끝나는 것이 아니라 이를 통해 진리를 찾을 수 있다는 데 있다. 그런데 그 진리 가운데 가장 중요한 하나는 결국 '인간의 존엄'이 될 수밖에 없다.

'인간의 존엄'은 인류가 보편적으로 합의한 가치다. 세계인권선언은 "인류 가족 모든 구성원의 본래적 존엄과 동등하고 양도할 수 없는 권리를 인정하는 것이 세계의 자유, 정의 및 평화의 기초가 됨을 인정"한다고 시작한다. 제1조는 "모든 인간은 존엄과 권리에 있어서 평등하다."이다. 「시민적·정치적 권리에 관한 국제규약」, 「경제적·사회적 및 문화적 권리에 관한 국제규약」도, "이 규약의 당사국은 국제연합 헌장에 천명된 원칙에 따라 인류 가족 모든 구성원의 본래적 존엄과 동등하고 양도할 수 없는 권리"를 인정하고, "이러한 권리는 인간의 본래적 존엄으로부터 유래함을 인정"한다고 정한다.

많은 나라들이 '인간의 존엄'을 법질서가 존중해야 하는 최고의 가치 질서로 정한다. 독일연방헌법재판소는 독일연방공화국 기본법 제1조 제1항 "인간의 존엄은 침해될 수 없다. 이를 존중하고 보호하는 것은 모든 국가권력의 의무이다."에 의거하여, 인간 존엄을 "객관적으로 존재하는 처분 불가능한 가치"로 판시함으로써 법질서가 존중해야 하는 최고의 가치 질서로 위치지웠다.[30] 위 기본법 규정에 대해 마이호퍼는 "새로운 질서 하에서 이루어지는 모든 삶은…… 인간의 존엄이라는 전제에 부합해야 하며, 모든 법규범의 공포와 해석은 이 최고 원칙에 합치해야 한다."고 하면서, "인간 존엄의 보장은 헌법의 원칙규범이자 법질서 전체의 근본 규범"이라고 평가한다.[31]

　　'인간의 존엄'은 우리 헌법의 최상위 원리이기도 하다. 헌법 제10조는 "모든 국민은 인간으로서의 존엄과 가치를 가지며, 행복을 추구할 권리를 가진다. 국가는 개인이 가지는 불가침의 기본적 인권을 확인하고 이를 보장할 의무를 진다."

30　정영화, 「헌법의 인간의 존엄과 가치 해석론에 관한 비판적 고찰」, 『홍익법학』 제10권 제2호, 홍익대학교 법학연구소, 2009, 97쪽.
31　베르너 마이호퍼, 위의 책, 18쪽.

고 규정한다. 우리 헌법에서도 '인간의 존엄'은 국가 행위의 척도를 설정하고 그 행위를 지도하는 최고 이념이자 지도 원리로 자리하고 있다.[32]

그런데 이렇듯 이미 오랜 기간 역사적 경험과 민주적 토론을 거쳐 합의된 진리인 '인간의 존엄은 어떤 사람에게든 보장되어야 한다'는 명제조차 사상의 자유시장에서 극단적인 도전에 처하게 해야 할까. 인종차별은 안 된다는 것조차 공격의 대상이 되어야 할까. 집단학살은 인종이든 정치적 의견이든 그 어떤 이유로도 다시 있어서는 안 된다는 비극적인 역사적 교훈조차 토론의 대상이 되어야 할까. 밀의 진리를 위한 표현의 자유 보장 이론의 한계로 비판받는 지점이다.[33]

(3) 완전한 사상의 자유시장이 현실에서 존재하는가

사상의 자유시장론의 전제는 누구도 시장에서 배제되거나 참여 자격을 부정당하지 않는다는 것, 누구라도 시장 안

---

32 정영화, 위의 글, 110-111쪽.

33 누스바움은, "밀의 주장은 자유로운 사회에서 증오 발언이나 이와 연관된 정치적 발언을 어떻게 다루어야 하는가와 같은 어려운 문제를 해결하지 못한다."면서, 밀의 주장에 대해 "실제로 진리나 사회 복리를 증진시키지 않는 발언을 옹호할 수 있다."고 비판한다. 마사 누스바움, 『혐오와 수치심』, 585-586쪽.

에 존재하고 활동할 수 있다는 것, 누구든지 자유롭게 경쟁할 권리를 인정받는다는 것이다. 사상의 자유시장론은 동등한 사회구성원들 사이에서 쟁점에 관한 사실이 정확하게 알려지고 공정한 논평이 제기된다면 다수가 이를 선택할 것이라는 믿음에 기반한다. 그러나 자유주의 경제학이 전제로 삼은 '보이지 않는 손'이 작동하는 완전경쟁시장이 현실에서는 존재하지 못하듯, 온전한 형태의 사상의 자유시장도 만들어지지 못하는 것이 현실이다. 사회구성원 각자가 갖는 발언권과 영향력에 차이가 있고, 사회의 다수 여론은 권력과 주도적 언론이 만들어내는 담론 구조에 따라 사실을 인식하고 평가 판단하기 때문이다.

혐오표현은 역사적으로 형성된 혐오감정에서 발현되는 것이어서, 다수집단의 담론 구조를 사회 전체로 확산시키고 깊이 뿌리내리게 한다. 그리하여 온전한 사상의 자유시장이 형성되는 것을 저해한다. 아리스토텔레스는 감정은 믿음을 그 본질적 기반으로 한다고 설명한다.[34] 감정은 지향적 대상,[35] 즉 개인의식의 주목을 받는 대상에 초점을 두고 형성되

---

34   마사 누스바움, 『혐오와 수치심』, 59쪽.
35   마사 누스바움, 『혐오와 수치심』, 56쪽.

는 것으로, 그 대상에 대한 평가적 믿음을 수반한다.[36] 감정
속에는 [나름의][37] 근거가 있고, 사실과 가치가 관련된 잘못
된 믿음이 증오의 기반이 된다.[38] 혐오감정은 사실, 특히 변화
하는 현실을 제대로 인식하고 수용하며 공정한 의견을 형성
하는 것을 방해한다. 혐오표현은 혐오감정을 유포함으로써
사실의 정확한 인식과 공정한 논평의 형성을 저해하고, 다수
집단이 만들어낸 담론 구조를 더욱 확고히 한다. 따라서 혐
오표현을 규제하는 것은 사상의 자유시장이 제대로 만들어
지고 작동하도록 보정하는 것이다.

혐오표현은 그 대상이 된 소수집단이나 그 구성원의 표
현의 힘을 축소시킴으로서 소수집단이 사상의 자유시장에
서 구조적으로 열세를 면치 못하는 결과를 가져온다. 모로오
카 야스코는 2002년 9월 북일정상회담 이후 재일조선인에 대
한 폭언, 폭행이 빈발했을 당시를 예로 들며 [완전한][39] 사상
의 자유시장이 존재할 수 있느냐에 대해 의문을 제기한다.
당시 모로오카 야스코는 변호사회의 일원으로서 피해자들

---

36 마사 누스바움, 『혐오와 수치심』, 67쪽.
37 뜻을 명확히 옮기기 위하여 필자가 보충함.
38 마사 누스바움, 『혐오와 수치심』, 74쪽.
39 필자가 보충함.

을 취재해달라고 각 언론사에 몇 번이나 의뢰했다고 한다. 그러나 "국민 정서상 안 된다", "북한을 편드는 보도라고 우리가 공격당한다"는 말과 함께 대부분 거절당했다는 것이다.[40]

월드론은, 공론장에서 혐오표현에 관한 규제가 필요하다는 점에 대해, "그러한 규제들 없이는 공론장이 약자 집단에게 한층 더 거칠고 위협적이고 비도덕적인 장소가 될 것"이라고 지적한다. "약자 집단은 자신과 자기 동족에 대한 악의적인 캐릭터화와 자신의 지위에 대한 악의 어린 폄하로 점철된 사회 안에서 살아가야"하고, 이들은 "삶을 영위해가는 과정에서 여타 사회구성원에게는 요구되지 않는 가공할 만한 자기 확신을 비축해두고 있어야 한다."는 것이다.[41]

혐오표현 규제는 소수집단도 공론장에서 표현의 영향력을 확보할 수 있도록 사상의 자유시장의 실패를 보완할 방법을 제공하는 것이다.

---

40 모로오카 야스코, 위의 책, 202쪽.
41 제러미 월드론, 위의 책, 193쪽.

(4) 사상의 자유시장을 왜곡하는 주된 행위자의 변화: 국가로부터 다수집단으로

사상의 자유시장론은 국가권력으로부터 시민의 표현의 자유를 확보하기 위해 제기된 이론이다. 밀이 『자유론』에서 주장한 것도 소수자를 배격하는 사회 주류의 생각과 다른 사상을 국가가 형사처벌하는 것에 대한 반대였다.

표현의 자유를 들어 혐오표현 규제를 반대하는 측에서는 자유를 제약할 가능성이 가장 큰 존재는 정부라고 상정한다. 하지만 혐오에 기초한 법제도가 제거된 뒤에 혐오표현이 더 잦아지고 심해지는 경우, 소수자들의 자유를 제약하는 것은 정부가 아닌 경우가 많다. 소수자들을 배제하고 위축시키는 다수집단이 주된 발화자다. 또는 소수자들보다 더 취약한 위치에서 다수집단을 대신하여 소수자들의 차별 시정 노력을 폄하하는 더 약한 사람들이 혐오표현의 발화자가 된다. 국가권력의 압제와 차별이 없더라도 이들로부터 혐오표현이 계속 이어지면, 소수집단은 이상적인 사상의 자유시장의 공론장에 참여하지 못한다.

그렇다면 그 억압은 어떤 역사적·사회적 맥락에서 일어

났는지를 검토하고 이를 극복할 법적 논리를 재구성하는 것이 필요하다. 인간의 존엄을 확보하고 민주주의를 실현시키기 위해 사법부가 해야 할 일이기도 하다. 이러한 노력 없이 혐오표현에 대해 사상의 자유시장론을 들어 방치한다면, 사상의 자유시장론이 소수자 집단을 공론장에서 축출하는 수단으로 쓰이도록 하는 셈이다.

여기까지 혐오표현 규제와 표현의 자유의 관계를 표현의 자유 보장 근거에서 출발하여 살펴보았다. 표현의 자유를 보장한 근본 목적, 그 보장 근거에 비추어보아도, 혐오표현은 규제해야 할 필요가 있다. 혐오표현을 규제해야 인간 존엄의 침해를 막을 수 있고, 국민자치를 통한 민주주의 발전을 촉진할 수 있으며, 사상의 자유시장도 그 보장 취지에 맞게 제대로 작동하도록 보완할 수 있다.

다시 한 번 분명히 해둘 것은, 혐오표현 규제와 표현의 자유는 하나를 선택하면 다른 하나를 모두 잃게 되는 관계에 있지 않다는 것이다. 이 둘은 양립할 수 있다. 양립 가능하도록 표현의 자유의 보장 근거와 한계를 일관되게 만들어가는 기준은 바로 헌법의 근본원리인 '인간의 존엄'이다.

7장

혐오표현이어도 면책되어야 할 때가 있는가

1. 학술적 토론은 면책되어야 하는가

인종차별철폐위원회는 일반의견 35호 25항에서 학술토론, 정치 참여 또는 이와 유사한 활동에서는 증오, 경멸, 폭력, 차별의 선동이 없으면 논쟁적인 생각이라도 표현의 자유의 합법적 행사로 간주되어야 한다고 한다.[1] 인종차별 표현은 유포 자체로 형사처벌해야 한다는 것이 인종차별철폐협약의 원칙인데, 학술토론, 정치 참여 등에서는 기준을 완화하여 선동만을 위법으로 평가하자는 것이다. 정치 참여에서 나오는 표현과 달리 학술토론은 대부분 혐오를 직접 유발시키거나 구체적인 폭력으로 이어지는 혐오선동은 되지 않을 것이기에, 위 일반의견에 따르면 학술토론에 대해서는 대체로 표현의 자유를 보장하는 결과로 이어질 것이다. 여기에서 더 나아가, 학술토론, 정치 참여를 위한 표현은 그 내용이 혐오선동이더라도 면책을 부여할 필요가 있다는 주장도 제기된다.

---

[1] General recommendation No. 35 Combating racist hate speech, 25. The Committee considers that the expression of ideas and opinions made in the context of academic debates, political engagement or similar activity, and without incitement to hatred, contempt, violence or discrimination, should be regarded as legitimate exercises of the right to freedom of expression, even when such ideas are controversial.

결론부터 말하면, 혐오선동은 물론, 혐오의 단순유포에 그칠 때도, 위 일반의견에도 불구하고 학술토론 또는 정치 참여를 위한 표현이라는 이유로 무조건 면책해서는 안 된다. 정치 참여를 위한 표현이라는 이유는 뒤에 살펴보는 것처럼 면책 사유가 될 수 없다. 학술토론이더라도 그 내용이 소수집단에 대한 배제와 축출을 주창 또는 정당화하는 논리를 제공하는 것이거나 그 연구 분야에서 확립된 기준에 어긋나게 혐오표현을 쓴 것이라면 혐오표현으로 규제되어야 한다.

학술토론에 대해 위 판단 기준을 제안하기에 앞서 먼저 분명히 해둘 것은, 학술토론인지 여부를 판단하는 기준은 외형적 기준이나 목적이 아닌 내용 그 자체여야 한다는 점이다. 판단 기준으로 학자에 의해 주장된 것, 학문 연구의 공간에서 이루어진 것, 역사적 논거나 추론의 근거가 제시되어 있는 경우 등 외형적 기준을 떠올려볼 수 있다.[2] 그러나 누구

---

2 국가보안법상 찬양고무죄의 이적지정(利敵之情), 곧 "국가의 존립·안전이나 자유민주적 기본 질서를 위태롭게 한다는 정을 알면서"라는 구성 요건을 입증하는 방식은, 외형적 기준에 따른 규제가 얼마나 비합리적이고 위험한 것이 될 수 있는지를 뚜렷이 보여준다. 학자가 쓴 논문은 이적지정이 없다는 이유로 국가보안법 처벌 대상이 되지 않지만, '이적단체'로 지목된 사회단체가 주최하는 집회에 참여한 경력이 있는 사람이 같은 내용을 다른 형식으로 인터넷에 올리면 찬양고무죄로 처벌될 위험에 처하는 것이 국가보안법 적용의 실태다.

든 인터넷에서 별다른 제한 없이 폭넓은 정보에 접근하고 활용할 수 있게 되면서 학술토론은 일정한 인가를 받은 사람이나 학위를 가진 사람만 할 수 있는 것이 아니게 되었다. 학술토론의 공간과 일반적으로 접근 가능한 공간이 명확하게 분리된 경우도 확연히 줄어들고 있다. 논문 쓰듯 역사적 논거나 추론의 근거를 명시하는 형식을 갖춰야만 학술토론이고 그렇지 않으면 학술토론이 아니라고 선을 그을 수 있는 것도 아니다. 이처럼 외형적 기준을 활용하기 어렵다면 다시 생각해볼 수 있는 기준은 발화자가 학술토론을 '목적'으로 그 표현을 했는지 개별적으로 판단하는 것이다. 그런데 이 접근에서는 표현의 내용으로부터 목적을 추출하는 것을 넘어 발화자의 직업, 경력, 소속 정당이나 단체, 평소의 언행 등을 모두 끌어내 법원의 시각에 따라 재단하게 될 위험이 크다.[3] 그렇다면 무엇을 학술토론으로 볼지 외형이나 목적을 기준으로 하는 것은 합리적이지 못하다.

---

[3] 국가보안법상 찬양고무죄 적용 실무에서, 검사는 피고인이 북을 이롭게 할 목적을 가지고 있었음을 입증하기 위해, 더 정확하게는 학문 연구 목적 등이 없었다고 주장하려고 발화자의 공적 언행뿐만 아니라 사적 방담을 포함한 평소의 언행 등을 모두 끌어내고, 내면의 생각을 표출할 것까지 압박하는 경우가 매우 흔하다. 피고인들은 표현의 맥락을 고려하여 표현의 내용만으로 이적 목적이 있는지를 판단해야한다고 주장하지만, 이 주장이 받아들여지는 경우는 매우 드물다. 목적이 있는지를 판단 기준으로 삼으면 결국 매우 사적인 사항까지 고려 요소에 포함될 위험이 있다.

표현의 내용만을 학술토론인지 여부를 판단할 기준으로 삼는다 하더라도, 그 내용상 학술토론이면 혐오표현이어도 당연히 면책되어야 한다고 할 수 없다. 나치의 폴란드 점령은 카를 하우스호퍼의 지정학에 근거하였다.[4] 유대인 학살은 우생학을 논거로 삼았다. 미국과 스웨덴 등에서 1950년대까지, 일본에서는 1990년대까지 행해진 장애인에 대한 강제 불임시술[5]을 학술적으로 뒷받침하기 위해 우생학과 사회진화론이 동원되었음을 떠올려보라.

헬먼은 2005년 미국 식품의약국(FDA)이 심부전 치료제 비딜(BiDill)에 대해 아프리카계 미국인들만을 대상으로 사용

---

4 나치 지정학의 선두에 섰던 카를 하우스호퍼(Karl Haushofer)는 독일은 과잉 인구를 분산시키고 천연자원을 획득하기 위해 생존 공간이 필요하다는 전제에서 출발하여, 유럽이 독일에 의해, 독일을 위해 정비되어야 하며, 조직적 정비가 가장 부족한 폴란드와 서부 러시아는 지도에서 삭제되어야 하고, 조직화가 불가능한 유대인과 보헤미아인들은 없어져야 할 민족이라고 주장했다. 파스칼 보니파스 지음, 『지정학 ─ 지금 세계에 무슨 일이 벌어지고 있는가?』 최린 옮김, 가디언, 2019, 34~35쪽.

5 일본은 나치 독일의 '단종법(斷種法)'을 좇아 1948년부터 1996년까지 지적장애인, 정신질환자, 유전성 질환자 등을 대상으로 강제로 인공중절수술이나 불임수술을 받게 하는 우생보호법을 시행했다. 이 법 때문에 51,276건의 임신중절수술과 25,000건의 불임수술이 이뤄졌다. 센다이(仙台)지방법원은 2019. 4. 28. 구(舊) 우생보호법에 따라 10대 중반에 불임수술을 받은 60~70대 지적장애 여성 2명이 제기한 손해배상청구 소송에서 문제의 법률 조항은 개인의 존엄성을 짓밟았다며 행복추구권을 규정한 헌법에 반한다고 판결했다. 연합뉴스, 2019. 5. 28., 「日법원, 옛 '장애인 강제 불임수술 정책'에 첫 위헌 결정」.
https://www.yna.co.kr/view/AKR20190528151000073

허가를 내준 것이 아프리카계 미국인들을 비하한 것인지를 검토하는데, 인종 간의 생물학적 차이는 흑인들이 지적 능력이 떨어지고 도덕적으로 덜 통제되며 더 폭력적이고 성적으로 문란하다는 관점을 지지하는 데 사용되어왔다는 점을 먼저 지적한다. 이러한 생물학적 식별은 흑인에 대해 모욕적이기 때문에 FDA는 생물학적 범주로서 인종 분류의 사용을 약화시키고자 노력했어야 한다. 그렇지만 FDA는 아프리카계 미국인들의 식습관, 생활방식 등 환경적 요소들을 조사하여 비딜의 필요성을 제시하는 방식을 취하는 대신, 생물학적 기준인 '인종'을 위 환경적 요소들의 대용물로 삼았을 수 있다는 것이다.[6] 이 설명에 따르면, 인종차별적 기준 외에 다른 기준을 제시할 수 있는데도 이를 배제하였다면, 그 학문 연구는 인종차별적인 것으로 판단될 수 있는 셈이다.

결국 학술토론이라 해도, 그 발화자가 학자이거나 표현 형식이 논문이라거나 발화자가 학술토론의 목적을 가졌다는 등 외형이나 목적을 들어 면책해서는 안 된다. 그 내용이 학문 연구라 해도 무조건 면책시킬 수는 없다. 그 내용이 소수 집단에 대한 배제와 축출을 주창 또는 정당화하는 논리를

---

6 데버러 헬먼, 위의 책, 111–125쪽.

제공하는 것이거나, 그 분야에서 혐오표현을 피하는 연구 원칙이 이미 일반화되었는데도 이를 도외시한 채 혐오표현을 사용한 것이라면, 내용상 학술토론이어도 혐오표현으로 규제해야 한다. 객관성과 공정성의 외피를 쓰고 학문 연구로 포장된 혐오표현의 악영향은 노골적인 혐오표현의 폐해보다 더 심각하게, 더 오래 지속될 수 있기 때문이다.

2. 정치적 토론은 면책되어야 하는가

인종차별철폐위원회의 일반의견 35호 25항은 혐오선동에 이르지 않는 단순유포라면 정치 참여 중에 나온 것은 보호되어야 한다는 취지다.

그러나 '정치 참여'는 특정한 주제에 대해 특정한 공간에서만 이루어지는 것으로 구획지어질 수 있는 것이 아니다. 정치적 토론의 공간은 정치인들만의 것이 아니라 대부분의 사람이 쉽게 참여할 수 있는 인터넷 공간으로 넓어졌고, 사회경제문제뿐만 아니라 과학기술 등 거의 모든 주제들이 정치적 토론의 대상이 되고 있다. 최근 한국 사회에서 심한 혐오표현들은 상당수 정치인들에 의해 정치적 토론의 과정에서 나온다. 그 가운데는 구체적이고 직접적인 행동의 유도로 이어지지 않는 생각의 단순유포가 대부분이다. 이것이 모두 면책되어야 할까?

헤이먼은, 정치적 토론은 자유롭고 동등한 인간으로서 살아가기 위해 필요한 요소이고, 정치적 토론 과정에는 규칙이 있으며, 상호 인정 구조가 정치적 토론을 구성하는 대화의 규칙으로 자리잡아야 한다고 주장한다. 그런데 혐오표현의 목적은 다른 사람을 지배하거나 종속시키려는 것이고, 이런 점에서 혐오표현은 모든 사람이 자유롭고 평등하게 존중받아야 한다는 상호 인정 관계와 조화되지 않는다는 것이다. 그러므로 정치적 토론을 포함한 공적 혐오표현도 정치적 표현의 자유를 위한 수정헌법 제1조의 보호 범위 내에 들지 않는다고 한다.[7]

히틀러의 '유대인 칼 마르크스'에 대한 혐오가 유대인 절멸 정책의 시작점이었던 것을 떠올려보자. 역사적으로 가장 심각한 혐오표현, 혐오폭력 중의 하나가 사상이나 정치적 의

---

7 Steven J. Heyman, op. cit., pp. 177–179.

견을 이유로 한 것이었다. 정치적 의견을 이유로 한 혐오표현은 정치 공간에서 가장 많이 나올 수밖에 없다. 그런데 정치적 토론의 과정이라고 하여 혐오표현에서 제외되어야 한다고 하면, 혐오표현의 상당 부분에 대해 방치하는 결과가 되고 만다. 실제로 정치적 견해 표명과 토론 과정에서 심각한 혐오표현들이 등장하는 것이 현실이고 파급력도 매우 크다.[8]

정치적 의사표현의 형식을 띤 혐오표현의 문제와 관련하여, 캐나다 연방대법원은 사스케츠완 인권재판소가 주(州) 인권법에 따라 공립학교에서 동성애자들에 대한 강력한 반대의 신념을 표현한 유인물의 배포를 중지하고 피해를 배상할 것을 명령한 것이 헌법적으로 정당하고 합리적인지를 심사

---

[8] 모로오카 야스코는, 이민제한론처럼 공익을 목표로 분명하고 진지하게 논의하는 것은 규제해서는 안 된다고 하면서, 이에 비교하여 2013년 2월 24일 오사카 쓰루하시에서 일어난 가두시위를 예로 든다. 이 가두시위는 명목상으로는 '한일 국교 단절'이라는 정치적 과제를 내세웠는데, 실상은 "바퀴벌레 같은 조선인을 일본에서 내쫓자!", "두 다리로 걷지 마라, 조선인 주제에" 등 표현으로 재일조선인을 상처 입히고 배제하는 것을 목적으로 한 시위였다는 것이다. 모로오카 야스코는 이런 시위마저도 정치적인 의견표명이라는 이유로 방치되어서는 안 된다고 주장하면서, 소수자에게 상처를 줄 목적이 아니라 정치적 과제에 관한 진지한 의견표명일 경우에는 규제 대상에서 제외하면 된다고 주장한다. 모로오카 야스코, 위의 책, 198쪽.
그러나 점잖게 배제하거나 축출의 이유를 진지하게 설명하면 면책해야 할까? 진지한 것이어야 한다는 등 표현 방식에 따라 처벌 여부를 달리할 수 있다는 주장은 위 저자가 비판적 입장에서 기술한 영국 인종관계법의 태도와 다르지 않다. 표현 방식에 따라 규제 여부를 달리하는 것은 적절하지 않다.

하였다. 또한 이 사건에서 동성애가 성적 지향의 일부로서 공립학교의 커리큘럼 또는 대학 회의에서 논의될 수 있는 사안인가와 반대 의견의 표명이 사회정책에 대한 의견, 즉 정치적 표현으로서 보장될 수 있는지를 심사하였다.

캐나다 연방대법원은 이 사건에서, 혐오발언은 종종 공개적 공적 담론의 일부로 제기될 수 있지만 혐오 대상자에 대한 배제적인 종류의 발언들이라는 점을 지적하였다. 정치적 표현은 반대 관점의 교환을 장려하여 민주주의에 기여하지만, 적개심이나 증오심의 표현은 표현에 영향을 받는 취약 집단의 구성원에게 담론을 펼치기 어렵게 하거나 불가능하게 하여 대화를 중단하게 하기 때문에 본래 목적과 상반되는 것이라 하였다. 따라서 공적 토론을 종료시키는 효과가 있는 발언은 토론을 촉진하고자 하는 근거에 의해 금지할 수 있다는 것이다.

캐나다 연방대법원은 또한 가장 끔찍한 증오 수사학 중 일부가 "도덕적", "정치적" 또는 "공공정책" 담론으로 특징지어질 수 있었음을 역사가 보여주기 때문에 특정 표현이 정치적 발언에 속한다고 해서 혐오발언의 구성 여부에서 차단되지는 않는다고 하였다. 도덕적 또는 정치적이라 특정지을 수 있는 주제의 반대 의견의 모든 정치적 표현을 금지하는 것이 아니며, 다만 증오심을 불러일으킬 만한 표현의 사용을 금지하는 것이라 하였다. 사람들이 취약 집단의 권리나 특성에 대해 자유롭게 토론하거나 반대 의견을 말할 수는 있지만, 그것이 취약 집단을 증오와 해로운 영향들에 노출시키는 것으로 객관적으로 보여질 때에는 그렇지 않다는 것이다.

한편 캐나다 연방대법원은, 혐오표현의 금지는 종교적 신념에 따라 행동하는 것을 저해하는 일이며 자신의 신념을 널리 퍼뜨릴 수 있는 능력을 실질적으로 방해하는 것이라고 인정하였다. 그러나 주의 모든 거주자들은 공존해야 하기 때문에, 사람이나 집단을 대상으로 한 혐오의 노출에 대한 금지는 표현의 자유, 종교의 자유에 대한 합리적인 제한이며, 자유롭고 민주적인 사회에서 합리적인 제한으로 정당화될 수 있다고 하였다.[9]

즉, 캐나다 연방대법원의 판결은 '공개적 공적 담론'에서 인종, 종교, 민족, 장애, 성별, 나이, 성적 취향 등의 속성 중

---

9 정다영, 위의 글, 142-143쪽.

하나를 기반으로 식별 가능한 '특정한 집단 구성원들'에 대하여 의도되거나 객관적으로 증오심에 노출될 만한 표현의 사용 금지는 민주주의 사회에서 구성원들의 평등한 공존을 위한 합리적 제한이라고 판단한 것이다.[10]

이 판결에 비추면, 정치적 토론 과정에서 나왔다는 이유로 혐오표현을 면책할 이유는 없다.

3. 공적 존재의 정치적 이념에 대한 표현

미국 연방대법원은 공적 존재에 대해 현실적 악의(actual malice) 이론을 채택하여, 공적 존재에 대한 표현을 사실상 규제 대상에서 제외하였다. 미국 헌법의 입안자 가운데 한 사람인 제임스 매디슨(James Madison)이 피력한 "공적 인물들과 조치들을 자유로이 검토할 수 있는 권리"라는 '메디슨 전제'는 공인에 대한 명예훼손 성립을 실제로 배제하는 방향으로 발전했다.[11] 공인 이론의 논리적 근거는, 공인은 여론에 대한 영

---

10 https://scc-csc.lexum.com/scc-csc/scc-csc/en/item/12876/index.do
11 앤서니 루이스, 위의 책, 46쪽.

향력과 반론 능력을 더 크게 가지고 있으므로 공적 관심과 비판을 감수해야 한다는 것이다. 미국 연방대법원은 뉴욕타임스 대 설리반 사건에서, 언론사가 허위라는 것을 알거나 또는 그 진위를 무모하게 무시하고 보도하였음을 피해자가 입증하여야 한다는 현실적 악의론을 채택하였다.

이에 비하여, 우리 대법원은 공인에 대한 명예훼손을 이유로 불법행위 책임을 구하는 소송에서 위법성이 없다는 것에 대한 입증 책임은 명예훼손행위를 한 언론매체에 있다고 하여 현실적 악의 이론을 채택하지 않았으나,[12][13] 다만 당해 표현이 공적인 존재의 정치적 이념에 관한 것인 때에는 상당

---

12 김재형, 『언론과 인격권』, 박영사, 2012, 243쪽.

13 다만 헌법재판소 1999. 6. 24. 선고 97헌마265 결정(불기소처분취소)은 형법상 명예훼손 성립이 문제된 사안에서, "표현의 피해자가 공적 인물인지 아니면 사인인지, 그 표현이 공적인 관심 사안에 관한 것인지 순수한 사적인 영역에 속하는 사안인지의 여부에 따라 헌법적 심사기준에는 차이가 있어야 한다. 객관적으로 국민이 알아야 할 공공성·사회성을 갖춘 사실은 민주제의 토대인 여론형성이나 공개토론에 기여하므로 형사제재로 인하여 이러한 사안의 게재를 주저하게 만들어서는 안 된다. 신속한 보도를 생명으로 하는 신문의 속성상 허위를 진실한 것으로 믿고서 한 명예훼손적 표현에 정당성을 인정할 수 있거나, 중요한 내용이 아닌 사소한 부분에 대한 허위보도는 모두 형사제재의 위협으로부터 자유로워야 한다. 시간과 싸우는 신문보도에 오류를 수반하는 표현은, 사상과 의견에 대한 아무런 제한 없는 자유로운 표현을 보장하는 데 따른 불가피한 결과이고 이러한 표현도 자유토론과 진실확인에 필요한 것이므로 함께 보호되어야 하기 때문이다. 그러나 허위라는 것을 알거나 진실이라고 믿을 수 있는 정당한 이유가 없는데도 진위를 알아보지 않고 게재한 허위보도에 대하여는 면책을 주장할 수 없다."고 판시하였다.

성 인정 기준을 완화하는 접근을 취한다. 다른 사안에 비하여 표현의 자유를 보다 넓게 인정하는 것이다.

곧, 공적 존재의 정치적 이념의 경우에는 공적인 존재가 가진 국가적, 사회적 영향력이 크다는 점을 감안하여 이와 관련한 "의문이나 의혹은 그 개연성이 있는 한 광범위하게 문제제기가 허용되어야 하고 공개 토론을 받아야"하며, 정확한 논증이나 공적인 판단이 내려지기 전이라도 명예 보호를 이유로 표현이 봉쇄되어서는 안 된다는 것이다. 또한 공적 존재의 정치적 이념에 관한 의혹의 제기나 주관적인 평가가 진실에 부합하는지 혹은 진실하다고 믿을 만한 상당한 이유가 있는지를 따질 때에는 일반의 경우와 같이 엄격하게 입증해 낼 것을 요구해서는 안 되고, 그러한 의혹의 제기나 주관적인 평가를 내릴 수도 있는 구체적 정황의 제시로 입증의 부담을 완화해주어야 한다는 것이다.[14]

---

14 대법원은 "당해 표현으로 인한 피해자가 공적인 존재인지 사적인 존재인지, 그 표현이 공적인 관심사안에 관한 것인지 순수한 사적인 영역에 속하는 사안에 관한 것인지, 그 표현이 객관적으로 국민이 알아야 할 공공성, 사회성을 갖춘 사안에 관한 것으로 여론형성이나 공개토론에 기여하는 것인지 아닌지 등을 따져 보아 공적 존재에 대한 공적 관심사안과 사적인 영역에 속하는 사안 간에는 심사 기준에 차이를 두어야 하며, 당해 표현이 사적인 영역에 속하는 사안에 관한 것인 경우에는 언론의 자유보다 명예의 보호라는 인격권이 우선할 수 있으나, 공공적·사회적인 의미를 가진 사안에 관한 것인 경우에는 그 평가를 달리하여야 하고 언론의 자유에 대한

대법원은 위 판결에서, 이처럼 공적 존재의 공적 관심사에 대한 의혹의 제기가 폭넓게 수인되고 공개 검증되어야 할지라도 정황적 근거가 결여된 악의적 모함은 허용될 수 없으며, 구체적 정황에 근거한 표현이라 하더라도 그 사람의 인격권을 훼손하지 않도록 어휘를 선택하여야 하고 "모멸적인 표현으로 모욕을 가하는 일"은 허용될 수 없다는 결론을 내렸다.

그러나 공적 존재의 정치적 견해에 대한 표현이 혐오표현일 때에는 위 견해도 바뀌어야 한다. 먼저, 혐오표현 보호는 공적 토론 활성화 목적 실현을 위한 적절한 수단이 되지 않는다. 혐오표현은 일반적 표현과 달리 공적 존재를 아예 공적 토론의 공간에서 몰아내 논의 자체를 차단하는 측면이

제한이 완화되어야" 한다고 하면서, 공적 인물의 정치적 이념에 관한 표현에 관하여, "정치적 이념의 성질상 그들이 어떠한 이념을 가지고 있는지를 정확히 증명해 낸다는 것은 거의 불가능한 일이므로 이에 대한 의혹의 제기나 주관적인 평가가 진실에 부합하는지 혹은 진실하다고 믿을 만한 상당한 이유가 있는지를 따짐에 있어서는 일반의 경우에 있어서와 같이 엄격하게 입증해 낼 것을 요구해서는 안 되고, 그러한 의혹의 제기나 주관적인 평가를 내릴 수도 있는 구체적 정황의 제시로 입증의 부담을 완화해 주어야 한다. 그리고 그러한 구체적 정황을 입증하는 방법으로는 그들이 해 나온 정치적 주장과 활동 등을 입증함으로써 그들이 가진 정치적 이념을 미루어 판단하도록 할 수 있고, 그들이 해 나온 정치적 주장과 활동을 인정함에 있어서는 공인된 언론의 보도내용이 중요한 자료가 될 수 있다"고 하였다. 대법원 2002. 1. 22. 선고 2000다37524, 37531 판결(민주사회를 위한 변호사모임 외 8명 대 주식회사 한국논단 외 2명)

크기 때문이다.

또 혐오표현은 집단 전체에 대해 행해지는 경우를 제외하면 그 집단에 속한 공적 인물에 집중되는 경우가 많은데, 이는 집단 전체를 공론장에서 몰아내는 효과를 낳는다. 특히 종교나 사상, 정치적 의견과 같이 겉모습으로 바로 드러나지 않는 사유에 대한 혐오표현의 경우, 이미 그 종교나 정치적 의견을 대표하는 것으로 널리 알려진 인물을 지목하여 쏟아지게 마련이다. 이는 해당 인물로 하여금 심각한 정신적 고통과 사회적 배제를 겪게 한다. 그렇지 않아도 영향력 있는 공적 인물을 많이 보유하고 있지 못한 소수집단으로서는 해당 공적 인물이 공론장에서 축출됨으로써 결국 집단 전체가 공론장에 참여할 가능성을 크게 박탈당하게 된다.

더구나 공적 존재의 정치적 견해가 국가의 안보 위협 차원의 문제로 다루어지는 사회에서는, 정치적 반대자에 의하여 혐오표현이 가해지기 시작하고 이에 언론과 대중적 여론 차원에서 혐오표현이 쏟아지면 해당 소수집단으로서는 공론장에 다시 참여할 가능성 자체를 상실하고 괴멸하는 심각한 결과를 맞게 될 수 있다.

미소 냉전체제가 시작된 직후인 1950년 2월, 미국 공화당 연방상원의원 매카시는 국무부의 고위 공직자들이 중국 및 동유럽의 공산화에 책임이 있으며 이와 같은 반역적인 행동을 계속할 가능성이 크다면서, 2차 대전 당시 중국에서 외교관으로 활약한 국무부의 존 서비스와 장제스의 고문이었던 존스홉킨스 대학의 오웬 라티모어를 용공분자로 지목했다. 특히 라티모어를 미국 내에서 암약하는 '소련의 1등 간첩'이라고 강변하였다.[15]

이는 공적 인물의 정치적 견해에 대한 의견 진술이다. 하지만 공적 토론을 활성화하기 위한 것이 아니라, 매카시 자신의 정치적 입지를 강화하고 특정인을 배제 축출하기 위한 것이었다. 당시 미국에서는 소련이나 공산주의와 관련된 공직자나 유명인사가 있는지 전 사회적인 조사가 이어졌고, 그 과정은 증거 제시가 아닌 일방적 매도였다. 그 결과는 공론장에서 토론이 아닌 공적 공간으로부터 축출과 형사처벌로 이어졌다.[16] 그 정점에 매카시 선풍이 있었다.

---

15 박건영, 위의 책, 545-546쪽.
16 1947년 3월, 트루먼 미국 대통령은 '트루먼 독트린' 선포 직후 연방정부에서 공산주의자들을 색출하기 위한 '국가충성도검증' 프로그램을 출범시켰고, 6월 미국 의회는 공화당 주도 아래 노사관계법안(태프트-하틀리 법안)을 통과시켰는데, 이는

매카시 선풍이 끝난 것은 1954년 12월에 이르러서였다. 매카시가 미 육군에 용공분자가 있고 육군이 자신을 협박해 공산주의자 색출을 방해하고 있다는 공격으로까지 나아가면서 공화당으로부터 "상원의 전통과 명예를 추락시켰다"는 역풍을 맞아 상원에서 견책당한 것이 그 결말이었다.[17] 하지만 한국 사회는 일제 식민통치 이후 지금까지 매카시 선풍이 그친 적이 없다고 해야 할 정도다.

한국 사회에서는 공적 인물에 대해 '보수우익'으로 칭하는 표현이 아무리 널리 퍼진다 하더라도 그 인물이 수사 대상이 되는 일은 벌어지지 않는다. 보수우익 사상을 가졌다고 형사처벌하는 법률도 없고 지목된 사람이 누구든 정치 일선에서 활동할 자격이나 사회 주류 구성원들과 공존할 권리를

노동조합의 간부로 하여금 공산당에 가입하지 않을 것을 선서하도록 규정했다. 1938년 설립된 하원 반미행동위원회는 미국이 소련과 협력한 2차 대전 중에는 휴면 상태에 있다가 1947년 활동을 개시해 댈튼 트럼보 등 할리우드 작가, 연출가, 배우 등을 공산주의 선전영화를 만든다는 혐의로 조사하였고, 묵비권을 행사한 '할리우드 10인'은 의회모독죄로 수감되었다. 1949년에는 미국 내 시민단체들 다수에서 자체 숙정이 진행되었고 국가에 대한 충성 서약이 선언되었으며, 한때 공산주의자들이 주도하던 단체에서도 급진세력이 축출당했다. 미국 의회는 1950년 9월, 공산주의 활동을 금지하고 첩보 활동 또는 방해 활동을 한 것으로 추정되는 사람을 긴급 구류할 수 있게 한 맥캐런법을 통과시켰는데, 트루먼 대통령의 거부권 행사에도 불구하고 이 법안은 재가결되었다. 박건영, 위의 책, 538-550쪽.

[17] 박건영, 위의 책, 552-556쪽.

박탈당할 가능성도 없다. 보수우익이라는 표현은 말 그대로 정치적 공간에서 토론의 대상이 될 뿐이다.

반면 '종북좌파'로 칭해지는 정치인에게는 그의 정치적 성향이 종북이라는 공격이 가해지고 이에 동조하는 여론이 만들어지면 국가보안법 고발이 이어지고 국가정보원이나 검찰의 수사가 벌어지는 일이 흔하다.[18] 이명박 정부 시기 한상대 검찰총장이 취임사에서 '종북 척결'을 표명한 것은, 안보 관련 법률 위반으로 형사처벌될 언행을 했다는 사실을 전제로 여기에 '종북'이라는 평가를 내린 것이다.

이처럼 '보수우익'이라는 평가는 정치적 평가로 끝나지만 '종북좌익'이라는 평가는 수사 단서와 형사처벌 사유가 되어온 한국 사회에서는, 양자를 모두 정치적 견해에 대한 의견표명으로서 정치적 공론의 장에서 보장되어야 할 것으로 같게 볼 수 없다. '종북좌익' 표현이 '보수우익'과는 완전히 상반되는 결과로 이어지는 역사적 맥락을 고려해 판단해야 한다.

---

18 조선일보 2014. 12. 23., 「검찰, 해산된 통진당 '주도세력' 30여명 우선 수사 검토」
http://news.chosun.com/site/data/html_dir/2014/12/23/2014122300353.html

특히 2008년~2016년처럼 정권 차원에서 조직적으로 '종북' 혐오표현을 유포하고 '종북 척결'에 나선 시기에 이루어진 표현은 더욱, 공적 인물의 정치적 견해에 대한 주장이라고 하여 혐오표현에서 아예 배제해서는 안 될 정도로 그 피해가 심각했다.

4. 국회의원의 면책특권 인정 여부

헌법 제45조는 "국회의원은 국회에서 직무상 행한 발언과 표결에 관하여 국회 외에서 책임을 지지 아니한다."고 정한다. 이는 국회의원이 권력자의 탄압에 압박받지 않고 국민의 대표로서 정부에 대한 견제와 감시 기능을 원활히 하도록 보장하려는 규정이다. 국회의원이 명예훼손 발언이나 혐오표현을 하고도 이 면책특권으로 보호받는 것은 이 규정의원 취지에 맞지 않다. 현행 헌법상으로도 명백히 허위임을 알면서 발언하여 명예훼손에 해당하는 경우에는 면책되지 않는다는 해석론이 있다.[19]

---

[19] 한국헌법학회, 『헌법주석서 Ⅲ』, 법제처, 2010, 127쪽.

독일연방헌법 제46조 제1항은 "연방의회의원은 연방의회 또는 위원회에서 행한 발언 또는 표결에 의해 어떠한 시기에서도 재판상 또는 직무상의 소추를 받지 아니하며 원외에서 책임지지 아니한다. 다만 비방적 모독(verleumderische Beleidigung)에 대해서는 이 규정은 적용되지 않는다."고 한다. 독일 헌법과 같이 허위사실유포나 명예훼손의 경우 면책되지 않는다는 것을 헌법에 명시해야 한다는 주장도 제기되고 있다.[20]

인종차별철폐협약 제4조 (c)항은 "국가 또는 지방의 공공당국 또는 기관이 인종차별을 촉진시키거나 또는 고무하는 것을 허용하지 않을 것"을 체약국의 의무로 특별히 명시한다. 국회의원은 헌법기관으로서 위 조항의 적용 대상이다. 우리나라는 인종차별철폐협약에 아무런 유보 없이 가입하였다. 국제인권규범과 관련하여 헌법과 국내법률은 국제인권규범의 취지를 존중하고 이에 부합하게 해석 적용되어야 한다. 국회의원이라고 하여 혐오표현의 책임으로부터 면책되어서는 안 된다. 더구나 공직자 가운데도 국회의원의 발언의 사회적 파급력은 더 큰 것이므로, 오히려 규제의 필요가 더 크다.

20 한국헌법학회, 『헌법주석서 Ⅲ』, 130쪽.

권력에 굴복하지 않고 국민을 대표하여 의견을 표명하기 위한 국회의원의 면책특권 자체는 유지되어야 한다. 하지만 면책특권은 권력에 대항하기 위하여 부여된 것이지, 소수자의 공존할 권리를 침해하여 인간의 존엄을 훼손함으로써 소수자 위에 군림하라고 주어진 것이 아니다. 혐오표현에 대해서는 면책특권을 인정하지 말고 법적 책임을 지게 해야 한다. 그 책임의 내용은 일반적으로는 민사상 책임이고, 인종을 이유로 한 혐오표현에 대해서는 형사적 책임까지 포함하는 것이다. 독일 헌법을 참고하여, 헌법 제45조 단서를 신설하여, 혐오표현에 대해서는 면책특권이 인정되지 않도록 하여야 한다.

8장

제노사이드와 인도에 반하는 죄의 역사적
사실 부정: 피해자들의 '공존할 권리' 침해

1. 재발방지 및 역사적 진실 추구 목적으로
표현을 규제하는 것이 가능한가:
독일 연방헌법재판소 결정을 참고하여

제노사이드나 인도에 반하는 죄의 역사적 사실에 대해 가해/피해 관계나 사건의 발생 이유를 뒤바꾸는 것도 혐오표현의 하나로 다루어지고 있다. 서구 여러 나라들에서 이에 대한 형사처벌규정을 두고 있다. 그 입법 취지는 대부분 다시는 그와 같은 범죄가 되풀이되지 않도록 하기 위한 것이라고 설명된다. 프랑스 언론자유에 관한 법 제24조 제5항은 전쟁범죄 및 반인도적 범죄의 옹호를 처벌한다.[1] 독일은 1994년 형법 제130조 제3항에서 "나치 지배 하에서 국제형법전 제6조 제1항에 적시된 방식으로 행해진 범죄를, 공연히 또는 집회에서 공공의 안녕을 해할 정도로, 승인 또는 부정하거나 사소한 것으로 치부하는 자는 5년 이하의 징역 또는 벌금형에 처한다."는 규정을 신설했다. 2차 대전 이후 유대인 학살 사실

---

1 해당 조항은, 1992년 12월 16일 법률(신 형법 및 형사소송법 개정법)로 개정된 동법 제24조 제5항, 전쟁범죄, 반인도적 범죄 및 적에 대한 협조범죄를 옹호하는 자를 5년의 구금과 45,000유로의 벌금에 처하는 규정이다. 헌법재판소 헌법재판연구원, 「전쟁 및 반인도적 범죄의 옹호와 관련하여 손해배상청구인에게 인정된 권리」, 헌법판례동향, 2015. 12. 30.

에 대한 부정이 나치 추종자들에 의해 이어지다가, 독일 통일을 계기로 동구권까지 네오나치가 발호하자, 이 문제를 개인적 법익의 차원을 넘어 사회적 법익의 차원에서 규율해야 한다는 관점에서 위 조항이 입법된 것이라고 한다.[2] 독일 연방헌법재판소는 위 규정을 "1933년에서 1945년 사이 나치의 폭력과 자의의 지배에 대해 호의적인 프로파간다의 방지를 도모하는 규정"으로 이해한다.[3]

최근 우리나라에서도 제주4·3사건 및 광주민중항쟁에 관련한 역사 왜곡 표현을 처벌하자는 법안들이 여럿 발의되었다.[4] 한국에서는 과거의 역사적 사실의 진상을 밝히는 것을

---

[2] 형벌규정은 크게 국가적 법익에 관한 죄, 사회적 법익에 관한 죄, 개인적 법익에 관한 죄로 나뉜다. 국가적 법익에 관한 죄는 내란, 외환, 공무집행방해 등 국가의 안전과 공권력 기능을 훼손하는 행위다. 사회적 법익에 관한 죄는 방화, 문서위조, 공연음란 등 사회질서를 어지럽히는 행위다. 개인적 법익에 관한 죄는 살인, 명예훼손, 절도 등 개인에게 피해를 입히는 것을 말한다.

[3] 헌법재판소 헌법재판연구원, 「나치의 유대인 학살에 관한 대중선동죄 유죄판결에 대한 재판소원」, 헌법판례동향, 2018. 10. 25.

[4] 제주4·3사건에 관련해서는 2018. 8. 21. 박광온의원등 11인이, 2019. 3. 21. 위성곤의원등 23인이 '제주4·3사건 진상규명 및 희생자 명예회복에 관한 특별법 일부개정법률안'을 각각 발의하였다. 내용은 제주4·3사건에 대한 부인·비방·왜곡·날조·허위사실 유포 등의 행위를 가중 처벌하는 것 등이다. 광주민중항쟁에 관련해서는 2019. 2. 13. 이석현의원등 24인이, 같은 달 22. 이철희의원 166인이 5·18민주화운동 등에 관한 특별법 일부개정법률안을 각각 발의하였다. 내용은 5·18민주화운동을 부인·폄하하거나 관련 사실을 날조 또는 허위사실을 유포한 사람을 형사처벌하는 것이다.

흔히 "역사 바로 세우기"라는 역사적 진실 찾기 또는 정통성 확립 차원의 문제로 다루어왔다. 역사적 사실의 부인을 규제하는 것 역시 역사적 진실을 확인하고 유지하는 효과를 가져올 것은 분명하다.

법적 수단은 정당한 입법 목적을 달성하기 위해 가장 적절한 것이어야 할 뿐만 아니라 최소한의 침해에 머물러야 한다. 헌법 제37조 제2항, 비례성의 원칙에 따라서다. 제노사이드 재발방지, 역사적 진실 찾기가 표현의 자유를 제한하는 정당한 입법 목적이 될 수 있을까?

자유권규약은 '타인의 권리 또는 신용의 존중', '국가안보 또는 공공질서 또는 공중보건 또는 도덕의 보호'[5]만이 표현의 자유 제한 입법의 목적이 될 수 있다고 정한다. 우리 헌법 제21조 제4항 1문은 "언론·출판은 타인의 명예나 권리 또는 공중도덕이나 사회윤리를 침해하여서는 아니된다."고 한

---

[5]   자유권규약 제19조 제3항 "이 조 제2항에 규정된 권리의 행사에는 특별한 의무와 책임이 따른다. 따라서 그러한 권리의 행사는 일정한 제한을 받을 수 있다. 다만, 그 제한은 법률에 의하여 규정되고 또한 다음 사항을 위하여 필요한 경우에만 한정된다. (a) 타인의 권리 또는 신용의 존중, (b) 국가안보 또는 공공질서 또는 공중보건 또는 도덕의 보호".

다. 또 제37조 제2항에는 "국민의 모든 자유와 권리는 국가안 전보장·질서유지 또는 공공복리를 위하여 필요한 경우에 한하여 법률로써 제한할 수 있으며"라고 되어 있다. 자유권규약과 우리 헌법상, 표현의 자유 제한의 목적이 될 수 있는 것은 거의 비슷하다. 타인의 권리, 국가안보, 공공질서, 공공복리, 공중도덕, 사회윤리보장이 전부다.

이 가운데 '공중도덕', '사회윤리'란 무엇일까? 헌법주석서는 '공중도덕'이란 공중을 위하여 사회생활에서 지켜야 할 도덕을 말하고, '사회윤리'란 사회 구조나 질서 또는 제도와 관련된 윤리 문제에 대한 도덕적 규범을 총칭하는 말이라고 설명한다.[6] 실제 판례상 '공중도덕' 또는 '사회윤리'의 적용 사례는 성과 관련한 음란표현물에 집중되어 있는데, 이러한 적용이 옳은지에 대해서는 논란이 많다. 따라서 적용 사례를 통해 '공중도덕', '사회윤리'의 내용을 추론하는 것은 좋은 방법이 되기 어렵다. 당초 강제성을 갖지 않는 '도덕'이나 '윤리' 위반을 법적 규제 근거로 삼는 것이 타당한지부터 의문이기도 하다. 또 특정 범죄 재발을 막거나 역사적 진실을 바로 세우자는 것이 도덕이나 윤리 문제는 아니다.

---

6 한국헌법학회, 『헌법주석서Ⅰ』, 법제처, 2010, 703쪽.

재발방지, 역사적 진실 추구는 국가안보나 공공복리 차원의 목적도 아니다. 그렇다면 공공복리 또는 공공질서 차원의 목적일까? 그런데 문제는 행동이 아니라 표현을 규제하고자 한다는 것이다. 표현만으로도 공공질서가 흐트러진다고 보아야 할까? 행동이 없는데도 말만으로 공공복리에 손상이 갈까? 말만으로 사회가 혼란에 빠지고 국가안보가 흔들린다는 주장은 국가보안법에서 이미 많이 본 논리이기는 하다. 그러나 명백하고 현존하는 위험을 만들어내는 것이 아니라면 말만으로 사회질서나 국가안보가 흔들린다는 주장에 쉽게 동조해서는 안 된다. 이것이야말로 표현의 자유가 훼손되는 지름길이었음이 역사의 경험상 분명하기 때문이다.

정리하면, 공공질서, 공공복리, 안전보장과 같은 국가적·사회적 법익 침해를 이유로 표현행위를 규제하거나 형사처벌할 수 있다고 단정해서는 안 된다. '명백 현존 위험의 원칙'에 따라 문제된 표현이 곧 일어날 수 있는 중대한 안보 위기나 사회 혼란을 일으키는 때에만, 행위가 아닌 표현 규제도 정당하다. 그런데 아무리 보아도, 광주학살의 역사적 진실을 부정하는 것이 즉각 안보 위기를 일으키거나 바로 사회 혼란을 불러오지는 않는 듯하다.

국가 차원의 진상 규명과 피해회복이야, 재발방지와 진실 찾기를 목적으로 하여 언제든 제한 없이 가능하다. 그러나 제노사이드나 인도에 반하는 죄의 역사적 사실을 부인하는 표현에 대해 국가가 공권력을 발동하여 표현 내용을 규제하려면, 극악한 범죄의 재발을 막고 더 좋은 사회를 만들겠다거나 제대로 된 역사 서술을 정립하겠다는 목적만으로는 부족하다. 형사처벌까지 하려면 이 문제는 더욱 심각해진다.

행동이 아닌 표현을 규제하고 특히 형사처벌하려면 '타인의 권리 침해'를 이유로 해야 한다. 말만으로 사회질서나 국가안보를 즉시 심각하게 혼란스럽게 하기는 어려워도, 타인의 권리를 침해하는 것은 충분히 가능하다.

제노사이드와 인도에 반하는 죄의 역사적 사실을 부인하는 것은 구체적으로 피해자의 어떤 법익을 침해하는 것일까? 한국 사회에서 진행된 기존 논의에서는 이 점이 분명히 드러나지 않은 듯하다. 독일 형법은 기존에 유사한 사안을 피해자에 대한 명예훼손, 곧 개인적 법익의 침해로 처리하고 있었는데, 제130조 제3항을 신설할 때는 사회적 법익을 침해한 것으로 보았다고 한다. 그러나 표현을 형사처벌하려면,

그 입법 근거로 사회적 법익의 침해를 들기보다는 개인적 법익의 침해가 얼마나 심각한지를 밝혀 그 행위 유형을 자세히 나누고 형량을 높이는 방식으로 대처하는 것이 헌법 위반의 소지가 적다.

독일 연방헌법재판소는 2018년, 위 독일 형법 제130조 제3항 가운데 일부에 근거한 형사 판결에 대해, 피고인의 기본권을 침해했다는 이유로 판결을 파기 환송했다.[7] 문제된 표현은, "독일 땅에서 수용자들을 독가스로 처리했다고 법정에서 위증한 사람들이 왜 기소되지 않는가"는 유튜브 영상이다. 피고인은 제3자가 만든 이 영상을 유튜브에 올렸고, 위 조항의 "[반인도적 범죄를][8] 사소한 것으로 치부"한 행위로 기소되어 벌금형을 받았다. 독일 연방헌법재판소는 위 조항의 '사소한 것으로 치부하는 것'은 공공의 안녕을 해할 정도에 이르지 않는다고 판단했다.[9] 이 판결 가운데 '공공의 안녕'에 관

---

7 독일 연방헌법재판소 2018. 6. 22.자 사건번호 1 BrR 2083/15.

8 필자가 보충함.

9 이 판결에 대해 부연하면, 독일 연방헌법재판소는 문제된 형법 조항 가운데 '사소한 것으로 치부하는 것' 부분에 대해서만 공공의 안녕을 해하는 데까지는 이르지 못한다고 판단했다. "공공의 안녕 보장은 상대방에게 행동의 의지를 부추기거나 억제기제를 누그러뜨리거나 제3자를 직접 위협하는 호소 내지 감정촉발이 일으키는, 의견의 표명이 갖는 외부효과를 대상으로" 하는데, 위 조항 가운데 '부정'과 '승인'은 공공의 안녕에 대한 교란으로 나타난다는 취지다. (헌법재판소 헌법재판연구원, 「나치의 유대인

한 판시 내용이 눈길을 끈다.

"공공의 안녕이라는 개념은 제한적으로 이해해야 한다. 도전적인 주장이나 이념에 맞닥뜨림으로써 겪게 되는 주관적인 혼란으로부터 보호하려는 의도로 공공의 안녕을 해석하는 것은 수긍하기 어렵다. 혼란을 주는 주장의 내용이 설사 실현되면 위험하거나, 심지어 현 질서의 전복을 지향한다 하더라도, 이와 맞닥뜨린다는 것은 자유주의 국가에서 있을 수 있는 일이다. 전체주의 이데올로기나 명백히 잘못된 역사 해석을 통해 법의식이 훼손되지 않도록 국민을 보호한다는 것이 제한의 근거가 되지 않듯이 '사상 풍조의 오염'에 대한 보호 역시 제한의 근거가 되지 않는다. 나치의 해악을 사소한 것으로 치부하는 역사 해석이 불쾌하기는 하지만, 이것만으로 가벌성의 근거가 되지는 못한다."[10]

학살에 관한 대중선동죄 유죄판결에 대한 재판소원」 참조.)
필자는 이 판결의 결론과 판시 사항 중 '공공의 안녕' 개념에 대한 설시 내용에는 동의하지만, 나치의 범죄를 '승인하거나 부정'하는 것은 처벌할 수 있고 '사소한 것으로 치부'하는 것은 처벌할 수 없다는 취지에는 동의하지 않는다. 이렇게 보면 결국 역사 해석을 달리하는 정도나 표현 방법에 따라 처벌 가능성이 달라진다는 셈이 된다. 내용은 비슷한데 그 표현 방법이나 정도에 따라 처벌 가능성이 달라진다면, 일반인으로서는 어떤 표현이 처벌되는 것인지 아닌지 구별하기조차 어려울 것이다. 그렇다면 이 규정은 지나치게 모호한 것이어서 형사법이 요구하는 '명확성의 원칙'에 위배한 것이라고 할 수밖에 없다.

10 헌법재판소 헌법재판연구원, 「나치의 유대인 학살에 관한 대중선동죄 유죄판결에

문제된 형사처벌규정이 사회적 법익을 침해하는 죄, 곧 재발방지나 진실 추구, 역사 바로 세우기 등을 위해 만들어진 것이라면, "이미 인정된 역사 서술이나 희생자를 적절하게 평가하지 않는다고 해서 바로 의사표현의 자유의 한계를 넘은 것은 아니다."는 판시에 동의하지 않을 수 없다. 과도한 형사처벌규정인 것이다.

　　표현의 자유의 제한 사유로서 무엇이 가능한지 원점으로 돌아가보자. 표현에 대한 규제를 만드는 데서는 공공의 이익 훼손이라는 측면보다 구체적인 피해자의 권리 침해가 있는지에 주목해야 한다. 피해자의 어떤 권리를 침해하는 것인지를 명확히 정리해야 국가권력을 동원하여 표현의 내용을 규제할 필요가 분명해진다. 특히 형사처벌까지 나아가려면 그 침해의 정도가 중대한 것이어야 하는 것인 만큼, 침해당한 피해자의 권리가 헌법이 정한 기본권과 체계 가운데서 얼마나 중요한 위치에 있는 것인지가 밝혀져야 한다. 이 표현에 대한 규제 제도를 만들려면, 재발방지나 진실 찾기라는 사회적 법익 보호에 치중하기보다, 제노사이드와 인도에 반하는 죄의 역사적 사실을 부인하는 표현이 피해자들의 헌법상 '인

　　대한 재판소원」.

간의 존엄'으로부터 나오는 '공존할 권리'를 침해한다는 점에 주목하여 제도를 설계해야 한다.

2. 피해자의 '공존할 권리' 침해

제노사이드(Genocide)와 인도에 반하는 죄(crime against humanity)는 2002년 발효된 국제형사재판소 규정[11]상 전쟁범죄, 침략범죄와 함께 처벌 대상으로 정해진 것이다. 국제법적으로 제노사이드와 인도에 반하는 죄를 형사처벌 대상으로 삼은 것은 이것이 인류 역사상 다시 되풀이되어서는 안 되는 정도의 비참하고 비인간적인 것이기 때문이다.

제노사이드란 "국민적·민족적·인종적 또는 종교적 집단의 전부 또는 일부를 파괴할 의도 하에서 그 집단 구성원을 살해하거나 중대한 신체적 또는 정신적 위해를 야기하는 등 기타 유사한 행위를 하는 것"을 의미한다.[12/13] 제노사이드는

---

[11] Statute of the International Criminal Court. 이하 '로마규정'이라고 한다.

[12] 정인섭, 『신국제법강의』, 박영사, 2018, 978쪽.

[13] 로마규정 제6조 집단살해죄 규정에 따르면, 제노사이드의 구체적 행위는 다음과 같이 분류될 수 있다.

원래 인도에 반하는 죄의 한 유형으로 인식되었지만, 오늘날은 독립적으로 가장 심각한 "범죄 중의 범죄"로 이해되고 있다.[14]

인도에 반하는 죄는 "민간인 주민에 대한 광범위하거나 체계적인 공격의 일부로서 살해, 절멸, 노예화, 주민 추방, 고문 등 다양한 행동을 통해 그들의 신체 또는 정신적·육체적 건강에 대해 중대한 고통이나 심각한 피해를 고의적으로 야기시키는 각종 비인도적 행위"를 가리킨다.[15] 국제법상 인도에 반하는 죄는 '국가나 조직의 정책'에 따라 민간인 집단에 대한 광범위하거나 체계적인 공격의 일부로 진행될 것이 요구되므로, 단순히 개인적 동기에 따라 여러 명을 죽이거나, 강간하거나, 고문했다고 하여 모두 이에 해당하지는 않는다.

가. 집단 구성원의 살해
나. 집단 구성원에 대한 중대한 신체적 또는 정신적 위해의 야기
다. 전부 또는 부분적인 육체적 파괴를 초래할 목적으로 계산된 생활조건을 집단에게 고의적으로 부과
라. 집단 내의 출생을 방지하기 위하여 의도된 조치의 부과
마. 집단의 아동을 타집단으로 강제 이주.

[14] 정인섭은, 제노사이드는 특정 개인을 대상으로 하는 범죄가 아니라고 설명한다. 또 현재의 제노사이드의 정의에 따르면 특정 정치집단은 보호 대상에 포함되지 않으며, 문화적 말살, 예를 들어 특정 집단의 언어나 문화의 파괴 같은 행위는 제노사이드에 해당하지 않는다고 한다. 정인섭, 위의 책, 973-974쪽.

[15] 정인섭, 위의 책, 973쪽.

그러나 국가나 조직의 정책에 따라 수행된 행위라면 단 1명을 살해하거나 강간한 행위도 국제법상 인도에 반하는 범죄가 될 수 있다. 인도에 반하는 죄의 특징은 집단성과 조직성에 있다.[16/17]

제노사이드 및 인도에 반하는 죄는 국가의 권력남용 또는 다수집단의 위력에 의해 소수집단 또는 그 구성원들을 인간 이하의 존재로 치부하고 절멸 배제시키려 한 것이다. 이 범죄는 정책적으로 집단의 말살을 시도하거나 조직적으로 민

---

16 정인섭, 위의 책, 980쪽.
17 로마규정 제7조 제1항에 따르면 인도에 반한 죄의 행위 유형은 다음과 같이 분류될 수 있다.
　　가. 살해
　　나. 절멸
　　다. 노예화
　　라. 주민의 추방 또는 강제이주
　　마. 국제법의 근본원칙을 위반한 구금 또는 신체적 자유의 다른 심각한 박탈
　　바. 고문
　　사. 강간, 성적 노예화, 강제성매매, 강제임신, 강제불임, 또는 이에 상당하는 기타 중대한 성폭력
　　아. 이 항에 규정된 어떠한 행위나 재판소 관할 범죄와 관련하여, 정치적·인종적 ·국민적·문화적 및 종교적 사유, 제3항에 정의된 성별 또는 국제법상 허용되지 않는 것으로 보편적으로 인정되는 다른 사유에 근거하여 어떠한 동일시될 수 있는 집단이나 집합체에 대한 박해
　　자. 사람들의 강제실종
　　차. 인종차별범죄
　　카. 신체 또는 정신적·육체적 건강에 대하여 중대한 고통이나 심각한 피해를 고의적으로 야기하는 유사한 성격의 다른 비인도적 범죄.

간인 집단을 공격할 만한 권력을 가진 국가나 강력한 조직에 의해 범해진다. 따라서 피해자들은 그 피해가 지극히 크고 여러 명의 피해자들이 발생하는데도 사건 발생 당시에는 그 피해 사실을 타인에게 말하기조차 어려운 상황에 놓이는 경우가 많다. 그 가해자가 국가권력 또는 그에 버금가는 무력과 강제력을 동원할 만한 정도의 강력한 조직이기 때문이다. 제노사이드나 인도에 반한 죄를 저지른 집권자나 강력한 조직들은 자신들의 범죄행위를 은폐하고 이를 합리화하기 위하여 책임을 피해자들에게 돌리는 조치를 통해 역사적 진실을 왜곡한다.[18] 그 과정에서 피해자들은 오랜 시간 동안 국가 차원에서 공적 영역에서 배제당하고 주변부로 내몰려 침묵을 강요당해야 한다.[19]

---

18 1980년 5월 광주항쟁에서 시민들이 목격한 진실은 유언비어로 낙인찍혔고, 정부 및 계엄군에 의해 정리된 '광주사태'의 과정만이 국가적 사실로 유포되었다. 당시 정부는 언론을 통해 "지난 18일에 발생한 광주지역 난동"을 "지역감정을 자극하는 각종 유언비어가 유포되어 이에 격분한 시민들이 시위대열에 가세"하고, "타지역 불순인물 및 고첩들이 사태를 극한적인 상태로 유도"한 사건인 "광주사태"로 명명하였고, 같은 해 6월에는 '김대중 내란음모 사건'으로 공표했다. 최정기, 유경남, 『민주장정 100년, 광주·전남지역 사회운동 연구 — 5·18 민중항쟁』, 광주광역시, 전라남도, 2015, 119쪽.

19 대구에서 의사로 병원을 운영하던 이원식 씨는 1950년 8월께 집에서 저녁을 먹다 경찰에 붙잡혀가 행방불명된 아내가 '보도연맹원 학살'에 희생된 사실을 알게 되자 1960년 대구·경북피학살자유족회를 조직해 유골 발굴 등에 나섰다. 그러나 5·16 쿠데타 이후 이 씨는 북한을 이롭게 하는 행위를 했다는 이유로 구속 기소돼 1962년 혁명재판소에서 사형을 선고받았다. 학살의 진상 규명을 요구한 것을 '북한에 동조했다'며 처벌받은 피학살자 유족모임 간부 3명은 50년만인 2011. 3.에야 재심을

    이러한 일련의 경과 때문에, 이 문제는 시간이 흐르면 잊히고 그 피해도 무시당하기 쉽다. 이 범죄의 피해자들은 대부분 피해 당시 소수집단으로서 피해 사실을 말하는 것 자체를 금지당한 채 배제 축출되어 상당 시간을 견디다가, 각고의 노력을 기울인 뒤에야 비로소 자신들이 겪은 피해가 부당한 것이라고 말할 수 있게 된다.

    이 범죄에 대해서는 역사적 진실 규명조차도 국가적 차원의 노력과 절차를 통해서만 온전히 이루어질 수 있다. 국가나 강력한 조직이 가해자이기 때문이다. 피해자들은 국가공동체를 통해 진실을 규명하고자 하며, 가해자가 누구인지 그 역사적 책임을 물어 재발하지 않게 할 뿐만 아니라, 다시 그와 같은 소수자의 위치로 내몰리지 않기를 바란다. 공동체 차원의 조사란, 인권이 이미 심각하게 침해당한 사람들에게 국가와 사회가 공식적 조사를 통해 피해자임을 인정하고 그 회복을 도울 국가적 책임을 부담하는 것을 말한다.

통해 무죄 확정되었다.
한겨레, 2011. 3. 25., 「민간인 집단학살 유족모임 50년만에 재심 '무죄 확정'」.
http://www.hani.co.kr/arti/PRINT/469841.html

국가 차원에서 역사적 진실을 확인하는 일을 적극 추진하지 않는 한, 민간 차원이나 피해자들의 노력만으로는 진실 규명과 사과와 배상 조치 등이 충분히 이루어지기 어려운 것이 이 범죄의 특징이다. 광주항쟁 당시 민간인에 대한 발포 명령을 누가 내렸는지 그 책임자가 아직도 국가 차원에서 명확히 밝혀지지 못한 것을 보라.[20]

그런데 어렵게 진실 규명을 이룬 뒤 다시 가해자가 피해 발생 또는 인과관계를 부인하며 그 피해 주장이 사건 관련자인 자신이 목격하거나 확인한 사실과 다른 것이라거나 피해자들에게 책임이 있다고 주장하면, 이는 피해자들에게는 진실 규명을 위한 오랜 노력이 무위로 돌아가고 국가 차원에서 확인한 역사적 진실이 뒤바뀌어 자신이 억압당했던 역사가 다시 정당한 것처럼 여겨질 수 있다는 신호로 받아들여진다. 피해자들로서는, 진실을 부정하고 책임을 회피하며 침묵을 강요하는 국가나 강력한 단체 등에 분노하면서도 그 강제력

---

20 1988년 이후 국회청문회와 검찰 수사 등을 통해 광주학살 진상 규명이 시작되었지만, 진실 규명의 핵심이라고 할 수 있는 군부대의 이동과 작전일지 및 진압에 참여 혹은 동원된 계엄군에 관한 자료, 당시 정부와 보안부대 등의 자료들은 공개되지 않았다. 1980년 5월 21일 전남도청 앞 발포 명령, 지휘권 이원화, 외곽 봉쇄 과정에서의 민간인 살상, 실종자 등의 문제 등이 미해결로 남았다. 최정기 외, 위의 책, 120–122쪽.

에 굴종해야 했던 상황이 다시 올 수 있다는 불안에 노출된다. 피해자들은 또한, 폭도나 불순분자로 몰린 채 진실을 말하지 못하고 침묵해야 했던 무력한 시간이 반복될지 모른다는 불안에 맞닥뜨리게 된다. 이미 겪은 것과 비슷한 피해가 다시 되풀이될 수도 있다는 불안도 완전히 제거되지 못한다. 겨우 진실 규명을 통해 소수집단에서 벗어났는데 다시 배제당해 소수집단으로 전락할지 모른다는 두려움, 이것이 피해자들에게 가해지는 직접적인 피해다.

결국, 제노사이드나 인도에 반하는 범죄를 겪고서도 국가적 차원에서 진실이 밝혀질 때까지 오랜 기간 사회적으로 그 피해 자체를 부정당하고 침묵해야 했던 이중 피해의 역사적 경험 때문에, 제노사이드나 인도에 반하는 죄의 역사적 사실을 부인하는 것은 피해자들에게는 다시 소수집단으로 전락할지 모른다는 두려움이라는 피해를 입힌다. 피해자들의 '공존할 권리'가 침해되는 것이다. 그렇다면 제노사이드와 인도에 반하는 죄의 역사적 사실을 부인하는 표현을 규제해야 할 이유도 혐오표현의 경우와 다르지 않다.

3. 형사처벌 입법

규제의 방법으로는 형사처벌과 민사상 구제 모두를 고려할 수 있다. 민사상 구제는 일반 혐오표현과 같이 법리를 보완하면 될 것이다. 제9장의 논의를 참고하기 바란다.

주로 문제되는 것은 형사처벌 입법이다. 인터넷 공간에서 다수의 사람들이 각양각색의 표현을 내놓는 현실에서, 제노사이드나 인도에 반하는 죄의 역사적 사실을 부인하는 표현을 내놓는 사람들을 모두 형사처벌하는 것은 사실상 불가능하다. 국가공권력을 발동해야 하는 형사처벌은 실제로는 선별적으로 이루어질 수밖에 없다. 그런데 수많은 발화자들을 모두 형사처벌 대상으로 하는 규정은 이런 현실과 너무 심하게 동떨어져서 바람직하지 못하다.

이 글에서는 혐오표현에 대한 형사처벌 입법안의 하나로, 제9장에서 설명하는 것처럼, 국제규범상 입법의무가 있는 인종을 이유로 한 혐오표현에 대해 위로부터 혐오 조장을 막기 위해 공직자, 정당의 등록된 간부, 등록된 언론사 임직원에 대해서는 단순유포도 처벌 대상으로 삼자고 제안한다.

제노사이드나 인도에 반하는 죄의 역사적 사실을 부인하는 표현에 대해서도 이와 비슷한 접근법을 취하면 어떨까. 첫째, 이 표현이 위로부터 조장되는 것을 막기 위해, 공직자, 정당의 등록된 간부, 등록된 언론사 임직원이 이 표현을 하는 것을 처벌한다. 둘째, 가해자인데도 다시 피해자들을 폭도 등으로 몰아 소수집단으로 전락시켜 공존할 권리를 침해하려는 적반하장식 표현을 내놓는 것을 막기 위해, 인도에 반하는 범죄를 저지른 것으로 처벌받았거나 직접 실행, 예비, 교사, 방조행위로 개입하였음이 공적으로 확인되었거나 확인될 수 있는 사람이 이 표현을 하는 것을 처벌한다. 해당 사건의 역사적 진실 규명과 관련하여 영향력 있는 발언권을 가진 사람과, 진실을 알고 있음에도 거짓을 말하는 가해자의 망언에 형사처벌을 집중하는 방안이다.

광주학살의 총책임자로 내란음모살인죄로 처벌받았던 전두환은 『전두환 회고록』에서, 학살 책임자가 학살을 부인하고 가해자가 자신이 피해자라고 주장하는, 전형적인 적반하장식 주장을 폈다.[21] 그러자 극우정치세력도 역사적 진실

21　전두환은 2017. 4. 펴낸 자서전 『전두환 회고록』에서, 자신이 "광주사태 치유를 위한 씻김굿의 제물"이라고 주장했다. 또 "5·18은 '폭동'이란 말 이외에는 달리 표현할

을 부인하는 표현을 버젓이 내놓았다. 자유한국당 김순례 국회의원은 "5·18 진실을 규명하고 북한군이 개입했다는 역사적 진실을 파헤치기 위한 노력이 있었지만, 보수우파의 가치를 지키는 의원들이 많이 노력하지 않고 게을렀다", "5·18 유공자들은 '세금을 축내는 괴물'"이라고 주장했다.[22]

위 방안에 따르면, 광주학살에 북한군이 개입했다며 역사적 진실을 부인한 김순례 국회의원의 망언은 '위로부터 역사적 사실 부인 표현'으로, 광주학살의 주범인 전두환의 진실 왜곡 발언은 '가해자의 역사적 사실 부인 표현'으로 모두 처벌할 수 있다. 그 형량은 당연히 발화자의 지위와 영향력,

말이 없다"고 했다. 나아가 계엄군 발포 명령은 존재하지 않았다거나, 국군의 의도적, 무차별적 민간인 살상이 없었다거나, 광주교도소 습격은 북한의 간첩이 개입한 것이라고 주장해, 인도에 반하는 범죄인 광주학살의 역사적 사실을 왜곡했다. 한겨레, 2017. 5. 7., 「전두환 회고록에 담긴 5·18에 관한 5가지 거짓말」. http://www.hani.co.kr/arti/society/society_general/795073.html

22 자유한국당 김순례 국회의원은 2019. 2. 8., 같은 당 김진태·이종명 의원이 5·18 민주화운동에 대한 북한군 개입에 대한 진상 규명이 필요하다는 취지로 공동 주최한 '5·18 진상규명 대국민공청회—북한군 개입 여부를 중심으로' 토론회에서, "5·18 진실을 규명하고 북한군이 개입했다는 역사적 진실을 파헤치기 위한 노력이 있었지만, 보수우파의 가치를 지키는 의원들이 많이 노력하지 않고 게을렀다", "우리가 반드시 반드시 5·18의 진상 규명을 해야 한다", "5·18 유공자들은 '세금을 축내는 괴물'", "국민의 피땀 어린 혈세를 이용해 '그들만의 잔치'를 벌이는 유공자를 색출해야 한다"고 발언했다. 세계일보, 2019. 2. 9., 「세월호 유족 '시체장사' 망언한 김순례 5·18유공자는 '세금 축내는 괴물집단'」.

그 발언이 퍼져나간 정도, 피해자들의 권리 침해의 정도를 반영하여 정해져야 할 것이다.

9장

혐오표현에 대한 형사처벌과
민사소송, 자율규제와 구제조치

1. 형사처벌: 좁게, 명확하게

(1) 인종을 이유로 한
혐오선동에 대한 형사처벌규정 입법

혐오표현에 대해서도 형사처벌이 필요하다. 혐오표현의 사유는 사회마다 다를 수 있고 이는 모두 규제 대상이 되어야 한다.[1] 하지만 모든 혐오표현을 형사처벌해야만 규제 효과를 거둘 수 있는 것은 아니다.[2] 혐오표현은 그 내용이 아무리 심한 것이라도 역시 말과 표시이지, 강제력이 행사되는 경

---

[1] 장애를 이유로 한 혐오표현 가운데 일부는, 현행 '장애인차별금지 및 권리구제 등에 관한 법률' 제49조, 제4조에 따라 금지되는 차별로서 형사처벌될 수 있다. 표현을 수단으로 하여 장애인을 배제하는 것, 이를 조장하는 광고를 하는 것 등이다. 다만 고의성, 지속성 및 반복성, 보복성, 피해의 내용 및 규모를 고려하여 악의적으로 이루어진 것일 때만 형사처벌 대상이 되므로, 인정 범위는 좁을 수밖에 없을 것이다.

[2] 2018. 2. 13. 김부겸의원등 20인이 발의하였다가 같은 달 28. 철회한 혐오표현규제법안은, 성적 지향을 이유로 한 것을 제외하고 거의 모든 혐오선동을 형사처벌 대상으로 하고 있었다. 곧, '합리적인 이유 없이 행해지는 성별, 장애, 병력, 나이, 언어, 출신국가, 출신민족, 인종, 피부색, 출신지역, 용모 등 신체조건, 혼인 여부, 임신 또는 출산, 가족형태 또는 가족상황, 종교, 사상 또는 정치적 의견, 전과(前科), 학력(學歷), 고용형태, 사회적 신분 등의 특성에 따라 규정된 집단 또는 개인에 대한 행위'로서 '1. 개인 또는 집단이 가지고 있는 특성을 차별하거나 분리·구별·제한·배제하는 내용을 공개적으로 드러냄으로써 해당 개인 또는 집단에 대한 차별, 폭력 또는 증오를 선동·고취하는 행위', '2. 개인 또는 집단이 가지고 있는 특성을 이유로 해당 개인 또는 집단을 공개적으로 멸시·모욕·위협하는 행위'가 형사처벌 대상이었다.; 2017. 8. 2. 박광온의원등 10인이 발의한 형법 일부개정법률안은 인종, 지역, 성별을 이유로 차별할 목적으로 사람의 명예를 훼손하거나 모욕하는 경우 단순 명예훼손죄 및 모욕죄와 달리 가중하여 처벌하도록 하려는 것인데, 2019. 10. 31. 현재까지 심의가 진행되지 않은 상태로 계류되어 있다.

우가 아니다. 행동이 아닌 말에 대한 형사처벌은 최대한 좁게 인정하는 것이 원칙이어야 한다. 형사 책임을 묻는 범위는 줄이고 민사적 책임을 묻는 것을 주요 구제 수단으로 하는 것이 낫다. 형사처벌은 그 위법성에 대해 논란이 없이 일률적으로 판단 가능하며 국제적 기준이 마련된 것에 한하여 최소화하는 것이 형벌의 최후성, 보충성 원칙이라는 형사정책 차원에서 더 바람직하다. 그러므로 혐오표현으로 처벌하는 것은, 국제적으로 문제가 심각하다고 인정되어 형사처벌규정 입법의무가 지워진 사유에 한정하기를 제안한다.

이 원칙에 따라 구체적으로 보면, 먼저 혐오표현 가운데 국제규약상 형사처벌하도록 되어 있는 것에 대해서는 체약국은 이행입법을 하여야 한다. 우리나라가 유보 없이 가입 비준한 인종차별철폐협약상 형사처벌규정 입법의무가 있는 인종을 이유로 한 혐오표현이 그것이다. 그 내용이 사실인지 허위인지 또는 단순한 의견표명인지 가리지 않고 처벌 대상으로 해야 한다.

인종을 이유로 한 혐오표현 가운데서도 형사처벌 대상은 원칙적으로 혐오선동에 제한하는 것이 낫다. '선동'이란 인종차별철폐위원회의 '협약 제4조에 대한 일반의견 15호' 3항에 제시된 것 가운데 2호와 4호에 정한 인종적 혐오의 선동, 다른 피부색 또는 인종적 기원에 근거한 어떤 인종이나 집단에 대한 폭력행위의 선동을 가리킨다. 형사처벌 대상이 되는 선동은 원칙적으로 처벌되는 구체적 행위와 밀접하게 관련될 것을 필요로 한다. 따라서 처벌되는 '혐오선동'은 인종을 이유로 한 타인의 혐오표현 또는 혐오행동을 직접적으로 불러일으키거나 구체적인 폭력행위로 이어지는 것으로서, 명백하고 현존하는 위험이 있는 것이어야 한다. 이처럼 형사처벌 대상을 좁히는 이유는, 피해자와 대면하여 혐오표현을 가하는 것 외에 인터넷상으로 혐오표현을 유포하는 사람들이 매우 많은데, 이들을 모두 형사처벌하는 것은 실행도 어렵고 바람직하지도 않기 때문이다.[3] 또 혐오표현 규제의 필요성 여부에 대한 공감이 만들어지기도 전에 혐오표현의 자유를 보장해야 한다는 불필요한 논란이 퍼져나가는 것을 줄이기 위해서기도 하다.

---

[3] 헌법재판소 2013. 6. 27. 선고 2012헌바37 전원재판부 결정(형법 제311조 위헌소원)의 소수의견은 "사이버 공간에서의 상당수의 악의적 표현행위는 주로 청소년들에 의하여 우발적이고 충동적으로 행해지고 있는데, 이를 모두 형벌로 규제하는 것은 청소년들을 포함하여 많은 사람들을 불필요하게 범죄자로 만들 우려가 있다. 사이버 공간에서의 경미한 모욕행위에 대하여는 해당 표현물을 삭제하거나, 행위자에 대하여 게시판에의 접근을 금지하는 조치를 취하는 등의 대안을 통하여 상당 부분 파급을 차단할 수 있으므로 형사처벌을 통한 제재가 필요하지 않은 경우도 있다."고 판시한다.

(2) 위로부터 혐오를 조장하는 표현은
단순유포도 처벌

다만, 위로부터 혐오를 조장하는 표현에 대해서는 엄격히 대처할 필요가 있다. 인종차별철폐협약 제4조 (c)항은 "국가 또는 지방의 공공 당국 또는 기관이 인종차별을 촉진시키거나 고무하는 것을 허용하지 않을 것"을 체약국의 의무로 정하고 있다. '위로부터 차별을 조장하는 것'이야말로 사회의 인종차별을 결정적으로 부추기기 때문이다. 인종차별철폐위원회의 일반의견 제35호 "인종혐오표현과 싸우기"에서도, 위 조항과 관련하여 "공공의 당국 혹은 기관에서 발생하는" 인종주의 발언에 "특히 유념해야 한다"고 명시한다. 또 "특히 직급이 높은 공인에 의한 발언"을 경계해야 한다고 지적한다.[4]

사회의 운영과 여론의 변화에 큰 영향을 미치는 국회의원을 포함한 공직자, 정당의 대표자 등 정당법상 등록된 간부, 신문 등의 진흥에 관한 법률에 따라 등록되거나 방송법상 허가·승인·등록된 언론기관 종사자에 대해서는 혐오선동뿐만 아니라 단순유포도 처벌 대상으로 할 필요가 있다. 이들의 혐오표현은 단순유포라도 일반인의 표현에 비해 파

---

4 량영성, 위의 책, 89쪽.

급력이 크다. 이들의 혐오표현은 언론과 여론이 차마 입 밖에 내지 못했던 말을 분출하게 하는 영향을 미칠 수 있다. 또한 이들의 혐오표현은 선동의 수준에 이르지 않더라도 현실의 구체적인 차별과 적대로 옮겨갈 위험도 크다. 그러므로 이들이 가진 영향력에 비례하여 책임도 무겁게 지워야 한다.

이와 관련하여, 국회의원이 국회에서 직무를 수행하면서 한 혐오표현에 대하여 법적 책임을 부과하려면, 국회의원의 면책특권을 규정한 헌법 제45조를 개정하여 혐오표현에 대해서는 법적 책임을 지게 하는 단서를 두는 것이 필요하다는 점은 제7장에서 설명한 것과 같다.

(3) 사실적시 명예훼손죄 및 모욕죄 폐지, 사생활 사항 공표죄 신설

다만 이와 동시에, 형법상 명예에 관한 죄의 장 전체를 허위사실을 적시한 명예훼손행위, 사생활의 비밀을 침해한 표현행위만을 벌하도록 개편하는 것이 필요하다. 사실적시 명예훼손죄를 폐지해야 한다. 표현의 자유는 일차적으로 진실을 있는 그대로 말할 수 있는 자유여야 한다. 그러나 현행 사실적시 명예훼손죄는 진실을 전달하는 것만으로도 사회적 평가가 저하되었다는 이유로 공공의 이익에 관한 것이 아닌한 모두 처벌하는 것이어서 적절하지 않다.[5] 본인이 알려지기를 원하지 않는 사생활의 사항을 공표한 것이 아니라면, 진실을 전달하는 것으로는 형사처벌 대상이 되지 않아야 한다. 사실적시 명예훼손죄를 그대로 둔 채 표현의 자유를 주장하는 것은 적절하지 않다. 프랑크 라 뤼(Frank La Rue) UN 의사 표현의 자유 특별보좌과은 2011년 3월 21일,[6] 자유권규약위원회는 2015년 11월 6일, 대한민국에 사실적시 명예훼손죄 규정 폐지를 권고하였다.[7]

형법뿐만 아니라 관련된 다른 법령상 진실을 말한 경우도 처벌하는 조항 역시 없애야 한다. '정보통신망 이용촉진 및 정보보호 등에 관한 법률' 제44조의7 제1항 제2호도 사실

---

5 형법 제307조(명예훼손) ①공연히 사실을 적시하여 사람의 명예를 훼손한 자는 2년 이하의 징역이나 금고 또는 500만원 이하의 벌금에 처한다.
제310조(위법성의 조각) 제307조 제1항의 행위가 진실한 사실로서 오로지 공공의 이익에 관한 때에는 처벌하지 아니한다.

6 프랑크 라 뤼 특별보고관은 한국보고서에 "명예훼손이 민법에서 금지되고 있음에 비추어, 대한민국 정부는 국제적 동향에 맞추어 형사상 명예훼손죄를 형법에서 삭제하여여야 한다."고 명기하였다. Report of the Special Rapporteur on the Promotion and Protection of the Right to Freedom of Opinion and Expression, A/HRC/17/27/Add.2.(21 March 2011), para. 89.

7 윤해성, 김재현, 『사실적시 명예훼손죄의 비범죄화 논의와 대안에 관한 연구』, 형사정책연구원, 2018, 1쪽.

을 인터넷에 올려 명예를 훼손한 것을 처벌하는 조항이다.[8] 공직선거법상으로도 사실을 말한 것만으로는 범죄가 되지 않게 해야 한다.[9] 후보자로부터 피해를 입은 사람으로서는 평상시에는 묻어둔 것이라도 그 가해자나 관련자가 공직선거에 나서는 경우 사실을 밝혀야겠다는 동기가 생기는 경우가 종종 있기 때문이다.

의견의 표현인 모욕죄[10]도 존속시킬 합리적 이유가 부족

---

8 '정보통신망 이용촉진 및 정보보호 등에 관한 법률' 제44조의7 제1항은 "누구든지 정보통신망을 통하여 다음 각 호의 어느 하나에 해당하는 정보를 유통하여서는 아니된다."고 하고 제2호에서 "사람을 비방할 목적으로 공공연하게 사실이나 거짓의 사실을 드러내어 타인의 명예를 훼손하는 내용의 정보"를 명시한다. 헌법재판소는 위 금지조항과 관련된 형사처벌조항인 위 법 제70조 제1항 위헌소원사건에서 사실적시 명예훼손죄에 대해 합헌결정을 선고하였다. "진실한 사실이라도 사람을 비방할 목적으로 이루어지는 명예훼손적인 표현은 인터넷 등 정보통신망이 갖는 익명성과 비대면성, 빠른 전파가능성으로 말미암아 표현에 대한 반론과 토론을 통한 자정작용이 사실상 무의미한 경우도 적지 않고", "신상털기 등 타인의 인격 파괴에 대한 최소한의 감정적·이성적 배려마저도 상실한 채 개인에 대한 정보가 무차별적으로 살포될 가능성이 있으며", "이로 인하여 한 개인의 인격을 형해화시키고 회복불능의 상황으로 몰아갈 위험 또한 존재한다."는 이유다. 헌법재판소 2016. 2. 25. 선고 2013헌바105, 2015헌바234 결정(병합).

9 공직선거법 제251조(후보자비방죄) 당선되거나 되게 하거나 되지 못하게 할 목적으로 연설·방송·신문·통신·잡지·벽보·선전문서 기타의 방법으로 공연히 사실을 적시하여 후보자(후보자가 되고자 하는 자를 포함한다), 그의 배우자 또는 직계존·비속이나 형제자매를 비방한 자는 3년 이하의 징역 또는 500만원 이하의 벌금에 처한다. 다만, 진실한 사실로서 공공의 이익에 관한 때에는 처벌하지 아니한다.

10 형법 제311조(모욕) 공연히 사람을 모욕한 자는 1년 이하의 징역이나 금고 또는 200만원 이하의 벌금에 처한다.

하다.[11] 모욕죄는 사람의 사회적 평가를 저하시키는 경우에 성립하지만, 모욕행위 자체는 다른 사람이 속아넘어갈 위험이 있는 허위사실을 말하는 것이 아니라 말한 사람의 개인적인 감정이나 의견을 표출하는 것이다. 모욕적 표현이 혐오표현에 해당하여 혐오감정을 퍼뜨리는 것이 아닌 이상, 듣는 사람들도 해당 표현이 믿을 만한 사실에 근거한 것이 아니라 발화자의 추상적 판단이나 경멸적 감정에 그친다는 것을 알고 있다. 듣는 사람으로서는 발화자의 표현에 영향을 받을 수는 있지만, 그 표현에 사실로 오인시키는 요소가 없으므로 의견에 바로 동화될 가능성이 허위사실유포 명예훼손만큼 크지 않다. 또 역사적·구조적 차별과 적대, 배제의 연원을 가진 혐오감정에 기반하지 않은 이상, 그 표현에 담긴 감정이 폭발적으로 사회 다수의 여론을 전염시킬 우려도 중대하지 않다. 그렇다면 모욕적 표현으로 그 표현 대상에 대한 사회

11 헌법재판소 2013. 6. 27. 선고 2012헌바37 전원재판부 결정은 형법 제311조 모욕죄 조항에 대해 합헌으로 결정한 바 있는데, 혐오표현과 관련하여 반대의견의 설시가 눈길을 끈다. 반대의견은 위 사건의 판단 대상인 모욕죄에 대해 제한하는 표현이 광범위하기 때문에 표현의 자유의 본질적 기능을 훼손하는 것으로 위헌이라고 보았다. 반대의견은 처벌해야 할 경우로 모욕죄 대신, 다음의 두 경우를 거론한다. 첫째, 미국 법리상 공격적 언어(fighting words)로 규제되는 "오로지 모멸감을 줄 목적으로 상대방을 인신공격하고 비하하는 직설적·노골적 표현 중에서 상대방의 즉각적인 폭력을 유발할 위험이 있는 행위", 둘째, "성별·종교·장애·출신국가 등에 대한 혐오적 표현, 집단에 대한 증오와 폭력을 선동하는 표현 등"이다. 헌법재판소 2013. 6. 27. 선고 2012헌바37 전원재판부 결정(형법 제311조 위헌소원).

적 평가가 일부라도 저하된 경우 그에 대하여는 민사상 손해배상으로 구제를 구할 수 있게 하면 될 뿐, 굳이 형사처벌할 필요가 크지 않다.[12]

사실적시 명예훼손죄와 모욕죄 대신 필요한 것이 본인의 의사에 반하여 사생활 사항을 공표하는 표현에 대한 처벌조항이다.[13] 사람마다 각자가 공중에 알리고 싶지 않은 내밀한 영역, 사적 영역이 있다. 이 영역 내에 있는 사생활 사항을 본인의 의사에 반하여 공표하는 것은 사생활 침해이며 인격권 침해다.[14] 공적 인물에 대하여는 공적 임무 수행의 적합성 여

---

12 강재원은 자유권규약위원회 일반논평 34호 47문 "그 성질상 증명이 불가한 표현 형태에 대해서는 형사적 명예훼손법이 적용되어서는 아니 된다." 부분을 제시하면서, 모욕죄를 형사처벌할 경우 표현행위에 대해 상당한 위축 효과가 나타날 수 있으므로, 모욕행위를 민사상 불법행위로 보고 손해배상 책임을 인정할 수 있는 점 등을 고려할 때 국제인권법의 추세에 맞게 사실의 적시가 없는 의견에 불과한 모욕을 비범죄화하는 것을 적극 검토해야 한다고 주장한다. 강재원, 「국제인권법의 시각에서 본 표현의 자유」, 『사법논집』 제58집, 2015, 32–36쪽.

13 조국은 사실적시 명예훼손죄 위헌론과 폐지론에 상당 부분 공감한다는 의견을 밝히면서, 사인의 사적 문제, 공인의 업무와 무관한 병력이나 성적 지향을 공개하는 것은 형사불법으로 남겨두어야 한다고 주장한다. 조국, 『절제의 형법학』, 박영사, 2014, 226–228쪽.

14 김재형은 독일의 인격영역론 가운데 Wenzel의 견해를 소개하고 있다. 인격영역론은 인격을 다양한 영역으로 구분하고 각각의 영역에 따라 침해 여부를 판단해야 한다는 것인데, Wenzel에 따르면 인격 영역은 내밀영역(성적 영역), 비밀영역(사생활 일기 등), 사적 영역(부부간의 다툼 등), 사회적 영역(직업활동, 사회활동), 공개적 영역(국가영역)으로 분류될 수 있고 언론의 자유로운 보도 가능성은 뒤로 갈수록 커진다고 본다. 자세한 설명은 김재형, 위의 책, 107–112쪽.

부를 판단하기 위해 다수 대중의 알 권리가 좀 더 넓게 보장되어야 한다. 그러니 공적 인물의 사생활 영역은 일반인의 그것보다 좁아질 수밖에 없지만, 아예 없을 수는 없다. 사생활 사항을 본인의 의사에 반하여 공표한 경우는 피해자의 고소가 있어야 처벌할 수 있도록 하는 것이 적절하다.

그러면 표현을 형사처벌하는 것으로는 허위사실적시 명예훼손, 사생활 사항 공표, 국제규약상 입법의무가 지워진 인종을 이유로 한 혐오표현, 인도에 반하는 범죄의 역사적 사실을 부정하는 표현의 네 가지 종류만 남게 된다.

이렇게 형사처벌규정을 개편하면, 표현에 대한 형사법적 제약을 줄여 헌법적 논란의 소지를 없애면서도, 혐오선동 또는 위로부터의 혐오표현, 인도에 반하는 범죄의 가해자의 적반하장식 사실 부인 등에 대해서는 형사처벌로서 대처할 수 있다.

우리 현실에서 가장 자주 법적 쟁점이 된 것은 '종북' 표현인데, 이에 대한 형사처벌은 어떻게 될까? 친일매국 행위자들이 해방 후 권력을 잡으면서 정권유지를 위해 반공국가체제를 유지해온 역사 위에서, 또 아직도 북을 이롭게 한다는 이유로 사상과 이념의 표현을 처벌하는 국가보안법이 작동하여 바로 국가보안법 고발과 수사로 이어지는 현실을 고려하면, 합당한 근거가 제시되지 않은 '종북' 표현은 허위사실을 적시한 것으로 평가되어 형사처벌될 수 있다.

2. 민사구제: 넓게, 다양한 방법으로

앞서 혐오표현에 대한 형사처벌규정 입법은 형사상 표현에 대한 처벌 가능성을 대폭 줄이는 것과 함께 가야 한다고 하였다. 그 대신 민사상 구제 가능성은 확대되어야 한다. 혐오표현에 대한 민사구제는 기존의 명예훼손 또는 모욕에 대한 구제절차를 통해서도 가능하다. 그 활용 가능성을 넓히고, '공존할 권리' 침해를 반영하며, 다양한 구제조치를 명하면 된다.

이는 새로운 법을 제정하거나 개정하지 않고도 법원이 관련 법리를 보완하고 실무적 조치를 고안하기만 하면 가능하다. 실제 시행에 들어가려면 입법조치가 필요한 형사처벌이나 자율규제와 비교되는 민사상 조치의 장점이다.

(1) 활용 가능성 넓혀야:
특히 집단에 대한 혐오표현의 경우

인정 범위를 넓히는 데서 가장 중요한 것은, 집단을 대상으로 한 혐오표현에 민사상 구제조치를 활용할 수 있게 하는 것이다. 대법원은 수십 명 정도의 범위를 넘어서는 집단에 대한 표현은 그 구성원 각자가 누구인지 특정할 수 없다는 근거로 집단 명예훼손이 성립하지 않는다는 입장이다. 이 때문에 집단을 향해 가해지는 혐오표현을 제대로 규제하기 어렵다.

혐오표현은 특정인을 한정하여 지목하지 않고 일정한 인종 또는 지역민 내지 단체 구성원과 같은 상당한 규모에 이르는 그 집단 전체를 대상으로 이루어지는 경우가 상당히 있고, 집단에 대한 혐오표현은 동시에 많은 수의 피해자를 낳는데, 제3자의 시각에서 그 피해자 각자가 특정되지 않는다 하여 피해자 개개인이 맞닥뜨려야 하는 개인적 법익의 침해가 줄어드는 것이 아니다. 인도에 반하는 범죄의 역사적 사실을 부정하는 표현 또한 피해자들의 명예와 공존할 권리를 침해한다. 따라서 집단에 대한 혐오표현으로 인한 피해도 민사절차를 통해 구제되어야 한다. 독일과 프랑스의 사례가 참고가 될 수 있을 것이다.

독일 판례는 전통적으로 반유대주의의 유포나 유대인 학살 사실의 부정을 명예훼손이나 사자명예훼손으로 보면서, 그 집단의 특정성에 관해, 유대인 그 자체가 아니라 나치의 박해를 받고 생명을 잃었거나 국내에 거주하고 있는 사람으로서 유대인의 운명이라는 표지로서 그들은 좁은 범위의 집단이 된다고 보았다.[15] 명예훼손 성립 요건으로서 특정성의 요구는 유지하면서 특정의 정도를 완화하여 판단하려는 접근으로 이해될 수 있다.

프랑스의 입법례로는 폭력이나 차별을 줄이는 것을 목적으로 하는 단체에 대해서는 손해배상청구권을 인정하는 사례도 있다. 프랑스 언론자유에 관한 법(Loi sur la liberté de la presse) 제48-2조는 전쟁범죄, 반인도적 범죄 혹은 적에 대한 협조범죄 등을 옹호하는 행위에 관하여, 단체에게도 가해자

---

15 헌법재판소 헌법재판연구원, 「나치의 유대인 학살에 관한 대중선동죄 유죄판결에 대한 재판소원」.

에 대한 손해배상청구권을 인정하도록 정하고 있었다. 다만, 그 단체의 범위를 레지스탕스 혹은 강제수용소 피수용자의 정신적 이익 및 명예의 보호를 정관에 명시하고 그 행위일로 부터 5년 이전에 정식으로 등록한 모든 단체, 즉 제2차 세계 대전 동안에 일어난 범죄행위 피해자를 위한 단체로 한정하 였다.

프랑스 헌법재판소는 2015. 10. 16., 위 규정이 일반 전쟁범 죄와 1994년 르완다 대학살처럼 제2차 대전 이외의 기간 동 안 이루어진 반인도적 범죄 피해자를 위한 단체를 제외한 것 이어서 1789년 인간과 시민의 권리선언 제6조와 제16조에서 보호하는 평등원칙에 위반된다는 이유로 위헌결정을 내렸 다.[16] 사회적으로 이미 그 활동 목적을 공표하고 인정받은 단 체에 대해서는 그 목적과 상치되는 혐오표현이 있을 경우 그 피해자로 특정될 수 있게 하고, 이러한 단체의 범위가 앞으 로 확대될 가능성을 열어두고 있는 것이다.

---

16 헌법재판소 헌법재판연구원, 「전쟁 및 반인도적 범죄의 옹호와 관련하여 손해배상청구인에게 인정된 권리」.

(2) 사실적시와 의견표명의 구별

현행 민사절차에서 혐오표현에 대해 충분한 구제가 이루어지지 않는 또 하나의 경우는, 법원이 기존의 명예훼손과 모욕 법리에 따라 문제된 표현이 사실을 적시한 것인지 단순 의견표명인지 구분해야만 한다고 여기고, 문제된 혐오표현이 사실적시가 아니라 의견진술에 불과하다고 평가할 때다.

현행 민사 절차에서 혐오표현은 현행법으로는 명예훼손 또는 모욕의 법리에 따라 처리되는데, 사회적 가치평가를 저해하는 표현 가운데 진실을 말하든 허위 내용을 진실인 것처럼 알게 하든, '사실의 적시'가 있는 경우는 명예훼손으로, 사실의 적시 없이 의견표명만 있으면 '모욕'으로 분류된다.[17] 우리 대법원은 의견이라면 절대적 면책을 부여하는 의견특권론[18]을 받아들이고 있지는 않으나,[19] 공론장에서 의견이 자유롭게 표명되어야 할 필요가 크다고 보기 때문에, 의견으로 판단되면 명예훼손이 아니라 모욕으로 보고 그 위법의 정도를 낮게 평가한다. 결국 의견으로 분류되어서는 혐오표현의 권리 침해를 제대로 평가받기 어려운 결과가 된다.

---

17 '사실'이란 그 내용이 정확한지 증거에 따라 객관적으로 검토할 수 있는 것을 가리키고, '의견'이란 '평가적 태도 표명'을 말한다. 박용상, 위의 책, 159쪽.

그러나 혐오표현으로 평가되면 사실의 적시인지 단순 의견표명인지 굳이 구분하지 않고 인격권 침해와 공존할 권리 침해에 대한 손배해상 등을 인정하는 것이 더 적절하다. 혐오표현은 대상을 비인간화하여 공론장에서 배제하려는 것이어서 자유로운 토론을 불가능하게 하므로, 의견표명이더라도 보호의 필요가 적기 때문이다. 또한 혐오표현은 사회적 가치평가가 얼마나 저하되었느냐에 주목하기보다는 배제와 축출, 위축과 주변화의 결과에 초점을 맞추는 것인데, 사실적시가

---

18 박용상, 위의 책, 163-165쪽에 따르면, 미국 연방대법원은 한때 의견이라면 절대적 면책을 부여하는 의견특권론을 취했다. "수정헌법 제1조 아래서 틀린 의견이란 존재하지 않는다. 아무리 의견이 유해한 것으로 보일지라도 우리는 그 시정을 위하여 법관이나 배심의 양심에 의존하는 것이 아니라 다른 의견의 경쟁에 의존한다."(Gertz v. Robert Welch, Inc.,사건 판결, 1974)는 것이었다. 미국 연방대법원의 이 판시는 사실과 의견의 구별을 헌법적 차원으로 높인 것이자, 의견이면 원칙상 절대적으로 면책된다는 '헌법상 의견의 특권'을 설시한 것으로 받아들여졌다. 그러나 미국 연방대법원도 1990년 '밀코비치 위증 비난 사건'에서 의견이 면책된다는 일반적인 논리는 받아들일 수 없음을 천명하였다. 곧, "비록 화자가 그 의견의 근거가 되는 사실을 밝힌다 하더라도 그 사실들이 부정확하거나 불완전한 경우, 또는 그 사실들에 대한 화자의 평가가 틀린다면 그 말은 여전히 사실에 대한 거짓된 주장을 함축하는 것"이라고 하여 의견이 보호받는 범위를 현저히 축소시켰다. 의견의 표현으로서 보호받는 영역은 '상상적인 표현'이나 '수사적인 과장' 또는 '강렬한 특성 묘사'에 국한된다는 결론이다.

19 대법원은 "단순한 의견 개진만으로는 상대방의 사회적 평가가 저해된다고 할 수 없으므로, 의견 또는 논평의 표명이 사실의 적시를 전제로 하지 않은 순수한 의견 또는 논평일 경우에는 명예훼손으로 인한 손해배상책임은 성립되지 않는다."는 입장이다. 대법원 2000. 7. 28. 선고 99다6203 판결. 다만 대법원이 순수한 의견표명이라고 보는 범위가 그리 넓지는 않고, 의견표명만 있더라도 지나치게 경멸적인 표현인 때는 모욕이라고 본다. 이 사건에서 대법원은 문제된 의견 또는 논평에 사실의 적시가 전제되어 있다고 보아 손해배상책임을 인정하였다.

없는 단순 의견표명이라도 배제의 결과는 다르지 않기 때문이다.

그런데도 굳이 사실적시인지 의견표명인지 분류해야 한다면, 혐오표현의 특성을 고려해 판단해야 한다. 곧, 실제 사건에서는 혐오표현의 단어 안에 쌓인 역사적 경험이나 현실의 억압을 고려하지 않은 채, 명확하게 사실을 적시한 부분이 있지 않은 이상 단순 의견표명으로 분류하는 경우가 자주 있다. 그 결과는 혐오표현을 단순 의견표명이라는 이유로 허용하거나, 소액의 배상만을 인정하는 결과로 나타난다.

혐오표현 가운데 사실적시인지 의견표명인지가 문제되는 경우는 주로 특정인이나 단체의 정치적 견해에 대한 것이다. 그 분류 기준이 선험적이고 일률적으로 정해져 있는 것은 아니다. 해당 표현이 사실적시인지 의견표명인지는 그 표현이 이루어진 사회 상황과 맥락에 따라 구체적으로 판단되어야 한다. 대법원도 사실적시와 의견표명의 구별, 의견표명에서 전제된 사실을 적시하고 있는 것인지 여부의 판단은 "당해 기사가 게재된 보다 넓은 문맥이나 배경이 되는 사회

적 흐름 등도 함께 고려"해야 한다고 한다.[20]

　혐오표현은 역사적·구조적으로 소수자에게 가해진 차별과 적대, 배제와 축출을 되풀이하려는 것이다. "빨갱이" 표현은 그 단어 자체로 민간인 학살과 빨갱이 사냥, 간첩조작이라는 역사적 사실의 축적을 드러낸다. 국가보안법으로 처벌될 수 있다는 현실의 억압도 함께 불러낸다. 따라서 별도의 사실을 거론하지 않고 이 단어 하나만 쓰일 때도, 의견에 그치지 않고 사실을 말한 것으로 평가하여야 할 경우가 많다.

(3) 공적 인물의 정치적 견해에 대한 혐오표현

　공적 존재의 정치적 견해에 관한 것이라 하더라도, 그 주된 근거가 소수집단에 대해 역사적으로 형성 유포된 혐오감정에 있는 것이라면 보호될 표현으로 보기 어려울 것이다. 박경신은, 아무리 높은 자리에 있는 공인이라고 할지라도 그가 소수자로서 정체성을 가지고 있다면 그 정체성을 공격하는 것은 비난받아 마땅하고 법으로 규제할 수 있다고 주장한다.[21]

20　대법원 1999. 2. 9. 선고 98다31356 판결.

21　박경신, 『진실유포죄』, 다산초당, 2012, 70쪽.

가령 특정 정치인이 이민자에 대한 옹호 발언을 했다는 이유로 그의 정치적 견해를 비판하는 것은 정치토론의 과정으로 보아 보호할 수 있으나, 비판의 근거가 그가 이민자라는 이유라면 혐오표현으로 규제되어야 한다. 즉, 정치인 스스로 공중 앞에 내놓은 주장이나 활동이 아니라 그를 둘러싼 환경—출신 집단 또는 소속 집단, 지인관계 등—으로부터 그 출신 또는 소속 집단의 속성을 유추하고 그의 정치적 견해를 추론하여 비난하는 것은 보호할 필요가 없다. 정치인이 공중으로부터 평가받아야 할 대상은 자신의 주장이나 활동이지, 자신을 둘러싼 환경이나 배경이 아니기 때문이다.

혐오표현은 표현 대상의 개별적 인간으로서 존재를 부정하고 소속 집단의 속성을 개인에게 일반화하려고 하는 것이다. 정치인이라 할지라도 그가 스스로 내놓은 주장이나 활동과 무관하게 소수집단 일원으로서 그의 출신 또는 소속 집단의 속성을 획일적으로 그에게 적용하여 배제의 근거로 삼는 것은 혐오표현이다.

혐오표현은 소수집단에 대한 혐오감정에 기초한 것이어서, 표현 내용이 진실이라고 믿을 만한 구체적 근거나 정황이 없거나, 연관성이 희박한 근거만이 남는 경우가 적지 않다. 정치적 이념에 대한 혐오표현의 경우에는 추론이 비교적 넓게 허용되는 탓에 별도의 구체적 근거 없이 다른 언론도 유사한 혐오표현을 썼다는 것이 상당성 인정 근거로 활용되곤 한다.

그러나 문제된 표현보다 이전에 나온 다른 언론보도라 해도, 그 내용이 진실이라고 믿을 만한 구체적인 사실을 확인하여 근거로 제시한 것이 아니라 기존에 형성된 혐오감정을 반영하는 세간의 여론을 옮겨 쓴 것에 지나지 않는 경우가 많다.

혐오감정은 시간이 흘러도 쉽게 사라지지 않는다. 수면 아래로 내려갈 뿐이다. 혐오감정은 사실의 근거가 보강되지 않더라도 어떤 자극이 있을 때마다 다시 증폭되고, 기존의 혐오표현은 끊임없이 재인용된다. 이런 현상은 인터넷이 보편적으로 이용되면서 더 자주 강도 높게 벌어진다. 다른 언론이 유사한 혐오표현을 많이 썼다는 것은 혐오감정이 사회 전체에 팽배해 자주 손쉽게 표출되는 심각한 것임을 보여줄 뿐이지, 그 혐오표현의 사실적 근거가 보강되어 믿을 만한 것이 되었다는 징표가 아니다.

　더구나 문제된 혐오표현 뒤에 이어진 다른 언론의 유사 보도까지 상당성 인정의 자료로 삼는 것은 모순논법이다.[22] 후속 유사 보도는 혐오표현의 "심리적 저지선 무너뜨리기 효과"의 결과물에 지나지 않는다. 혐오표현의 발화 동기인 혐오 감정은 표현 대상이 나와 같은 인격과 시민권을 가지고 있음을 부인하고 대상을 배제 축출하려는 것인데, 혐오감정이 사회적으로 넓게 퍼지지 않은 상태에서는 다수 일반인들은 혐오표현은 "차마 해서는 안 되는 말"이라는 심리적 저지선에서 멈추게 된다. 그러나 혐오감정이 확산되는 때에는 언론이나 유명인이 혐오표현을 발화할 경우 이는 다른 사회구성원 다수에게 심리적 저지선에서 멈추지 않아도 된다는 신호로 인식된다. 그 결과 언론을 비롯한 다수의 사람들은 기존 발

---

22 대법원 2018. 10. 30. 선고 2014다61654 판결의 다수의견은, 2012. 3. 21. 변희재가 통합진보당 대표 이정희에 대해 '경기동부연합'이라고 한 표현에 대해 "이 사건 표현행위의 내용을 뒷받침할 만한 관련 언론보도도 적지 않"다면서, 2012. 3. 21. 이후 같은 해 5. 14.까지 다른 언론의 보도를 근거로 들며 "이러한 언론보도 내용이나 당시 사정을 고려하면 피고 변희재 등이 이 사건 표현행위를 진실하다고 믿을 만한 상당한 이유가 있었다고 볼 여지가 있다"고 판시하였다. 그러나 이 보도들은 모두 변희재가 이정희를 '종북', '주사파,' '경기동부연합'이라며 공격한 트위터 글이 게재된 날 이후에 나온 것으로, 변희재의 표현행위의 결과일 뿐 그 표현행위 당시의 정당화 근거가 될 수 없다.

화자의 말을 인용하는 것부터 시작하여 혐오표현을 쏟아놓게 된다.

혐오표현이 불러온 결과를 거꾸로 그 표현의 상당성 인정 근거로 쓰는 것은 인과관계조차 무시한 접근이다. 더구나 인터넷이 언론보도의 주요 무대가 되면서 언론의 '집단 베껴쓰기' 관행이 이미 일반화되어 언론보도가 점점 더 비슷해지는 상황[23]에서 이 문제는 더욱 심각하다. 여기에 언론의 어뷰징 현상[24][25]까지 더해질 경우 다른 언론보도를 상당성 인정

23 이정환은 한국언론진흥재단이 2014. 8. 시민 1,000명을 상대로 실시한 설문조사 결과, 응답자의 91.9%가 포털 사이트에 게재된 기사들이 "서로 비슷하다"고 답한 것을 거론한다. 이정환, 『저널리즘의 미래 — 자기 복제와 포털 중독 언론에 미래는 있는가』, 인물과사상사, 2015.

24 이정환은 언론사들이 광고 수익을 노리고 하는 '어뷰징' 행위에 대해, 실시간 검색어에 오른 단어와 관련해 1~2분 사이에 기사가 200여 건씩 쏟아진다고 실상을 말한다. 이정환, 위의 책.

25 자극적인 내용의 기사가 한 언론사에 실리면 같거나 유사한 내용이 수십 수백 언론사에도 거의 실시간으로 실리는 것이 현실이다. 한겨레, 2018. 4. 3., 「하루 짜깁기 기사 50건…클릭수 노려 미투 2차 가해」.
http://www.hani.co.kr/arti/society/media/838906.html#csidxa829abcdcef240b8c8e95e265f54ea0
미디어오늘, 2014. 4. 28., 「도 넘은 '어뷰징' 경쟁, "저널리즘 원칙 회복해야"」.
http://www.mediatoday.co.kr/?mod=news&act=articleView&idxno=116177#csidxa9b4ee1396e89deb27d7d316373590c
미디어오늘 2015. 7. 5., 「어뷰징 낚시기사 써봤더니 15분만에 10만원」.
http://www.mediatoday.co.kr/?mod=news&act=articleView&idxno=123912#csidxbc1fb71ed64fb71b2f560450cbd0fc0

근거로 쓰는 것은 최소한의 합리성조차 갖추지 못한 것이 된다.

한국 현실에서 공적 존재의 정치적 견해에 대한 혐오표현, 특히 '종북'의 상당성 인정 기준은 새로이 정해져야 한다.

정치적 견해에 대한 혐오표현에 대해서는 공적 인물도 반론권을 행사하기 극히 어려운 것이 한국의 현실이다. 공적 인물에 대한 표현을 넓게 보호하는 이유 가운데 하나는 공적 인물은 언론에 접근할 기회도 많고 사회의 의사 형성에 관여할 수 있는 자원을 많이 가지고 있다는 것이다. 그러나 한국 사회에서 '종북' 공격을 받는 경우 사실상 입증 없이도 지목당하는 것만으로도 사회로부터 혐오의 대상이 되고 정치 공간에서 정치적 발언권을 잃게 된다. 지목 자체로 위축[26]과 배제, 축출이라는 정치적 효과가 이미 발생하기 때문에, 피해자의 반론은 무력한 사후조치에 불과할 뿐이고 공정한 토론 공간에서 반론할 기회는 아예 가질 수 없는 것이 현실이다.

---

26 미디어오늘 2015. 11. 5., 「임수경 "종북 색깔론, 의원인 나도 자기검열 하게 돼"」.
    http://www.mediatoday.co.kr/?mod=news&act=articleView&idx
    no=125923

공적 인물에 관한 표현에 대해 표현의 자유를 넓게 보장하는 근거가 정치적 견해에 대한 혐오표현에는 유지되지 않는 것이다. 한편 혐오표현을 하는 자가 일반 시민이 아니라 공인이거나 언론기관 또는 그 구성원일 경우에는 그 지목으로 얻어내는 정치적 효과가 매우 커서, 발언력과 영향력 측면에서 혐오표현의 대상이 된 공적 인물보다 우위에 있게 되는 경우가 많다는 점도 간과되어서는 안 된다.

(4) 충분한 배상

혐오표현은 대상자의 명예권을 침해하는 것임은 분명하다. 또한 '공존할 권리' 침해이기도 하다. 인종을 사유로 한 혐오표현은 물론이고, 성, 종교, 장애, 정치적 의견 등 그 이외의 사유로 인한 혐오표현에 대해서도 공존할 권리 침해를 손해배상액 산정에 반영할 필요가 있다.

혐오표현은 개인의 특정 행위를 지목하여 명예를 훼손하거나 모욕을 가하는 것이 아니라 개인이 속한 집단의 속성을 들어 차별하거나 적대하여 배제 축출하려는 것인데, 특정 행위를 문제삼는 경우에는 잘못 알려진 사실관계를 바로잡거나 앞으로 그 행위를 하지 않는 것으로 피해에서 벗어날 가능성이 좁지만 열려 있다. 하지만 소속 집단의 속성이 이유가 된 때에는 그 구성원으로서는 그 집단을 벗어날 방법이 사실 상 없고, 집단 자체에 대해 저하된 가치평가를 끌어올릴 실효성 있는 수단도 거의 없다. 이 때문에 혐오표현은 일반적인 명예훼손 또는 모욕에 비해 그 대상자에 대한 평가를 더 심 각하게 떨어뜨린다.

또한 혐오표현은 어떠한 단서로 인해 혐오감정이 사회에 퍼져나갈 때마다 끊임없이 되풀이된다. 따라서 표현 대상으로서는 그로부터 완전히 벗어나는 것이 거의 불가능하다. 혐오표현은 다수집단에 의해 소수집단을 대상으로 이루어지는 것이어서 사회 전체에 확산되기 쉽다. 확산은 매우 빠르고 넓게 진행된다. 그 결과는 사회적 가치평가의 저하를 넘어 배제로 이어질 가능성이 높다.

혐오표현의 피해는 공론장에서 배제와 공동체로부터 축출인데, 그 주된 발화 동기는 혐오감정이다. 그러므로 피해자가 공동체와 공론장에 복귀하기 위해서는 사회구성원 다수의 혐오감정을 극복해야만 한다. 피해자가 잘못 알려진 사실을 아무리 바로잡더라도, 해당 사회에 큰 변화가 일어나 그 사실 오인 뒤에 깔려 있는 혐오감정이 사라지지 않는 한, 또는 피해자의 노력으로 그 혐오감정을 뛰어넘어 극복하지 않는 한, 복귀는 매우 어렵다. 명예훼손이나 모욕으로 인한 피해회복보다 더 큰 시간과 노력이 들 수밖에 없다.

따라서 혐오표현은 일반 명예훼손이나 모욕보다 위법성이 가중되는 경우로 보아, 배상액 인정이나 기타 구제조치 내용에 반영해야 한다. '재일특권을 허용하지 않는 시민회'가 교토조선학교 인근에서 확성기 등으로 재일조선인 학생에 대하여 명예훼손적 발언을 한 것에 대하여, 2013. 10. 7. 교토지방법원이 "인종차별을 동기로 불법행위를 했을 경우 인종차별철폐조약이 민법의 해석에 영향을 미쳐 무형손해를 가중해 인정해야 한다."고 판결[27]한 것이 하나의 예가 될 수 있다.

---

27 모로오카 야스코, 위의 책, 55쪽; 이 사건에 대한 최종심으로 2014. 12. 9. 일본최고재판소는 문제된 행위가 인종차별철폐협약에서 금지한 인종차별에 해당한다고 인정하였다. 또한 일본헌법 제98조 제2항에 의한 조약의 국내적 효력을 인정하면서, 협약에 따라 인종차별에 대한 효과적인 구제조치를 확보해야 하는 재판소의 의무를 수용하였다. 이 판결에서 일본최고재판소는 인종차별의 위법성을 인정하여 손해인정액을 가중하는 결정을 내렸다. 헌법재판소 헌법재판연구원, 「재일조선인에 대한 헤이트 스피치와 표현의 자유의 한계(2014년 12월 9일 최고재판소 제3소법정 결정)」, 『세계헌법재판동향』 제11호, 2015. 2.

(5) 다양한 구제조치 마련해야

혐오표현에 대한 다양한 구제조치를 마련하는 문제에서 핵심은 역시 집단에 대한 명예훼손 또는 모욕의 경우다. 실무적으로는 피해집단의 규모가 너무 커서 원고가 크게 늘어나 손해배상 총액이 한도를 가늠하기 어렵게 늘어날 가능성이 있는 경우가 문제될 수 있다. 하지만 이미 민법 제764조는 법원이 피해자의 청구에 의하여 손해배상에 갈음하거나 손해배상과 함께 명예회복에 적당한 처분을 명할 수 있다고 하고 있다.

하급심에서는 명예훼손에 대한 책임으로 위자료에 해당하는 손해배상을 명하기보다 명예회복에 적당한 처분으로서 정정보도만을 명한 판결[28]도 있고, 명예훼손 이외의 인격권이 침해된 경우에도 손해배상 이외에 원상회복을 위한 조치 또는 피해자에게 만족을 줄 수 있는 조치를 명할 수 있다는 판결[29]도 있다.

피해집단의 규모가 크고 그 구성원 개인당 손해배상을 인정할 경우 배상액이 앞으로도 크게 늘어날 수 있는 집단

---

[28] 서울지방법원 2000. 1. 27. 선고 2000가합16898 판결.
[29] 서울고등법원 1994. 9. 27. 선고 92나35846 판결.

명예훼손의 경우 금전 배상보다는 해당 표현행위를 중단시키고 장래에도 되풀이하는 것을 막는 데 중점을 두는 것이 타당하다. 금전 손해배상은 인정하지 않되 명예회복에 필요한 적당한 처분으로서 정정보도 기타 피해 사실을 알리게 하는 공고 등을 강화하는 방법을 쓸 수도 있다.

3. 자율규제, 구제조치, 차별금지법 제정

이 글은 형사처벌되는 혐오표현의 사유를 인종에 한정하지만, 민사상 구제는 물론 자율규제와 권고적 구제조치에서는 여기에 국한될 필요가 없다. 자유권규약 제2조에 열거된 분야를 고려하고 국가인권위원회법이 이미 차별행위 금지 사유에 성적 지향, 사상 또는 정치적 의견 등을 포함한 것을 참고해 자율규제 및 권고적 구제조치의 대상을 폭넓게 인정할 필요가 있다.

정부와 공공기관, 학교, 정당, 언론기관, 인터넷 포털 등은 그 구성원이나 이용자가 혐오표현을 유포하거나 선동하는 것을 금지하고 시정하는 내부의 자율규제 절차를 만들어

시행할 필요가 있다. 내부의 자율규제 절차는 기관 스스로 구체적 상황에 맞는 시정조치를 취할 수 있는 것이 장점이다. 또 피해자로서는 소송에 비해 쉽게 접근할 수 있고 무엇보다 소송보다 빨리 문제 해결 단계로 들어설 수 있다.

하지만 자율규제로 가해자에게 징계 등 불이익을 가하더라도 가해자는 이에 대해 징계가 부당하다며 사법적 구제를 구할 수 있고, 결국 최종 판단은 법원의 판결로 내려지게 된다. 자율규제의 가장 큰 한계는, 가해자가 받아들이지 않는 이상 자율규제만으로는 어떤 행위도, 배상도 강제할 수 없다는 것이다. 손해배상 등 피해회복조치를 강제하려면 소송을 제기하여 확정판결을 받는 수밖에 없다.[30]

---

30 이준웅 등은 김부겸 의원이 대표발의한 '혐오표현규제법안'이 상정한 국가의 형사처벌은 민주주의 원리상 불가능하다고 비판하고 증오발언 규제에 국가가 개입하는 것은 시민적 자발성과 자율성을 구속하는 온정주의적 개입이라는 이유로 반대하면서, '강건한 민주정'에서 포괄적 차별금지법이 도입된 조건에서 협회, 사업장, 학교, 종교단체 등 시민사회 개별 영역에서 시민들이 자발적 발의와 정당한 절차를 통해 증오발언(이준웅 등은 '혐오발언'과 '증오발언'을 구별한다) 규제를 규칙으로 도입하는 것을 대안으로 주장한다. 그 예로 증오발언을 한 학회 회원에 대한 학회 차원의 절차에 따른 회원자격정지, 노동조합의 조합원 처벌규칙 제정, 대학 이사회의 인권교육 의무화 규칙 제정을 통한 교내 증오발언 규제를 제시한다. 이준웅, 박장희, 「모든 더러운 말들: 증오발언 규제론 및 규제반대론 검토」, 『서울대학교 법학』제59권 제3호, 2018. 9., 28, 35쪽.
그러나 위 사례에서 회원자격을 정지당한 회원은 이를 받아들이지 않고 학회를 상대로 법원에 취소소송을 제기할 수 있고, 노동조합으로부터 징계받은 조합원 역시

설득력 있는 사회적 권위를 가진 기관의 구제조치도 필요하다. 국가인권위원회에서 기존에 해오던 차별행위에 대한 구제조치를 혐오표현에 대해서도 적용하여, 혐오표현의 중지, 피해회복, 재발방지 조치 등 구제조치를 하게 하는 것이다.

차별금지법은 이 구제조치의 근거를 마련하기 위해서도 필요하거니와, 성적 지향 등 다양한 사유에 의한 차별문제를 근본적으로 개선하기 위하여 제정 필요성이 제기되어왔다. 국가인권위원회는 '포괄적 차별금지법' 제정을 정부에 권고하였고, 정부도 이미 2013년 국정과제 수립 시 사회적 약자

조합을 상대로 법원에 징계취소를 구할 수 있다. 마지막 사례인 대학의 인권교육 의무화 규칙 제정을 통해 가능한 것은 사전적 예방에 그칠 뿐이다. 가해자가 피해자의 피해회복 요구에 응하지 않을 경우 대학은 가해자에게 어떤 행위도 강제할 수 없고, 피해자로서는 법원에 손해배상청구소송을 제기하거나 형사처벌을 구할 수밖에 없다. 따라서 이준웅 등이 바람직한 대안으로 제시한 자율규제만으로는 문제된 증오발언에 대한 처리를 완결지을 수 없고, 최종 결론은 결국 법원의 판결에 따라 내려지게 된다. 핵심 논점은 모두, 증오발언도 표현의 자유로 보호되어야 하는지, 국가는 증오발언 규제에 대해 어떤 입장을 취할지다. 이는 형사처벌에서 제기되는 문제와 근본에서 다르지 않다.

시민사회의 자율규제의 가장 큰 한계는, 문제를 완결적으로 해결할 수 없다는 것이다. 자율규제가 효과적으로 작동하는 것 역시, 가해자가 자율규제에 불응하여 아무리 법원에 가서 다투어보아도 혐오표현은 표현의 자유라는 이름으로 정당화될 수 없다는 것을 확고하게 인식할 때라야 가능해진다. 자율규제의 기능을 높이기 위해서라도 국가가 민형사상 혐오표현 규제 입장을 분명히 하고 가해자에 대한 형사처벌 또는 피해자에 대한 민사적 구제가 원활하게 이루어지도록 하는 것이 필수적이다. 혐오표현에 대한 국가의 개입을 경원시하면서 그 대안으로 시민사회의 자율규제에 치중하는 주장으로는 자율규제를 활성화하는 것조차 어렵다.

및 소수자에 대한 차별을 금지하고 차별피해자가 효과적으로 피해를 구제받을 수 있도록 차별금지법 제정을 추진하기로 한 바 있다.

구제조치는 표현행위가 그 대상이 된 사람을 공동체로부터 배제하는 것이 될 수 있음을 알리고 되풀이하지 말 것을 경고하는 효과를 낼 수 있다. 이에 근거하여 사회 전체의 인식을 꾸준히 고양시킬 수 있다. 구제조치의 이러한 기능은 별다른 자각 없이 무의식적으로 혐오에 가담하였지만 그 문제를 알게 되면 자신의 언어를 수정할 용의를 가진 사람들에게 큰 효과를 발휘할 수 있다. 이런 점에서 국가인권기구에 의한 구제조치는 지속적으로 사회 인식을 진전시켜 차별문제를 근본에서 개선하는 역할을 할 수 있을 것으로 기대된다.

그러나 자신의 이익을 위하여 조직적으로 혐오표현을 주동하는 세력에 대해서는 구제조치의 경고 및 교육 효과가 별다른 변화를 이끌어내기 어렵다. 구제조치는 강제력을 갖지 않는 권고에 그치거나, 권고를 이행하지 않을 때 가벼운 행정벌을 가하는 것만 가능하기 때문이다. 조직적 주동세력 등 완강한 혐오표현자가 권고에 응하지 않을 때는 강제 조치가 필요하고, 이는 민형사상 소송으로만 가능하다. 물론 구제조치는 피해자의 피해회복을 촉진하고 민형사상 소송에도 도움을 줄 수 있다. 하지만 구제조치 자체만으로는 악의적이거나 조직적인 가해자가 혐오표현을 되풀이할 생각을 포기하게 할 만큼 충분한 책임을 지울 수 없다.

자율규제와 구제조치는 빠른 문제 해결을 위해, 사회 전체의 인식 변화를 위해, 꼭 있어야 한다. 특히 차별금지법 제정은 구제조치 시행을 위해서도, 피해자 보호와 사법적 권리 행사 지원을 위해서도 반드시 이뤄져야 한다. 하지만 자율규제와 구제조치 및 이를 위한 차별금지법 제정은 모두 민형사상 조치를 넘는 결정적이고 최종적인 수단이 될 수 없다.

그렇다면 여론을 바꾸는 데서는 자율규제와 구제조치가 핵심 수단이 될 수 있을까? 자율규제는 각각의 시민사회에서 벌어지는 개별 사건에서 혐오표현의 문제를 지적하고 공감대를 넓히는 데 효과적일 수 있다. 구제조치도 사회 전반에 대한 꾸준한 설득 작업으로서 유용하다. 그러나 자율규제와 구제조치는 모두 혐오표현을 해서는 안 된다는 원칙을 개별 사례를 통해 차근차근 쌓아가는 역할을 하는 것이지, 혐오표현을 줄이는 결정적 계기를 만들어낼 수 있는 것은 아니다.

혐오표현을 줄이는 결정적인 계기는 정치 언어의 변화다. 혐오표현이 줄어들게 하려면 여론을 바꿔야 하는데, 그러려면 사회 전체의 여론에 큰 영향을 미치는 정치인들이 자기 이익을 위하여 혐오표현을 하는 것을 중단하게 해야 한다. 정치인들이 혐오표현을 거절하고 비판할 수 있게 해야 한다. 다음으로는 진보적 가치 실현과 인권 보호 조치의 발전이 이루어지는 것처럼 다수의 사회경제적 처지가 나아지는 것도 지금 바로 가능하다는 희망을 갖게 할 개혁을 실행하는 것이 혐오표현을 줄이기 위해 중요하다. 세 번째로는 민형사상 대처다. 입법과 법리 개발로 국가의 법 운용의 방향을 제시하고 그 적용 사례를 보여주는 것이다. 마지막 수단이 자율 규제와 구제조치, 이를 위한 차별금지법 제정이다.

10장

혐오표현을 없애기 위하여

1. 혐오표현으로 이익을 꾀하는
   정치인들에 대한 책임 추궁

정치인들은 여론을 주도한다. 이들은 자신의 말과 행동에 대해 정치적 책임을 져야 한다. 시민들은 그가 사회의 민주적 발전을 위해 책임 있게 행동할 사람이라고 믿고 그에게 정치적 영향력을 부여하고, 정치인은 사회구성원들의 여론과 정치적 의사 형성에 직접 관여하기 때문이다.[1] 이들은 말하는 것으로서 자기 입장을 분명히 해야 하는 사람들이고, 그 입장을 질문 받는 사람들이다. 어느 쪽을 선택하느냐가 정치적 책임으로 지워진 것이다. 정치인의 말은 사회의 공적 방향을 좌우하는 중요한 요소 가운데 하나다.

정치인들의 혐오표현은 혐오표현을 일상의 것으로 만든다. 큰 파급력을 가진다. 자신의 지지자들 사이에서 급속도로 퍼져나간다. 반대자들에게는 정치 변화의 의지를 불러일으키기도 하지만, 중립적인 사람들에게는 정치에 대한 싫증을 불러온다. 하는 데까지 해보라고 둘 문제가 아니다. 그럴수록 지지율이 떨어질 뿐이라고 조소하는 것으로 대응하지

---

[1]   이정희, 「공존의 책임」, 263쪽.

말아야 한다.

정치인의 책임은 혐오표현을 말하지 않는 것에 그치지 않는다. 혐오표현이 생겨나고 퍼져나갈 때 멈추라고 말하는 것 역시 정치인의 책임이다. 정치인의 책임은, 멈추라고 말했어야 할 때 말하지 않은 것에 대해서도 미친다. 그러나 정치인들에게 책임을 묻는 것만으로는 변화를 불러올 수 없다. 혐오표현에 동참하기를 거절하는 정치인들의 적극적인 말이 필요하다. 정치 언어의 변화가 절실하다. 정치인들이 기존 관념에 굴복하지 않고 말할 수 있으려면, 국민들이 정치인과 언론의 말에 반응하고, 평가하고, 혐오표현을 넘어서는 말을 응원해야 한다. 정치인들의 언어의 변화는 유권자들이 만든다.

2. 사회경제적 개혁 진전, 혐오법제 개폐

혐오표현이 확대되지 않게 하려면 다수 시민들이 처한 불안을 줄일 수 있도록 사회경제적 개혁이 진전되어야 한다. 저마다 끝없는 경쟁으로 내몰리지 않아도 되도록 노동조건을 향상시키고 생활의 안정을 보장하는 복지정책을 크게 확대하며, 타고난 생활조건의 차이가 기회의 차이와 결과의 불평등으로 굳어지지 않도록 적극적인 차별개선조치를 취해야 한다. '약자의 항변'으로 약자를 공격하는 약자 밑의 약자들은, 다른 내일을 상상할 수 있어야, 변화를 눈으로 볼 수 있어야 그 항변을 거두어들일 수 있다.

혐오감정을 반영한 혐오법제 가운데 아직까지 개폐되지 않고 남아 있는 것도 적지 않다. 군형법 제92조의6은 동성 군인 간의 합의에 의한 성관계를 처벌하는데, 이 조항은 자유권규약위원회에 의해 성적 지향에 대한 차별로 지적되어 폐지를 권고받은 바 있지만[2] '계간(鷄姦)'이라는 명칭만 없어졌을 뿐 아직까지 시행되고 있다. 2018. 4에는 사회복지사업법상 사회복지사 자격면허결격사유로 정신질환이 추가되는 등[3], 정신질환자에 대한 편견과 혐오는 줄어들지 않고 있다.

---

2 자유권규약위원회는 2015. 11. 5. 대한민국의 제4차 국가보고서를 심의하고 최종견해를 발표하면서 한국 정부에 성적 지향과 성정체성을 이유로 한 차별 등의 개선을 권고하고 1년 이내에 이행보고서를 제출하도록 요청하였다. 자유권규약위원회는 군형법 제92조의6이 군대 내 남성 간의 합의에 의한 성적 행위를 처벌하는 것에 우려를 표명하고 위 조항의 폐지를 권고하였다. 국가인권위원회, 2017. 1. 24. 「유엔 자유권규약위원회 제4차 최종견해 관련 정부의 후속조치에 대한 의견표명」.

3 국가인권위원회는 2018. 4. 12. 「정신장애인 자격면허취득 제한 제도개선 권고

정치적 의견과 사상을 이유로 한 혐오표현은 국가보안법이라는 부동의 법적 근거를 유지하고 있다. 북에 대한 혐오감정에 기반한 국가보안법은 '빨갱이', '종북' 혐오표현의 근거가 된다. 북에 대한 혐오감정은 남북관계가 후퇴하면 더욱 심해진다. 국가보안법은 오직 북한만을 적으로 전제하고 북을 이롭게 한다고 판단하는 일체의 행동과 표현과 생각을 금지 처벌하는 법률이다. 국가보안법은 북에 대한 혐오감정에 기반하여 생겨났고, 종북 혐오감정을 만들어내고 유지 강화시킨다. 한국 사회를 지배한 가장 심각한 혐오표현의 근원인 남북 대결을 완화시키고 화해 협력으로 나아가는 것과 동시에, 정치적 의견과 사상을 이유로 한 혐오표현의 수원지가 된 국가보안법을 폐지해야 한다.

결정」에서 현행 27개 법률에 존재하는 정신장애인 자격면허취득제한 관련 결격조항이 병력을 이유로 한 차별로 이어질 우려가 매우 높다고 판단하였다. 또한 2018. 4. 25. 시행되는 사회복지사업법 제11조의2 5호가 사회복지사 결격사유로 기존에 없던 '정신질환'을 추가한 것은 정신질환에 대한 편견에 따른 것이라고 지적하고 그 폐지를 권고하였으나, 2019. 11. 1. 현재까지 위 조항은 그대로 존속하고 있다.

3. 시민으로서, '공존의 책임'

법적 쟁송과 법률 개정은 꼭 필요하다. 그러나 이것으로 혐오표현이 사라지거나 줄어든다고 보장할 수는 없다. 판결과 법 개정은 사회의 공적 방향이 어떤 방향으로 설정되어 있는지 알려주는 것일 뿐이다. 혐오표현을 줄이기 위해 더 중요한 것은 혐오표현은 허용되어서는 안 된다는 여론의 공감이다. 여론을 바꾸는 데서는 정치가 결정적으로 중요하다. 그렇다면 시민들은 정치인이 혐오표현을 하지 못하도록 정치를 바꾸면 제 몫을 다한 것일까? 여론을 바꾸고 혐오표현이 퍼져나가지 않는 사회를 만들기 위해 시민 각자가 해야 할 일이 있을까?

샌드라 프레드먼은, 사회에서 타인의 자율성을 증진하지 않는 행위는 타인의 정당한 자율적 영역을 침해하는 것만큼이나 해악이 되는 행위라고 주장한다. 이러한 통찰에 비추어서 우리는 타인에게 해악을 끼치지 않을 의무 원칙으로부터 사회에 적극적으로 기여해야 할 의무 원칙을 도출해낼 수 있다는 것이다.[4] 소수집단의 '공존할 권리'를 보장하기 위해 가

---

4   샌드라 프레드먼, 위의 책, 116쪽.

해자는 혐오표현을 하지 않을 법적 의무를 지고, 그 의무를 위반할 때는 형사처벌이나 배상으로 법적 책임을 부담한다. 이에 비하여 시민 각자에 대해 법적 의무를 지우기는 어려울 것이다. 다만, 시민으로서 한 사회에서 타인과 공존하기 위하여 도덕적 책임을 진다고 할 수 있다. 이를 '공존의 책임'으로 이름 붙여보자.

'공존의 책임'을 진 시민의 첫 번째 책임은 자신이 아닌 다른 소수집단을 상대로 한 것이더라도 혐오표현에 부딪힐 때 침묵하거나 묵인하지 않는 것이다. 멈추라고 말하는 것이다. 엠케는 독일에서 난민에 대한 혐오표현이 확대되는 것에 대해, "개입하지 않는 사람들, 스스로 그렇게 행동하지는 않더라도 다른 사람들의 행동을 동조적으로 용인하는 사람들 역시 증오를 가능하게 하고 확장한다. 어쩌면 폭력과 위협이라는 수단은 지지하지 않더라도, 분출된 증오가 향하는 대상을 혐오하고 경멸하는 이들이 은밀하게 묵인하지 않았다면, 증오는 결코 그렇게 힘을 발휘하지 못했을 것이다. 그리고 그렇게 장기적이고 지속적으로 사회 전체에 널리 퍼져나갈 수 없었을 것이다. 그들 자신은 증오하지 않을지 모른다. 그러나 그들은 증오를 방조한다. 어쩌면 그저 관심이 없거나 나태

한 것일지도 모른다. 그들은 개입하거나 참여하는 것을 원치 않는다. 불미스러운 대결 때문에 귀찮은 일에 휘말리기가 싫은 것이다. 현대 세계에 만연한 차별과 복잡성에 휘말리지 않고 자신들의 고요한 일상만을 유지하려는 것이다."라고 통렬하게 지적한다.[5] 혐오표현의 현장을 목격할 때, 멈추라고 말해야 한다. 그것이 혐오표현의 대상이 된 소수자들과 공존할 책임을 지는 시민이 이행해야 할 첫 번째 책임이다.

두 번째는 일상에 스며들어 있는 혐오표현에서 벗어나기 위해 노력하는 것이다. 혐오표현으로 피해를 입고 있다고 말할 수 있는 소수집단은 그나마 혐오표현을 극복하는 길로 들어선 사람들이다. 더 심각하게 위축되고 주변화된 소수집단은 아예 혐오표현임을 자각하지도 못하고 혐오표현이라고 문제를 제기할 수도 없는 상황에서 빠져나오지 못한다. 일상에 스며든 혐오표현에서 벗어나려는 시민들의 노력은, 혐오표현으로 고통받고 있다고 말하지도 못했던 또 다른 소수집단으로 하여금 피해를 말할 수 있게 하는 환경을 만들 것이다.[6]

---

5   카롤린 엠케, 위의 책, 92~93쪽.
6   국가인권위원회는 이주민에 대한 부정적 인식을 더하는 '불법체류' 용어를 쓰지 말 것을 다음과 같이 권고하였다. "이주노동자들의 '미등록 체류상태' 또는 '체류기간 도과상태'에 대해 부정적 인식을 부여하는 '불법'이라는 용어 사용은 이들을 법적,

세 번째는 소수집단을 동료로 받아들이는 것이다. 사회 구성원으로서는 받아들일 수 있다는 반응은 진전되고 있다. 소수집단의 하나인 동성애자에 대해 '받아들일 수 없다'는 배제 여론은 2013년에는 62.1%에 달했으나 2018년에는 49.0% 로 낮아졌다.[7] 그러나 이웃이 되는 것을 받아들일 수 있다는 사람은 30.5%, 직장 동료로 받아들일 수 있다는 사람은 14.6%에 지나지 않는다. 소수집단 구성원을 나와 멀리 떨어져 있는 익명의 존재로서가 아니라 이름을 가진 동료로서 인간들의 연대의 공동체에 받아들일 수 있는가가 공존이냐 배제냐를 가른다.

제도적 보호에서 제외하여 인권침해에 취약한 집단으로 만들고 이주민의 사회통합을 어렵게 한다. 인종차별철폐위원회 역시 미등록 이주노동자(undocumented migrant workers)라는 용어를 사용하고 있으므로 국제사회에서 통용되는 용어와 같이, 국가보고서 내의 '불법체류자' 용어의 사용을 지양하고 '미등록 이주노동자'로 수정함이 바람직하다." 국가인권위원회, 2016. 7. 25. 「'모든 형태의 인종차별철폐에 관한 국제협약' 제17차, 제18차, 제19차 통합 국가보고서에 대한 의견표명」.

7 한국행정연구원이 전국 성인 남녀 8,000명을 대상으로 조사한 '2018 사회통합실태조사' 결과, '동성애자를 받아들일 수 없다'는 배제 여론은 2013년 62.1%, 2014년 56.9%, 2015년 57.7%, 2016년 55.8%, 2017년 57.2%로 줄곧 50% 중반에 머물다가 2018년에 49.0%로 낮아졌다. 한국행정연구원, 『2018 사회통합실태조사』, 261쪽.

4. 피해자의 책임

국가권력에 의해 부당하게 감금되었거나 제3자로부터 폭행을 당했다면, 그 가해자는 국가권력 또는 제3자로 특정된다. 사과해야 할 것은 그 가해자만이다. 그것을 지켜본 다른 많은 사람들은 가해행위에 직접 가담하지 않은 이상, 사과할 일이 없다. 도와주지 못해 마음으로는 미안함을 느끼더라도 굳이 표시 내어 사과해야 할 정도는 아니다. 그러니 대부분의 사람들은 별다른 마음의 거리낌 없이 국가권력 또는 특정한 제3자의 가해를 비판하며 피해자와 함께 재발방지대책을 마련하거나 사회의 변화를 추구하는 데 동참할 수 있다.

하지만 혐오표현은 다수집단에 의해 쏟아질 뿐만 아니라, 피해자에게는 직접적인 말이나 표시된 내용 외에도 분위기나 다른 사람들의 반응까지 더해져서 전해지는 것이어서, 피해자의 눈으로 보면, 혐오표현으로 이익을 취하려 한 적극적 가해자들 외에 그 말을 거들어 옮기거나 막지 않고 둔 사람들 모두가 가해자로 보인다. 그 상황을 방관하면서 피해자들이 배제 축출된 뒤 그 지위를 누린다고 여겨지는 사람들 역시 배제의 결과로부터 이익을 취하였으니 가해자와 다를 것 없어 보인다.

더구나 경미한 가담자나 방관자들 가운데는 과거 '내 편'이라고 여겼던 사람들도 있는 경우가 많다. 적극적 행위자가 아닌 방관자 또는 경미한 가담자들은 적극적 행위자들이 없었다면 스스로 소수자에 대한 배제와 축출에 나서거나 동조하지 않았을 사람들이다. 그들은 그렇게 하지 않으면 자신이 배제당할 수 있다는 위험을 느꼈거나, 다들 그렇게 하니 휩쓸린 경우일 것이다. 하지만 과거 가까운 관계였던 사람들도 방관자들 가운데 있을 경우, 피해자로서는 적극적 가해자들에 대한 분노보다 경미한 가담자나 방관자들에게 느끼는 배신감이 더 크다. 그들과 다시 관계를 맺거나 가까이하게 되지 않는다. 피해자가 다수의 사람들에게 갖는 배신감은 많은 이들에게 마음의 거리를 느끼게 한다.

피해자는 계속하여 주류 사회에서 배제당하여 밀려난 자신의 좁은 구역 안에서 생활하고, 그 주변에 있는 소수의 사람들과만 교분을 유지하게 된다. 혐오표현을 퍼뜨림으로써 이익을 취한 주동자들에게 사과하고 용서를 구하라고 요구하는 피해자의 주장은 일관되어 있다. 그의 요구는 물론 옳다. 그러나 피해자는 그의 정당한 요구에 동의하여 힘을 더 해줄 사람들을 구하기 어렵다. 다수 사람들은 경미한 가담자나 방관자였는데, 이들과 마음의 거리가 좁혀지지 않기 때문이다. 피해자가 자신만의 구역에 머물러 주변의 소수와 교분을 두텁게 하는 것만으로는 세상을 바꾸는 단계로 나아가지 못한다.

누스바움은 탈무드에 나오는 일화를 예로 들어, 피해자가 해야 할 일에 대한 그의 생각을 펼친다. 다만 필자는, 상처를 입힌 직접가해자에 관한 이 일화를 혐오표현과 관련해 다수의 경미한 가담자와 방관자가 모두 가해자로 여겨지는 경우로 바꿔 읽기를 제안한다. 적극적 또는 조직적인 직접가해자에 대해서는 법적·정치적 책임을 지게 하는 것이 반드시 이루어져야 하기 때문이다.[8]

---

8 공직자나 정치인, 언론인의 혐오표현에 대해서는 공적 절차에 따라 법적·정치적 책임을 지게 하는 것이 당연하다. 가해자에 대해 집행력을 갖는 사법부가 존재하고 사법부의 최종 판단으로 법적 책임이 인정된다면, 그 집행을 요구하는 것 또한 마땅하다. 가해자가 국가기관, 정당, 언론사의 일원으로서 한 행위에 대해서는 국가, 정당, 언론사 차원에서 공식적으로 진실을 밝히고 행위자를 징계하며 재발방지조치를 하도록 요구하여야 맞다. 가해자와 국가 등이 이를 거부하거나 무시한다면, 사과와 배상을 요구하는 것은 중단될 수 없다.

어떤 도축업자가 라브에게 상처를 입혔다. 도축업자는 속죄의 날 전야에 라브를 찾아오지 않았다. 라브가 말했다. "내가 가서 그를 달래야겠다." 랍비 후나가 그를 만났다. 후나가 말했다. "스승님께서는 어디로 가십니까?" 라브가 말했다. "누구누구를 달래러 간다." 랍비 후나는 혼잣말을 했다. "압바(라브를 말함)가 사람을 죽이시려나 보다." 라브가 가서 도축업자를 지키고 섰다. 도축업자는 자리를 잡고 앉아 (어떤 동물의) 머리를 닦아내는 중이었다. 도축업자가 눈을 들어 라브를 보았다. 도축업자가 말했다. "압바, 가시오. 당신하고는 할 말이 없소." 도축업자가 동물의 머리를 닦아내던 중에 뼈 하나가 튀어 오르더니 그의 목을 찔러 죽이고 말았다.

랍비 후나는 라브의 수제자다. 그는 라브의 행위가 아량으로부터 비롯된 것이라고 보지 않는다. 자비로운 행동이 아니라 공격적인 행동이라는 것이다. 후나가 보기에, 라브는 "너는 왜 나에게 와서 용서를 구하지 않느냐"며 대단히 화가 나서, 도축업자로부터 사죄를 '뽑아내려고' 도축업자를 지키고 서서 그를 구석으로 몰아넣었다는 것이다. 작업 중이던 도축업자는 격노한 라브의 압박을 받는 상태에서 일어난 사

고로 죽고 만다. 후나는 라브의 행위가 치명적 충돌을 야기하는 행위였다고 본다.[9]

탈무드가 제시하는 또 하나의 일화는 이것이다.

어떤 사람이 랍비 제라에게 해를 입히면 제라는 그 곁을 지나가며 공부를 했다. 그런 방법으로 상처를 입힌 사람의 안에 자신을 불러들인 것이다. 제라는 그런 식으로 상처를 준 사람이 다가와 자신을 달래줄 수 있도록 하였다.

보통 피해자는 자기가 입은 피해를 잊지 않고 가해자가 와서 사과하기를 기다리는 역할을 한다. 그러나 랍비 제라는 그 피해자의 역할에서 벗어나, 유연하고 아량 있는 태도로 사과와 화해의 조건을 만들어낸다.[10]

누스바움은 이 일화들을 통해, 우리가 던져야 할 최선의 질문은 "누가 더 큰 피해를 입었는가"가 아니라고 주장한다.[11]

---

9   마사 누스바움, 분노와 용서, 189–191쪽.
10   마사 누스바움, 분노와 용서, 187–188쪽.
11   마스 누스바움, 분노와 용서, 192쪽.

"어떻게 해야 누구도 이런 피해를 입지 않는 세상을 만들 수 있을까"가 피해자의 질문이어야 한다는 것이다.

혐오표현을 만들어내고 퍼뜨리며 자신의 이익을 취하는 사람들의 행동을 중단시키는 것은, 그들을 비웃거나 거꾸로 받아쳐서 되는 일이 아니다. 형사처벌과 민사소송도 결국 그들을 조금 주춤거리게 만들 뿐, 그들을 혐오표현으로부터 완전히 떠나도록 하지 못한다. 여전히 혐오표현으로 핵심 지지층을 모아놓을 수 있다면, 남북관계 악화 또는 민주진보세력의 실책이나 내부 갈등 등으로 국민들의 마음이 흔들릴 때 혐오표현을 동원해 자신들의 이익을 취할 수 있다면, 그리하여 그들이 정의롭다고 생각한 차별과 배제의 세상으로 돌아갈 가능성을 높일 수 있다면, 그들이 하지 못할 것이 무엇이겠는가. 절대 다수 국민들이 촛불항쟁으로 정권을 바꾼 뒤에도 혐오표현을 쏟아내는 극우 정치인들과 단체들, 그에 참여한 사람들의 마음이 그렇지 않을까.

혐오표현의 주동자들은, 그들이 아무리 혐오표현을 쏟아내더라도 그에 흔들리지 않고 혐오표현이 더 퍼져나가지 않는 사회가 현실에서 만들어지는 과정을 눈으로 보아야만 비로소 가해를 멈출 것이다. 더는 혐오표현이 퍼져나가지 못하도록 다수의 사람들이 손을 잡고 함께 막아낼 수 있어야만, 혐오표현의 주동자들은 혐오표현을 내려놓을 것이다.

문제는, 혐오표현을 함께 막아내야 할 사람들 사이의 거리가 너무 멀다는 것이다. 혐오표현이 가한 배제와 축출, 위축과 주변화의 결과가 시간이 지나도 채 없어지지 않은 채, 사람들 사이에 골 깊게 남아 있기 때문이다. 혐오표현이 만든 상흔은 시간이 흐른다고 하여 사라지지 않는다. 극복해야만 흐릿해진다.

혐오표현을 함께 막아낼 사람들과 손잡기 위해, 혐오표현 피해자는 먼저, 다수의 경미한 가담자들과 방관자들에 대해 던져온 "왜 내 피해를 인정해주지 않는가", "왜 나에게 와서 사과하고 용서를 구하지 않는가"는 질문을 넘어서야 한다. 혐오표현 피해자의 피해가 되풀이되지 않는 길은 혐오표현이 없는 세상을 만드는 것뿐이고, 그러려면 다수 사람들이 피해자와 함께해야 하는데, 이 질문들은 다수의 경미한 가담자와 방관자들을 피해자로부터 다시 저만큼 밀어낸다.

법적 의무를 위반하고 정치적 의무를 저버리며 자신의 이익을 위해 혐오표현을 퍼뜨리고 소수자들을 배제 축출하려 한 공직자나 정치인, 언론인에게는 법적·정치적 책임을 물어야 한다. 가해자가 국가기관의 일원이었다면 국가가, 조직의 구성원이었다면 그 조직 차원에서 진실 규명과 재발방지 책임을 지게 해야 한다. 그러나 이를 제외하면, 혐오표현에 동조하거나 경미하게 가담하거나 방관한 많은 사람들에 대해서까지 법적 또는 정치적 책임을 물으려 하는 것은 무리다. 혐오표현이 나온 역사적·구조적 연원이 있고, 여기에서 자유로울 수 있는 사람은 드물 수밖에 없기 때문이다. 이들까지 비난하고 책임을 물으려 해서는, 이들을 '공존할 권리'가 인정되는 사회로 함께 가는 동반자로 만들 수 없다. 새로운 사회로 함께 갈 사람을 모으지 못하면, 새로운 사회를 만들 수 없다.

많은 방관자들과 경미한 가담자들에게 사과를 요구하고 용서를 구하라고 압박하기보다, 왜 방관하거나 거들었는지 돌아볼 환경을 어떻게 만들지 생각해볼 수는 없을까. 억울하고 화난다는 감정의 토로에서 벗어나, 그들이 그렇게까지 하도록 만든 힘겨운 시절이었으니 이제 함께 세상을 바꾸자는 결론으로 가볼 수는 없을까. 피해자가 그나마 살아남을 수 있게 한 좁은 구역을 나와서, 교분을 유지해준 소수의 사람들에 대한 끈끈한 감정까지도 가만히 넣어두고 다수의 경미한 가담자, 방관자들에 대해 생겨난 마음의 거리를 좁히려고 시도해볼 수는 없을까.

"세상은 반드시 변할 것입니다." 갑오농민혁명을 그린 황석영의 소설 『여울물 소리』의 주인공의 말이다. 이 말을 곱씹으며 살아온 사람들의 모습을 우리는 알고 있다. 이 신념들이 없었으면 한국 사회의 민주주의가 여기까지 진전할 수 없었을 것이다. 이제 문제는, 새로운 세상을 언제 우리 것으로 만들지다. 그때를 언제일지 장담할 수 없는 훗날로 미뤄두어서는 안 된다. 지금을 사는 사람들의 손으로 새로운 세상을 만들고자 한다면, 피해자 스스로 다수의 사람들과 사이에서 마음의 거리를 좁히는 것부터 시작해야 한다. 사람들 사이의 거리가 바로 혐오표현의 피해다. 피해자가 그 피해를 극복하게 하는 것은 바로 피해자 자신의 마음의 변화다. 당신의 피해가 이만큼 컸다고 공감하고 위로하는 주변의 노력은 피해자를 지탱해줄 수는 있어도, 피해를 극복해줄 수는 없다.

자신을 변화시키려는 피해자들의 노력이 충분히 차오른 뒤에야, 그리하여 혐오표현을 막아낼 사람들이 가까이 함께 설 수 있어야, 세상은 마침내 변할 것이다. 그때가 그리 멀지 않기를 바란다. '피해자의 책임', 이 무거운 말은, 이 글을 마무리하며 나 스스로에게 남겨놓는 숙제이기도 하다.

: 참고문헌

강만길, 「냉전세력의 정체와 극복방안」, 『이제 문제는 냉전세력이다』, 도서출판
　　중심, 2001.

강승식, 「인간존엄의 비교법적 고찰과 그 시사점」, 『홍익법학』 제14권 제1호,
　　2013.

강재원, 「국제인권법의 시각에서 본 표현의 자유」, 『사법논집』 제58집, 2015.

강준만, 『희생양과 죄의식』, 개마고원, 2004.

국가인권위원회, 『국내 거주 외국인 노동자 인권실태조사』, 2002년도
　　인권상황실태조사.

국가인권위원회, 2016. 7. 25. 「'모든 형태의 인종차별철폐에 관한 국제협약'
　　제17차, 제18차, 제19차 통합 국가보고서에 대한 의견표명」.

국가인권위원회, 2017. 1. 24. 「유엔 자유권규약위원회 제4차 최종견해 관련
　　정부의 후속조치에 대한 의견표명」.

국가인권위원회, 2018. 4. 12. 「정신장애인 자격면허취득 제한 제도개선 권고
　　결정」.

김경호, 「'의견표현'과 '사실적시' 이분법에 따른 대법원의 표현의 자유
　　보호법리에 관한 연구」, 『언론과학연구』 제8권 제1호, 2008. 3.

김동춘, 『전쟁정치』, 도서출판 길, 2013.

김두식, 『 법률가들 ― 선출되지 않은 권력의 탄생』, 창비, 2018.

김병철, 「한국언론의 명명하기: '종북' 보도의 매체간 위계관계 분석」,
『커뮤니케이션학 연구: 일반』 제26권 제3호, 2018.

김병철, 「미디어 유행어가 대선 후보 지지율에 미치는 효과: 국내 언론의 '종북'
언급 분석」, 『커뮤니케이션학 연구: 일반』 제25권 제1호, 2017 봄.

김재형, 『언론과 인격권』, 박영사, 2012.

김현귀, 『표현의 자유와 혐오표현규제』, 헌법재판소 헌법재판연구원, 2016.

나영, 「한국 사회 혐오표현의 배경과 양상: 2000년대 이후를 중심으로」,
혐오표현의 실태와 대책 토론회, 서울대학교, 2016.

더불어민주당 적폐청산위원회, 2017. 8. 29., 「원세훈의 대국민 여론조작,
반드시 처벌해야」.

리영희, 「자유와 민주주의의 적 — '매카시즘'」, 리영희 저작집 12권 『21세기
아침의 사색』, 한길사, 2006.

리영희, 「지역 갈등의 매듭은 묶은 자가 풀어야」, 리영희 저작집 12권 『21세기
아침의 사색』, 한길사, 2006.

박건영, 『국제관계사 — 사라예보에서 몰타까지』, 사회평론아카데미, 2018.

박경신, 『진실유포죄』, 다산초당, 2012.

박영균, 「'종북'이라는 기표가 생산하는 증오의 정치학」, 『진보평론』 63호,
2015.

박용상, 『표현의 자유』, 현암사, 2002.

박진완, 「유럽연합의 기본권으로서 인간의 존엄의 보장에 대한 검토」, 사단법인
한국공법학회, 『공법연구』 제35집 제3호, 2007. 2.

서울대 통일연구소,『2007 통일의식조사』, 2007. 10.

서울대학교 통일평화연구원,『2017 통일의식조사』, 2018. 3.

서중석·김덕련,『서중석의 현대사 이야기 2』, 오월의봄, 2015.

손원선,「사실의 주장과 의견의 표현」,『법과 사회』제15호, 1997.

양화식,「드워킨의 자유주의적 중립성론」,『법철학연구』제16권 제1호,
        한국법철학회, 2013.

윤해성, 김재현,『사실적시 명예훼손죄의 비범죄화 논의와 대안에 관한 연구』,
        형사정책연구원, 2018.

이광진,「혐오표현과 표현의 자유」,『법과 정책연구』제17집 제1호,
        한국법정책학회, 2017. 3.

이병욱·김성해,「담론복합체, 정치적 자본, 그리고 위기의 민주주의: 종북(從北)
        담론의 텍스트 구조와 권력 재창출 메커니즘의 탐색적 연구」.『미디어,
        젠더&문화』28호, 2013.

이부하,「인간의 존엄에 관한 논의와 개별적 문제로의 적용」, 헌법학연구 제15권
        제2호, 2009. 6.

이상경,「온라인 혐오표현 등 혐오표현의 새로운 양상에 관한 연구」,
        『헌법재판연구』제4권 제2호, 2017. 12.

이승선,「공적 인물이 발화하거나 방송에서 발생한 혐오표현의 특성에 관한
        탐색적 연구」,『언론과학연구』제18권 2호, 2018. 6.

이정기,「'종북' 관련 판례의 특성과 판례에 나타난 법원의 표현의 자유 인식」,
        『미디어와 인격권』제2권 제1호, 2016.

이정환,『저널리즘의 미래 ─ 자기 복제와 포털 중독 언론에 미래는 있는가』,
　　인물과사상사, 2015.

이정희,『다시 시작하는 대화』, 들녘, 2017.

이정희,「공존의 책임」,『계간 파란』 7호, 2017. 가을.

이주영,「혐오표현에 대한 국제인권법적 고찰 ─증오선동을 중심으로─」,
　　『국제법학회 논총』 제60권 제3호.

이준웅, 박장희,「모든 더러운 말들: 증오발언 규제론 및 규제반대론 검토」,
　　『서울대학교 법학』 제59권 제3호, 2018. 9.

이준일,『차별금지법』, 고려대학교 출판부, 2007.

이준일,「혐오표현의 판단기준 ─ 차별금지사유로서 성적 지향을 중심으로」,
　　『헌법재판연구』 제4권 제2호, 2017. 12.

임영태,『한국에서의 학살』, 통일뉴스, 2017.

임재형·김재신,「한국 사회의 혐오집단과 관용에 관한 경험적 분석」,
　　『OUGHTOPIA』 29권 1호, 경희대학교 인류사회재건연구원, 2014. 5.

의문사진상규명위원회,「최종길의 아들 이야기」,『대통령 소속
　　의문사진상규명위원회 연구용역 보고서: 의문사 유족의 피해에 관한
　　조사연구』, 2002. 8. 12.

정다영,「혐오표현과 민주주의」,『법학논총』 제31권 제2호, 국민대학교
　　법학연구소, 2018.

정영화,「헌법의 인간의 존엄과 가치 해석론에 관한 비판적 고찰」,『홍익법학』
　　제10권 제2호, 홍익대학교 법학연구소, 2009.

정인섭, 『신국제법강의』, 박영사, 2018.

조국, 『절제의 형법학』, 박영사, 2014.

진실·화해를 위한 과거사정리위원회, 『진실화해위원회 종합보고서 Ⅲ 민간인
　　　집단희생 사건』, 2010.

차수봉, 「인간존엄의 법사상사적 고찰」, 『법학연구』 제16권 제2호, 한국법학회,
　　　2016.

최정기, 유경남, 『민주장정 100년, 광주·전남지역 사회운동 연구 ― 5·18
　　　민중항쟁』, 광주광역시, 전라남도, 2015.

한국행정연구원, 『2018 사회통합실태조사』

한국헌법학회, 『헌법주석서 I 』, 법제처, 2010.

한국헌법학회, 『헌법주석서 Ⅲ』, 법제처, 2010.

헌법재판소 헌법재판연구원, 「나치의 유대인 학살에 관한 대중선동죄
　　　유죄판결에 대한 재판소원」.

헌법재판소 헌법재판연구원, 「전쟁 및 반인도적 범죄의 옹호와 관련하여
　　　손해배상청구인에게 인정된 권리」, 헌법판례동향, 2015. 12. 30.

헌법재판소 헌법재판연구원, 「재일조선인에 대한 헤이트 스피치와 표현의
　　　자유의 한계(2014년 12월 9일 최고재판소 제3소법정 결정)」,
　　　『세계헌법재판동향』 제11호, 2015. 2.

홍성수, 『말이 칼이 될 때』, 어크로스, 2018.

데버러 헬먼 지음, 김대근 옮김, 『차별이란 무엇인가』, 서해문집, 2016

데이비드 헬드 지음, 박찬표 옮김, 『민주주의의 모델들』, 후마니타스, 2010.

량영성 지음, 김선미 옮김, 『혐오표현은 왜 재일조선인을 겨냥하는가』, 산처럼, 2018.

린망 외 지음, 김소현·김자은 옮김, 『한밤 낮은 울음소리 ― 중국 현대대표시선』, 창비, 2013.

마사 누스바움 지음, 조계원 옮김, 『혐오와 수치심』, 민음사, 2015.

마사 누스바움 지음, 강동혁 옮김, 『분노와 용서 ― 적개심, 아량, 정의』, 뿌리와 이파리, 2018.

모로오카 야스코 지음, 조승미·이혜진 옮김, 『증오하는 입』, 오월의봄, 2015.

미셸린 이샤이 지음, 조효제 옮김, 『세계인권사상사』, 도서출판 길, 2005.

베르너 마이호퍼 지음, 심재우·윤재왕 옮김, 『법치국가와 인간의 존엄』, 세창출판사, 2019.

샌드라 프레드먼 지음, 조효제 옮김, 『인권의 대전환』, 교양인, 2009.

아이리스 매리언 영 지음, 김도균·조국 옮김, 『차이의 정의와 정치』, 모티브북, 2017.

앤서니 루이스 지음, 박지웅·이지은 옮김, 『우리가 싫어하는 생각을 위한 자유 ― 미국 수정헌법 1조의 역사』, 간장, 2010.

제레미 월드론 지음, 홍성수·이소영 옮김, 『혐오표현, 자유는 어떻게 해악이 되는가?』, 이후, 2017.

존 스튜어트 밀 지음, 서병훈 옮김, 『자유론』, 책세상, 2005.

카롤린 엠케 지음, 정지인 옮김, 『혐오사회: 증오는 어떻게 전염되고 확산되는가』, 다산초당, 2017.

파스칼 보니파스 지음, 최린 옮김,『지정학 ― 지금 세계에 무슨 일이 벌어지고 있는가?』, 가디언, 2019.

Article 19,『*Prohibiting incitement to discrimination, hostility or violence*』, 2012. 12.

Steven J. Heyman, *Free Speech and Human Dignity*, Yale University Press, 2008.